令和**3**年度

よくわかる
税制改正と
実務の
徹底対策

税理士 成田 一正 編著
税理士 中島 孝一
税理士 飯塚 美幸 共著
税理士 市川 康明
税理士 西野道之助

まえがき

　令和２年12月10日、自由民主党・公明党の令和３年度税制改正大綱が公表され、同月21日には令和３年度税制改正の大綱が閣議決定されました。令和２年１月から始まった新型コロナウイルス感染症の経済に対する影響は、当初予想されていたよりも徐々に大きくなってきています。第一波、第二波、本書が発刊される令和３年２月は第三波が収まっているか、まだまだ道のりは遠いようにも感じられます。

　新型コロナウイルスの感染再拡大が直撃した令和３年度税制改正をめぐる議論は、景気の下支えや負担増の回避に重点が置かれ、財務省でも「税収をしっかり確保する」ことが役目であるが今年は例年とまったく相違するという認識があったようです。財務省は「スクラップ・アンド・ビルド」として既存の減税措置の縮小などを同時に検討することが鉄則で、企業が新しい分野に挑戦しやすいように税制を活用する政策意義は認めつつ、役割を終えた税優遇は縮小・廃止すべきだとの考え方です。しかし、与党は「痛み」をめぐる議論に慎重でした。

　与党の税制改正大綱では経済活動を支えつつ、コロナ後の成長につなげようと、デジタルや環境の重視を柱に据えています。新型コロナウイルスの感染拡大で浮き彫りになったデジタル化の遅れに対応するため、企業に変革を促す優遇策を整え、デジタルトランスフォーメーション（DX）を進めるための設備投資やソフトウエアの研究開発にかかる費用について、法人税から控除できるようにしました。また、税務上の煩雑な手続を減らし、デジタル化を進めやすくする施策も進められています。

　コロナ後の成長を見据え、燃料電池やパワー半導体など脱炭素に寄与する製品の生産設備の導入や、クラウド技術を活用した他社や部門間のデータ連携に投資した企業の法人税を軽減されます。

　住宅ローン減税でも、住宅業界が求めた面積要件の緩和が実現しました。これまで夫婦と子ども２人の世帯を念頭に、健康で文化的な住空間

の目安とされる「50㎡」が減税対象の下限とされてきましたが、今回は「40㎡」に引き下げられ、利用しやすくなりました。

　相続税関係の改正では、富裕層の節税に利用されているとされていました教育資金贈与や結婚・子育て資金贈与の延長は図られたものの、厳しい改正も行われています。会計検査院から贈与税の暦年贈与が節税に利用されていることが指摘されました。大綱では「現行の相続時精算課税制度と暦年課税制度のあり方を見直す」とされ、政府税制調査会でも来年度以降相続税の課税方式の見直しへの議論を深めていくことになっています。一方で、我が国で活躍する外国人に相続があった場合に本国の財産まで課税されるという制度は、「ネバー・ダイ・イン・ジャパン（日本では死ねない）」などと、海外からの人材が定着しない要因とされていましたが、これも見直されました。

　固定資産税では新型コロナウイルスの感染拡大による影響を配慮し、商業地や住宅地などすべての土地を対象に、令和２年度に限って固定資産税の負担増を回避する特例措置を講じられています。

　このように令和３年度税制改正では、コロナ禍ならではの改正と我が国の経済成長を進めようとする政策がならんでおり、税理士等の実務家としては改正内容の深い理解が求められます。

　本書は、税制改正大綱を基に税制改正のポイントを早期に明らかにするために、平成10年に初版を発刊し、それ以来毎年改訂を積み重ねています。今年も税理士法人平川会計パートナーズ、松木飯塚税理士法人、税理士法人おおたか３社の現メンバー及びOBが結集して、最新情報を収集・分析してまとめております。相互に検討・分析した内容を株式会社日本法令の編集により、読者の方々に提供させていただきます。本書を有効にご活用いただき、新税制への理解を深め、経済・経営環境のさらなる発展の一助になれば、一同幸甚に存じます。

　　令和３年２月

　　　　　　　　　　　成田　一正　＆　執筆者一同

CONTENTS

第1編　令和3年度税制改正のあらまし

第1章　令和3年度税制改正の基本的考え方 ………… 8

- ❶ デジタルトランスフォーメーション（DX）の推進／9
- ❷ カーボンニュートラルの実現／9
- ❸ 地方創生／9
- ❹ 経済社会の構造変化を踏まえた税制の見直し／9
- ❺ 経済活動の国際化／10

第2章　各主要課題の令和3年度税制改正での取組み ‥ 11

- ❶ ウィズコロナ・ポストコロナの経済再生／11
- ❷ デジタル社会の実現／14
- ❸ グリーン社会の実現／15
- ❹ 中小企業の支援、地方創生／16
- ❺ 経済社会の構造変化を踏まえた税制の見直し／17
- ❻ 経済のデジタル化への国際課税上の対応／19
- ❼ 円滑・適正な納税のための環境整備／20
- ❽ その他／20
- ■令和3年度税制改正のポイント一覧 ……………………… 22

第2編　令和3年度税制改正の具体的内容

第1章　個人所得課税 ……………………………… 42

- 1　住宅ローン控除の見直し ………………………… 42
- 2　税制上の手続におけるデジタル化の推進 …………… 52
- 3　総合課税の対象となる社債利子等の範囲の整備 ………… 56

CONTENTS　3

4　セルフメディケーション税制の見直し ･･････････････････ 60

　5　退職所得課税の適正化 ･････････････････････････････ 67

　6　特定公益増進法人等に対する寄附金制度における
　　寄附金の範囲の見直し ･･･････････････････････････････ 73

　7　申告義務のある者の還付申告書の提出期間の見直し ･･･････ 77

　8　源泉徴収関係書類の電子提出に係る税務署長の
　　承認の廃止 ･･･････････････････････････････････････ 80

第2章　資産課税 ･･････････････････････････････････････ 83

　1　国際金融都市に向けた税制上の措置 ･･･････････････････ 83

　2　住宅取得等資金に係る贈与税の非課税措置等の拡充 ･･･････ 88

　3　教育資金の一括贈与に係る贈与税非課税措置の延長
　　及び見直し ･･･････････････････････････････････････ 96

　4　結婚・子育て資金の一括贈与に係る贈与税非課税
　　措置の延長及び見直し ･････････････････････････････ 103

　5　各種納税猶予制度の見直し ･････････････････････････ 109

　6　土地に係る固定資産税等の負担調整措置の見直し ･･･････ 119

　7　土地の売買に係る登録免許税の軽減措置の延長 ･････････ 128

　8　相続に係る所有権の移転登記に対する登録免許税の
　　免税措置の延長 ･･･････････････････････････････････ 133

　9　不動産取得税の税率の特例・宅地評価土地の特例
　　の延長 ･･･ 137

第3章　法人課税 ･･････････････････････････････････････ 139

　1　DX投資促進税制の創設 ･･･････････････････････････ 139

　2　研究開発税制の見直し ･････････････････････････････ 144

　3　賃上げ及び投資の促進に係る税制の見直し ･････････････ 168

　4　繰越欠損金の控除上限の特例の創設 ･･･････････････････ 174

　5　株式対価M＆Aを促進するための措置の創設 ･･･････････ 179

　6　国際金融都市に向けた税制上の措置 ･･････････････････ 186

　7　カーボンニュートラルに向けた投資促進税制の創設 ･･････ 190

CONTENTS

8 中小企業者等の法人税率の特例の延長 ……………… 196

9 中小企業投資促進税制の見直し ……………………… 199

10 中小企業経営強化税制の見直し ……………………… 203

11 地域未来投資促進税制の延長及び見直し …………… 206

12 中小企業防災・減災投資促進税制の延長及び見直し …… 215

13 中小企業における所得拡大促進税制の見直し ……… 223

14 中小企業事業再編投資損失準備金制度の創設 ……… 229

15 中小企業者等の貸倒引当金の特例における法定繰入率
の見直し ………………………………………………… 234

16 みなし寄附金制度の適正化 …………………………… 237

17 投資法人等に係る課税の特例における要件の適正化 …… 239

第4章 消費課税 ……………………………………… 242

1 国際郵便による輸出免税における証明書類の保存要件
の見直し ………………………………………………… 242

2 課税売上割合に準ずる割合の適用開始時期の見直し …… 245

3 金地金の仕入税額控除に係る本人確認書類の見直し …… 248

第5章 国際課税 ……………………………………… 251

1 国際金融都市に向けた税制上の措置 ………………… 251

2 クロスボーダー取引に係る利子等の課税の特例等
における非課税適用申告書等の電子提出等 ………… 255

3 過大支払利子税制の見直し …………………………… 259

4 PE帰属利子の損金算入制限の見直し ……………… 263

5 外国子会社配当に係る外国源泉税の損金算入及び
外国税額控除の見直し ………………………………… 265

第6章 納税環境整備 ………………………………… 268

1 税務関係書類における押印義務の見直し …………… 268

2 電子帳簿等保存制度の見直し ………………………… 272

3 納税管理人制度の拡充 ……………………………… 279

4 無償譲渡等の譲受人等の第二次納税義務の整備 ………… 283

5 滞納処分免脱罪の適用対象の整備 ……………………… 286

6 スマートフォンを使用した決済サービスによる
納付手続の創設 …………………………………………… 289

7 国外からの納付方法の拡充 ……………………………… 292

8 e-Taxによる申請等の方法の拡充 ……………………… 295

9 処分通知等の電子交付の拡充 …………………………… 298

10 クラウド等を利用した支払調書等の提出方法の整備 …… 301

11 納税地の異動があった場合における質問検査権の
管轄の整備 ………………………………………………… 305

12 地方税共通納税システムの対象税目の拡大 ……………… 308

13 個人住民税の特別徴収税額通知の電子化 ……………… 313

14 軽自動車税関係手続のオンライン化 …………………… 316

第3編 検討事項

❶ 年金課税／320

❷ 金融商品課税の一体化（金融商品間の損益通算範囲の
拡大等）／321

❸ 小規模企業等に係る税制／322

❹ 相続等に係る不動産登記の登録免許税のあり方／322

❺ 自動車関係諸税のあり方／325

❻ 原料用石油製品等に係る免税・還付措置の本則化／326

❼ 帳簿等の税務関係書類の電子化／327

❽ 税理士制度の見直し／327

❾ 事業税における社会保険診療報酬に係る実質的非課税
措置等／328

❿ ガス供給業に係る法人事業税の課税方式の変更／328

第1編

令和3年度税制改正のあらまし

第1章

令和3年度税制改正の基本的考え方

◆はじめに

　令和3年度の税制改正では、新型コロナウイルス感染症（以下「感染症」という）の感染拡大と戦後最大の経済の落込みに直面する中、多くの減税措置が盛り込まれることとなりました。

　菅内閣は、安倍内閣の政策を承継し、さらに前に進めていくために規制改革やデジタル化を集中的に進める方針をとっています。また、経済と環境の好循環のため「2050年カーボンニュートラル」の実現を目指す方針も示されました。

　税制においても、デジタル化を推進するため措置の創設や、押印義務の見直し・電子帳簿等保存制度の見直し・地方税務手続の電子化がされています。

　足元、感染症の爆発的な感染拡大の防止に注力するとともに、これと社会経済活動との両立を図っていく必要がある。

　これまで、政府は一貫して経済の再生に取り組み、人口減少の中で、8年前の政権交代以来、新たに働く人を400万人増やすとともに、下落し続けていた地方の公示地価が昨年、27年ぶりに上昇に転じるなど、感染症拡大前においては、バブル崩壊後、最高の経済状態を実現していた。政府・与党一丸となって、ウィズコロナ・ポストコロナの新しい社会をつくり、改めてデフレ脱却と経済再生を

8　第1編　令和3年度税制改正のあらまし

確かなものとしていく必要がある。

（以下、囲み内は与党税制改正大綱）

❶ デジタルトランスフォーメーション（DX）の推進

　今回の感染症では、行政サービスや民間分野のデジタル化の遅れなど、さまざまな課題が浮き彫りになりました。行政のデジタル化を進め、今後5年で自治体のシステムの統一・標準化を行うこととしており、税制においても、我が国社会のデジタルトランスフォーメーション（DX）の取組みを強力に推進します。

❷ カーボンニュートラルの実現

　菅内閣は、成長戦略の柱に経済と環境の好循環を掲げ、2050年までに、温室効果ガスの排出を全体としてゼロにする、「2050年カーボンニュートラル」の実現を目指すこととしており、税制面においても必要な支援をしていきます。

❸ 地方創生

　地方公共団体が地域における感染症対策の主体であることや、産業や企業をめぐる環境が激変している状況を踏まえ、固定資産税における評価替えへの対応等、所要の措置を講じます。

　また、被災地の復旧・復興、各地域における魅力の向上、地域社会の安全・安心の確保等の課題に対応するため、所要の措置を講じます。

❹ 経済社会の構造変化を踏まえた税制の見直し

　引き続き働き方の多様化を含む経済社会の構造変化への対応や所得再分配機能の回復の観点からの個人所得課税の検討を進めます。

　企業年金・個人年金等に関する税制上の取扱いについて、働き方によって有利・不利が生じない公平な税制の構築に取り組みます。

　昨今のクラウド会計ソフトの普及等も踏まえた、適正な記帳の確保に向けた方策を検討していきます。

第1章　令和3年度税制改正の基本的考え方　9

また、子育て支援の観点から、国や地方自治体が実施する子育てに係る助成等について所要の措置を講じます。

❺ 経済活動の国際化

持続的な経済成長には、日本企業の健全な海外展開の促進とその果実の国内への還流という好循環も重要であり、公平な競争条件を確保し、課税逃れに効果的に対応するためにも、国際的な合意に基づく公平なルール作りが重要です。引き続きこの国際的な議論を積極的にリードし、国際合意に則った制度の見直しを進めます。

> 経済再生なくして財政健全化なしとの方針の下、引き続き歳出・歳入両面の改革の取組みを続ける。また、税制は経済社会のあり方に密接に関連するものであり、今後とも、格差の固定化につながらないよう機会の平等や世代間・世代内の公平の実現、簡素な制度の構築といった考え方の下、検討を進める。

第2章

各主要課題の令和3年度税制改正での取組み

❶ ウィズコロナ・ポストコロナの経済再生

(1) 産業競争力の強化に係る措置

① 企業のDXを促進する措置等の創設

デジタル技術を活用した企業変革（DX）を推進するための措置として、新商品開発や新生産方式・販売方式の導入により新需要開拓や生産性向上に全社を挙げて取り組む企業が提出する「事業適応計画」(仮称)が産業競争力強化法で創設され、本計画により取得されるクラウド型システムを対象とする税制措置を創設することで、「つながる」デジタル環境の構築を促進します。

また、「2050 年カーボンニュートラル」という目標に向け、企業の投資を促進する税制を創設します（❸(1)参照）。

② 活発な研究開発を維持するための研究開発税制の見直し

コロナ禍において売上が一定程度減少したにもかかわらず、研究開発投資を増加させた企業については、控除上限を法人税額の25％から30％に引き上げるとともに、控除率カーブの見直し及び控除率の下限の引下げを行います。また、本税制の対象費用の定義についても見直しを行います（❷(1)参照）。さらに、オープンイノベーション型の対象範囲を拡大することで産学官連携のさらなる活性化を図ります。

③ コロナ禍を踏まえた賃上げ及び投資の促進に係る税制の見直し

事業や構造を変革する新たな人材の獲得及び人材育成の強化や、第二の就職氷河期を避けるため、大企業向けの賃上げ及び投資の促進に係る税制の要件を見直し、新規雇用者の給与等支給額及び教育訓練費の増加

に着目した税制とします。

④　繰越欠損金の控除上限の特例

　コロナ禍による欠損金については、一定期間に限り、ＤＸやカーボンニュートラル等、事業再構築・再編に係る投資に応じた範囲において、最大100％までの控除を可能とする措置を、臨時異例のものとして講じます。

⑵　株式対価Ｍ＆Ａを促進するための措置の創設

　企業間の国際競争が激化する中、企業の機動的な事業再構築を促し、競争力の維持・強化を図る観点から、自社株式を対価とするＭ＆Ａについて、対象会社株主の譲渡損益に対する課税の繰延措置を講じます。その際、自社株式にあわせて金銭等を交付するいわゆる混合対価を一定程度認めるとともに、期限の定めのない措置とします。

⑶　国際金融都市に向けた税制上の措置

　我が国の国際金融センターとしての地位の確立に向けて、海外から事業者や人材、資金を呼び込む観点から、以下の税制上の措置を講じます。

①　法人課税

　投資運用業を主業とする非上場の非同族会社等の役員に対する業績連動給与については、一定の要件の下、損金算入を可能とします。

②　相　続　税

　就労等のために日本に居住する外国人に係る相続等については、国外に居住する外国人や日本に短期的に滞在する外国人が相続人等として取得する国外財産を相続税等の課税対象としないこととします。

③　個人所得課税

　ファンドマネージャーが、出資持分を有するファンドからその出資割合を超えて受け取る組合利益の分配（キャリード・インタレスト）について、一定の場合には、株式譲渡益等として分離課税の対象となることの明確化等を行います。

⑷　固定資産税

　固定資産税は、３年ごとに評価替えが実施されています。宅地等については、１年前の地価公示価格の７割を目途としつつ、基準年度及び据置年度の下落修正措置も講じられ、地価の動向を評価額に反映させる形で行われてきました。

商業地等については、平成９年度から負担水準の均衡化を進めてきた結果、令和２年度の負担水準は、据置特例の対象となる60％から70％までの範囲（据置ゾーン）内にほぼ収斂するに至っています。

　感染症の影響を鑑み、負担調整措置については、令和３年度から令和５年度までの間継続します。

　その上で、感染症の影響を踏まえ、令和３年度に限り、負担調整措置等により税額が増加する土地について前年度の税額に据え置く特別な措置を講じます。

(5)　自動車税及び軽自動車税の環境性能割の臨時的軽減

　環境性能割の臨時的軽減は、消費税率引上げにあわせて令和２年９月30日までの措置として創設されたもので、その後、新型コロナウイルス感染症緊急経済対策における税制上の措置として、令和３年３月31日まで延長されていますが、さらに適用期限を９か月延長します。

(6)　住宅ローン控除等

　控除期間13年間の特例について延長し、一定の期間に契約した場合、令和４年末までの入居者を対象とします。この延長した部分に限り、合計所得金額1,000万円以下の者については床面積40㎡から50㎡までの住宅も対象とします。また、この措置の効果が限定的な所得層に対しては、給付措置を引き続き講じます。

　なお、平成30年度決算検査報告において、住宅ローン控除の控除率（１％）を下回る借入金利で借り入れているケースが多く、毎年の住宅ローン控除額が支払利息額を上回っている等の指摘がされていることを踏まえ、控除額や控除率のあり方を令和４年度改正において見直すものとします。

　また、住宅取得等資金に係る贈与税の非課税措置について、令和３年４月１日から同年12月31日までの間に住宅用家屋の取得等に係る契約を締結した場合に適用される非課税限度額を、令和３年３月31日までの非課税限度額と同額まで引き上げます。併せて、床面積要件について、住宅ローン控除と同様の措置を講じます。

(7)　その他考慮すべき課題

　租税特別措置については、毎年度、期限が到来するものを中心に、廃止を含めてゼロベースで見直しを行います。また、租税特別措置の創設・

第２章　各主要課題の令和３年度税制改正での取組み　**13**

拡充を行う場合は、財源を確保することやいたずらに全体の項目数を増加させないことに配意します。

❷ デジタル社会の実現

⑴ 民間におけるデジタル化の促進
① 企業のDXを促進する措置の創設

接続性・クラウドの利用・レガシーシステムからの脱却・サイバーセキュリティーといった点が確保された事業変革デジタル投資を促進する税制を創設します（詳細は❶⑴①参照）。

② 研究開発税制の見直し

ソフトウエア分野における研究開発を支援するため、自社利用ソフトウエアの取得価額を構成する試験研究に要した費用について、研究開発税制の対象に追加します。

⑵ 納税環境のデジタル化
① 税務関係書類における押印義務の見直し

実印による押印や印鑑証明書の添付を求めているもの等を除き、押印義務を廃止します。

② 電子帳簿等保存制度の見直し等

電子帳簿等保存制度については、事前承認制度を廃止するほか、事後検証可能性の高い電子帳簿については、優良な電子帳簿としてその普及を促進するための措置を講ずるとともに、その他の電子的な帳簿についても、一定の要件を満たす場合には電子帳簿として電子データのまま保存することを当面可能とします。また、スキャナ保存制度については、手続・要件を大幅に緩和するとともに、電子データの改ざん等の不正行為を抑止するための担保措置を講じます。

地方税においては、地方たばこ税及び軽油引取税に係る書類等の電子的保存を可能とするとともに、地方税関係帳簿書類の電子的保存の要件等について、国税と同様、所要の措置を講じます。

③ 地方税務手続のデジタル化の推進

地方税共通納税システムの対象税目に固定資産税、自動車税種別割等を追加し、これらの納付を電子的に行うことができるようにします。また、給与所得に係る特別徴収税額通知（納税義務者用）について、特別

14　第1編　令和3年度税制改正のあらまし

徴収義務者に対して電子的に送付する仕組みを導入します。

❸　グリーン社会の実現

⑴　カーボンニュートラルに向けた税制措置の創設

　環境と成長の好循環を実現するため、生産プロセスの脱炭素化に寄与する設備や、脱炭素化を加速する製品を早期に市場投入することで新たな需要の開拓に寄与することが見込まれる製品を生産する設備に対して、税制上強力に支援する措置を創設します。

⑵　車体課税

　世界的な脱炭素の動きを受けた電気自動車の急速な普及、規制の強化、自動運転技術の飛躍的向上等の大変革へ対応するため、本来は車体課税について早急に見直すべきですが、我が国経済がコロナ禍にあることから急激な変化は望ましくないため、今回の見直しにおいては、次のエコカー減税等の期限到来時に抜本的な見直しを行うことを前提に、一定の猶予期間を設けることとします。

　自動車重量税のエコカー減税については、令和12年度燃費基準の達成度に応じて減免する仕組みに切り替えます。その際、2回目車検時の免税対象について電気自動車等やハイブリッド車等に重点化を図ります。

　自動車税及び軽自動車税の環境性能割については、令和12年度燃費基準の下で税率区分を見直します。

　クリーンディーゼル車については、エコカー減税及び環境性能割においては、令和3年度及び令和4年度に関しては激変緩和措置を講ずることとし、令和5年度以降はガソリン車と同等に取り扱うこととします。

　自動車税及び軽自動車税の種別割のグリーン化特例（軽課）については、クリーンディーゼル車を対象から除くとともに、適用対象を電気自動車等に限定していない種別においても、重点化及び基準の切替えを行った上で2年間延長します。また、次の期限到来に向けて、さらなる重点化を引き続き検討します。

　また、次のエコカー減税等の期限到来に向けて、新たに燃費基準の対象となった電気自動車及びプラグインハイブリッド車について、エコカー減税等における燃費基準の達成度に応じた評価について検討し、結論を得ます（環境性能割の臨時的軽減については、❶⑸参照）。

第2章　各主要課題の令和3年度税制改正での取組み　15

⑶　経済と環境の好循環の実現

　我が国は「2050年カーボンニュートラル」の実現を目指すことを宣言し、経済と環境の好循環、グリーン社会の実現のため、幅広い施策を横断的に実施することとしています。また、パリ協定に基づく2030年度の削減目標（2013年度比26％減の水準）を確実に達成することを目指し、さらなる削減努力を追求していくこととしています。

❹　中小企業の支援、地方創生

⑴　**中小企業向け投資促進税制等の延長**
①　中小企業による積極的な設備投資等の支援

　中小企業の生産性の向上や経営基盤の強化を支援するため、中小企業者等に係る軽減税率の特例、中小企業投資促進税制及び中小企業経営強化税制の適用期限を２年延長するとともに、商業・サービス業・農林水産業活性化税制について、対象業種を中小企業投資促進税制に統合します。
②　地域社会における先進的な設備投資や災害に備える設備投資に対する支援

　地域未来投資促進税制について、従来の措置に数値要件を追加するとともに、サプライチェーンの維持・強化を目的とする類型を追加した上で２年延長します。

　また、特定事業継続力強化設備等の特別償却制度について対象設備を見直した上で計画の認定期限を設定するなど、頻発する災害に備えて対応力を強化するための取組みを進めます。

⑵　**所得拡大促進税制の見直し**

　経済の好循環のため、雇用を増加させる企業を下支えする観点から、従来の①雇用者給与等支給額が前年度を上回ること、②継続雇用者給与等支給額の1.5％以上増加という要件を雇用者給与等支給額が1.5％以上増加という要件に見直した上で２年延長します。

⑶　**中小企業の経営資源の集約化に資する税制の創設**

　経営資源の集約化によって生産性向上等を目指す計画の認定を受けた中小企業が、中小企業の株式の取得後に簿外債務、偶発債務等が顕在化するリスクに備えるため、準備金を積み立てたときは、損金算入を認め

る措置を講じます。併せて、同計画に必要な事項を記載して認定を受けた中小企業は、新たな類型として中小企業経営強化税制の適用を可能とし、さらに、所得拡大促進税制の上乗せ要件に必要な計画の認定を不要とすることにより、M＆A後の積極的な投資や雇用の確保を促すこととします。

(4) 固定資産税等

固定資産税については、❶(4)参照。

また、住宅や土地の流動化を促進するため、住宅及び土地の取得に係る不動産取得税の税率の特例措置等の適用期限を延長します。

(5) 地域の活性化、地域社会の安全・安心の向上

① 地域における移動の利便性向上

公共交通機関の混雑緩和や地域における移動の利便性向上のため、市町村が策定する計画に基づき設置されたシェアサイクルポートに対する固定資産税の特例措置を創設します。

② 地方の生活を支える自動車の安全性能の向上等

自動車の安全性の向上やバリアフリー化の推進の観点から、先進安全技術を搭載したトラック・バスに係る自動車税環境性能割及び自動車重量税の特例措置について、一定の装置を対象に追加した上で、適用期限を延長します。また、バリアフリー対応車両に係る特例措置についても、リフト付きバスの普及を促進する観点から、一定の車両について環境性能割の控除額を拡充した上で、適用期限を延長します。

③ 災害に対するきめ細やかな対応

東日本大震災、熊本地震及び平成30年7月豪雨の被災地域における被災代替住宅用地、被災代替償却資産等に係る固定資産税等の特例措置の適用期限を延長します。また、利水ダムに整備される治水用の放流施設について、固定資産税の非課税措置を講じます。

❺ 経済社会の構造変化を踏まえた税制の見直し

(1) 経済社会の構造変化を踏まえた個人所得課税のあり方

① 個人所得課税における諸控除の見直し

個人所得課税については、経済社会の構造変化を踏まえ、配偶者控除等の見直し、給与所得控除・公的年金等控除・基礎控除の一体的な見直

し等の取組みを進めてきています。今後も、各種控除のあり方等を検討します。

② 記帳水準の向上等

今般の感染症においては、中小・小規模事業者への給付金の支給や融資に際し、適切に記録されていないため申請に手間取るなどの問題が浮き彫りになりました。

近年、普及しつつあるクラウド会計ソフトの活用など、個人事業者の記帳水準の向上等に向けた検討を行います。

③ 国や地方自治体の実施する子育てに係る助成等の非課税措置

保育を主とする国や自治体からの子育てに係る助成等について、子育て支援の観点から、非課税とする措置を講じます。

④ セルフメディケーション税制の見直し

セルフメディケーション税制について、対象をより効果的なものに重点化した上で、5年の延長を行います。併せて、手続の簡素化を図るとともに、次の適用期限の到来時に制度の見直し等を含め、必要な措置を講じます。

⑵ **私的年金等に関する公平な税制のあり方**

働き方やライフコースが多様化する中で、老後の生活に備えるための支援について、働き方によって有利・不利が生じない公平な税制の構築が求められています。

拠出・運用・給付の各段階を通じた適正かつ公平な税負担を確保できる包括的な見直しを目指す必要がありますが、例えば従業員それぞれに私的年金等を管理する個人退職年金勘定を設けることなど、老後に係る税制について、具体的な案を精力的に検討します。

令和3年度改正においては、こうした改革の一環として、私的年金の拠出限度額等の見直しが行われることを踏まえ、拠出段階の課税についても、現行の税制上の措置を適用することとします。

なお、金融所得に対する課税のあり方について、諸外国の制度や市場への影響も踏まえつつ、総合的に検討します。

⑶ **相続税・贈与税のあり方**

① 教育資金、結婚・子育て資金の一括贈与に係る贈与税の非課税措置の見直し

教育資金、結婚・子育て資金の一括贈与に係る贈与税の非課税措置について、孫等が受贈者である場合に贈与者死亡時の残高に係る相続税額の２割加算を適用するなどの見直しを行った上で、適用期限を２年延長します。

　なお、結婚・子育て資金の一括贈与に係る贈与税の非課税措置については、これらの贈与の多くが課税対象とならない水準にあること、利用件数が極めて少ないこと等を踏まえ、次の適用期限の到来時に、制度の廃止も含め、改めて検討します。

② 資産移転の時期の選択に中立的な相続税・贈与税に向けた検討

　我が国の贈与税は、相続税の累進回避を防止する観点から、高い税率が設定されており、一方で、富裕層による財産の分割贈与を通じた負担回避を防止するには限界があります。

　諸外国では、一定期間の贈与や相続を累積して課税すること等により、資産の移転のタイミング等にかかわらず、税負担が一定となり、同時に意図的な税負担の回避も防止されるような工夫が講じられています。

　今後、こうした諸外国の制度を参考にしつつ、現行の相続時精算課税制度と暦年課税制度のあり方を見直すなど、本格的な検討を進めます。

❻　経済のデジタル化への国際課税上の対応

　「経済のデジタル化」により、従来からの国際課税原則（「恒久的施設（PE：Permanent Establishment）なければ課税なし」等）が適切に機能しないといった問題や、過度な法人税の引下げ競争等の国際課税上の課題への対応については、2021年半ばまでに国際的な合意をまとめるべく、OECDを中心に議論が行われています。

　また、国際的な租税回避や脱税への対応については、国際的な議論や租税回避の態様等を踏まえ必要な見直しを迅速に講じていきます。併せて、国際課税制度が大きな変革を迎える中、国内法制・租税条約の整備及び着実な執行など適時に十全な対応ができるよう、国税当局の体制強化を行うものとします。

❼　円滑・適正な納税のための環境整備

⑴　国際化に対応した適正課税の確保

①　納税管理人制度の拡充

　クロスボーダー取引が活発化する中で、国内に何らの拠点を持たない外国法人や非居住者らに対して税務調査等を行う場合に、納税者による納税管理人の選任が行われなかった場合に当局側に取り得る措置がないことから、納税管理人が適切に選任されることを確保する措置を講じます。

②　国際的徴収回避行為への対応

　平成25年の税務行政執行共助条約の発効以降、各国税務当局間で徴収共助の枠組みが構築され拡大しているところですが、徴収回避行為にも適切に対応するため、滞納処分免脱罪及び第二次納税義務の適用対象について見直しを行います。

⑵　消費税転嫁対策特別措置法の失効に係る対応

　消費税転嫁対策特別措置法は、令和３年３月31日限りでその効力を失うこととなりますが、期限内に行われる消費税の転嫁拒否等の行為に対する監視・取締りについては、その後も継続します。また、買いたたき等については、引き続き、独占禁止法、下請法等に基づき厳正に対処します。

⑶　退職所得課税の適正化

　退職所得課税における２分の１課税は、勤務の対価の一部が蓄積して一挙に支払われるものであることに配慮した税負担の平準化措置であることに鑑み、法人役員等以外についても勤続年数５年以下の短期の退職金については、２分の１課税の平準化措置の適用から除外します。ただし、退職所得控除額を除いた支払額300万円までは引き続き２分の１課税の平準化措置を適用します。

❽　そ　の　他

⑴　東日本大震災からの復興

　東日本大震災の復興特区税制について、重点化された後の地域を対象として、復興税制の適用期限を３年延長します。

20　第１編　令和３年度税制改正のあらまし

福島特措法税制については、福島国際研究産業都市区域の15市町村を対象とした福島イノベーション・コースト構想の推進に係る特例などを創設します。

⑵　ＩＲに関する税制

ＩＲに関する税制については以下の方向で検討し、令和４年度以降の改正で具体化します。

①　所　得　税

ＩＲ事業の国際競争力を確保する観点から、非居住者のカジノ所得について非課税とします。

なお、居住者のカジノ所得については、国内の公営ギャンブルと同様、課税とします。支払調書の提出は求めず、税務当局が国税通則法に基づく情報照会手続を活用すること等を通じ、自主的な適正申告の確保を図ります。

②　消　費　税

カジノに係る売上げが不課税となることを前提に、カジノに係る事業に対応する課税仕入れについて仕入税額控除制度の適用を制限します。その際、カジノに係る事業の収入がＩＲ事業全体の収入に比して少ない場合（５％以下）は、仕入税額控除制度の適用を可能とします。

③　法　人　税

カジノ行為関連景品類について、諸外国で実施されている不特定多数の者に対する広告宣伝のための割引等クーポンの提供は広告宣伝費に、賭金額等に応じ一定の基準に基づき行うキャッシュバックは売上割戻しに該当することなど、課税上の取扱いを明確化します。

⑶　屋外分煙施設等の整備の促進

地方公共団体が駅前・商店街等の公共の場所における屋外分煙施設等のよりいっそうの整備を図るよう促すこととします。

令和３年度税制

税目	対象	項目	改正前
所得税	個人	住宅ローン控除の見直し	入居期限： 令和３年12月31日 床面積：50㎡以上
		税制上の手続におけるデジタル化の推進	各種書類の書面による提出
		総合課税の対象となる社債利子等の範囲の整備	分離課税の利子所得
		セルフメディケーション税制の見直し	①　特例の対象となる医薬品がスイッチOTC医薬品 ②　確定申告時に取組関係書類の提出又は提示が必要
		退職所得課税の適正化	追加
		特定公益増進法人等に対する寄附金制度の見直し	追加
		申告義務のある者の還付申告書の提出期間の見直し	翌年１月１日から３月15日
		源泉徴収関係書類の電子提出に係る税務署長の承認の廃止	税務署長の事前承認
相続税	個人	国際金融都市に向けた税制上の措置	10年超日本滞在中死亡外国人は無制限納税義務者

22　第１編　令和３年度税制改正のあらまし

改正のポイント一覧

改正後	施行日	増減税	関連頁
入居期限： 令和4年12月31日 床面積：合計所得金額1,000万円以下の場合、40㎡以上50㎡未満も対象	―	↓	42
電磁的方法による提出	令和4年分以後	―	52
総合課税の利子所得	令和3年4月1日以後	↑	56
① 特例の対象となる医薬品から、スイッチOTC医薬品でも、対象から除外したり、スイッチOTC医薬品以外でも対象に追加される ② 取組関係書類について、確定申告書への添付又は提示が不要	① 令和4年分以後 ② 令和4年1月1日以後	―	60
役員以外の一般従業員も、勤続年数5年以下の者の退職所得は2分の1課税適用除外	令和4年分以後	↑	67
対象となる寄附金から、出資に関する業務に充てることが明らかな寄附金を除外	―	↑	73
翌年1月1日から5年間	令和4年1月1日以後	―	77
税務署長の承認廃止	令和3年4月1日以後	―	80
入管法別表第一在留資格者は居住期間問わず制限納税義務者に	令和3年4月1日以後	↓	83

第2章　各主要課題の令和3年度税制改正での取組み　23

税目	対象	項目	改正前
相続税	個人	特定美術品の納税猶予対象美術品	製作後50年経過作品のみ
		個人版事業承継税制の対象財産	自動車は自動車税等の営業用課税標準適用車のみ
		法人版事業承継税制の後継者要件	被相続人が60歳未満で死亡した場合、役員要件なし
		農地等の納税猶予対象土地の収用譲渡時の利子税免除	令和3年3月31日まで
贈与税		直系尊属からの住宅取得等資金贈与特例	①令和3年は非課税限度額を引き下げる。②床面積要件は50㎡以上240㎡以下
		直系尊属からの教育資金一括贈与特例	①令和3年3月末まで期限、②贈与者相続開始前3年以内の贈与につき死亡時残額を相続税課税、③2割加算不適用、④認可外保育施設は不可
		直系尊属からの結婚・子育て資金一括贈与特例	①令和3年3月末まで期限、②贈与者相続開始前4年以内の贈与につき死亡時残額を相続税課税、③2割加算不適用、④認可外保育施設は不可
固定資産税	法・個	宅地・農地の負担調整措置	①令和3年度評価替え、②宅地等負担調整
登録免許税	法・個	土地売買所有権移転登記の税率軽減措置	令和3年3月31日まで
	個人	土地相続登記の免税措置	令和3年3月31日まで
不動産取得税	法・個	宅地取得時の課税標準・税率軽減措置	令和3年3月31日まで

改正後	施行日	増減税	関連頁
製作後50年経過していないものの一定を追加	―	↓	109
乗用自動車を追加	―	↓	111
①被相続人が70歳未満で死亡又は②特例承継計画に特例後継者として記載ある場合を追加	―	↓	113
令和8年3月31日まで	令和3年4月1日以後	↓	115
①非課税限度額の引下げを行わない。②前年合計所得1,000万円以下受贈者は最低床面積40㎡以上に。	①令和3年4月1日以後契約、②令和3年1月1日以後贈与	↓	88
①令和5年3月末まで延長、②贈与者死亡時の残額を相続税課税、③相続税額の2割加算も適用、④基準以上の認可外保育施設も支出対象　など	①～④令和3年4月1日以後の贈与・支出に適用	↑	96
①令和5年3月末まで延長、②贈与者死亡時の残額相続税課税につき2割加算適用、③令和4年4月1日以後受贈者年齢要件下限を18歳に、④基準以上の認可外保育施設も支出対象　など	①・②令和3年4月1日以後贈与、③令和4年4月1日以後贈与、④令和3年4月1日以後支出	↑↓	103
①令和3～5年度据置年度の価格下落修正、条例減額制度継続、②令和3年限り令和2年度課税標準と同額に	令和3年度	↓	119
令和5年3月31日まで	令和3年4月1日以後	↓	128
令和4年3月31日まで	令和3年4月1日以後	↓	133
令和6年3月31日まで	令和3年4月1日以後	↓	137

税目	対象	項目	改正前
法人税	法・個	デジタルトランスフォーメーション投資促進税制	新設
所得税法人税	法・個	試験研究を行った場合の特別控除（一般型）	税額控除率の下限は6%
			令和3年3月31日までに開始する事業年度における税額控除率の上限は14%
			税額控除率は算式により計算することとされている
			新設
			令和3年3月31日までに開始する事業年度において試験研究費割合が10%超の場合に上乗せ措置がある
	中小事業者に該当する個人・中小企業者等に該当する法人	試験研究を行った場合の特別控除（中小企業技術基盤強化税制）	新設
			令和3年3月31日までに開始する事業年度において増減試験研究費割合が8%超の場合には上乗せ措置がある
			令和3年3月31日までに開始する事業年度において試験研究費割合が10%超の場合に上乗せ措置がある
	法・個	試験研究を行った場合の特別控除（特別試験研究費の範囲の見直し等）	特別試験研究費の範囲については一定の定めがある

26　第1編　令和3年度税制改正のあらまし

改正後	施行日	増減税	関連頁
① 取得価額の30％の特別償却 or 3％の税額控除 ② 一定のソフトウエアの利用に係る費用（繰延資産）の30％の特別償却or3％の税額控除 ※控除税額の上限あり	産業競争力強化法の改正法の施行日以後	↓	139
税額控除率の下限を2％とする	―	↑	
適用期限を2年延長	令和3年4月1日以後開始事業年度	―	
税額控除率の算式に一定の改正あり	―	↑↓	150
売上減少かつ試験研究費増加の場合における控除税額の上限の上乗せ措置を新設	令和3年4月1日以後開始事業年度	↓	
適用期限を2年延長	令和3年4月1日以後開始事業年度	―	
売上減少かつ試験研究費増加の場合における控除税額の上限の上乗せ措置を新設		↓	
適用期限を2年延長の上、上乗せの内容について一定の改正あり	令和3年4月1日以後開始事業年度	↑↓	156
適用期限を2年延長		―	
特別試験研究費の範囲に一定の研究費用等を追加する	―	↓	161

第2章　各主要課題の令和3年度税制改正での取組み　**27**

税目	対象	項目	改正前
所得税法人税	法・個	試験研究を行った場合の特別控除（特別試験研究費の範囲の見直し等）	特別試験研究費の範囲については一定の定めがある
			特別試験研究費の額に該当するために必要となる確認及び監査手続の規定が曖昧
		試験研究を行った場合の特別控除（試験研究費の範囲の見直し等）	研究開発税制の対象となる試験研究費は損金の額に算入されるものに限られている
			研究開発税制の対象となる試験研究費は一定の範囲内のものに限られている
			研究開発税制の対象となる試験研究費の範囲については明確ではない部分がある
法人税	法人	賃上げ・投資促進税制	継続雇用者給与等支給額の前期比増加割合3％
			設備投資要件あり
			税額控除計算雇用者給与等支給増加額の15％（法人税額の20％限度）
			雇用調整助成金適用要件の判定上、給与等から除外する
		繰越欠損金の控除上限の特例	新設
	法・個	株式対価M＆Aを促進するための措置の創設	新設
	法人	特定投資運用業を主業とする非上場の非同族会社等の役員に対する業績連動給与	業績連動給与の損金不算入

改正後	施行日	増減税	関連頁
特別試験研究費の範囲に含まれていた一定の研究費用等について範囲を限定(縮小)する	—	↑	161
確認及び監査手続の明確化が行われる		—	
研究開発費として損金経理した金額で非試験研究用資産の取得価額に含まれるものを試験研究費の範囲に含める	—	↓	163
試験研究費の範囲からリバースエンジニアリング(一定のもの)を除外する		↑	
研究開発税制の対象となる試験研究費の範囲について明確化が行われる		—	
新規雇用者給与等支給額の前期比増加割合2%	令和3年4月1日以後開始事業年度	↓	168
設備投資要件なし			
控除対象新規雇用者給与等支給額の15%（法人税額の20%限度）			
雇用調整助成金適用要件の判定上、給与等から除外しない			
一定の投資に応じた範囲内で最大100%控除が可能	—	↓	174
株式譲渡損益の課税繰延べ	改正会社法施行後	—	179
業績連動給与の損金算入	令和3年4月1日（ただし、金融商品取引法改正法の施行日以後）から令和8年3月31日まで	↓	186

第2章　各主要課題の令和3年度税制改正での取組み　**29**

税目	対象	項目	改正前
法人税	法人	カーボンニュートラルに向けた投資促進税制	新設
	中小企業者等に該当する法人	中小法人の軽減税率の特例（本則19%→軽減15%）	令和3年3月31日までに開始する各事業年度に適用あり
	法・個	中小企業投資促進税制	令和3年3月31日まで
		中小企業経営強化税制	令和3年3月31日まで
	法人	地域未来投資促進税制	適用期限：令和3年3月まで 適用要件：地域経済牽引事業計画について都道府県の承認を受け資産を取得、供用
		中小企業防災・減災投資促進税制	適用期限：令和3年3月まで 対象資産：機械及び装置、器具及び備品、建物附属設備 特別償却額：20%

改正後	施行日	増減税	関連頁
取得価額の50%特別償却or取得価額の5%（温室効果ガス削減に著しく資するもの10%）の税額控除	産業競争力強化法の改正法の施行日以後	↓	190
適用期限を2年延長	令和3年4月1日以後開始事業年度	―	196
令和5年3月31日まで2年延長	令和3年4月1日以後開始事業年度	↓	199
対象となる指定事業を追加			
令和5年3月31日まで2年延長	令和3年4月1日以後開始事業年度	↓	203
新たな類型として経営資源集約化設備（D類型）を追加	中小企業等経営強化法の改正法の施行日以後		
適用期限：令和5年3月まで適用要件：適用要件のうち事業先進性の確認方法を変更 ・課税特例の要件追加 ・特定非常災害特例に関する災害発生日からの期間を変更	令和3年4月1日以後	―	206
適用期限：令和5年3月まで対象資産：器具及び備品、建物附属設備に係る対象資産の範囲が拡充 特別償却額：20%（令和5年4月1日以後に取得等をする資産の特別償却率は18%)	令和3年4月1日以後	―	215

第2章　各主要課題の令和3年度税制改正での取組み　**31**

税目	対象	項目	改正前
所得税 法人税	中小企業	中小企業における所得拡大促進税制の見直し	・雇用者給与等支給額が前期比増加 ・継続雇用者給与等支給額が前期比1.5%増加
			教育訓練費増加要件の判定 継続雇用者給与等支給額の前期比2.5%増加
			雇用調整助成金 適用要件の判定上、給与等から除外する
法人税	法人	中小企業事業再編投資損失準備金制度の創設	新設
		一括評価金銭債権に係る貸倒引当金につき、割賦販売小売業並びに包括信用購入あっせん業及び個別信用購入あっせん業に適用される法定繰入率	13/1,000
		みなし寄附金	—
		投資法人に係る課税の特例、特定投資信託に係る受託法人の課税の特例	—

改正後	施行日	増減税	関連頁
雇用者給与等支給額が前期比1.5%増加			
教育訓練費増加要件の判定 雇用者給与等支給額の前期比2.5%増加	令和3年4月1日以後開始事業年度	↓	223
雇用調整助成金 適用要件の判定上、給与等から除外しない			
M＆Aで取得した株式の取得価額の70%を準備金として損金算入可能 5年経過後、5年間で取り崩し、益金算入	中小企業等経営強化法の改正法の施行日から令和6年3月31日までの間に経営力向上計画の認定を受けたものが行う株式の取得	―	229
7/1,000	―	↑	234
みなし寄附金の対象となっている金額から、事実を隠蔽し又は仮装して経理することにより支出した金額が除外	―	↑	237
ファイナンスリース取引に係る金銭債権は、そのファイナンスリース取引の目的となっている資産として、特定資産に係る要件の判定を行う	―	↑	239

第2章　各主要課題の令和3年度税制改正での取組み　33

税目	対象	項目	改正前
消費税	法・個	国際郵便による輸出免税における証明書類の保存要件の見直し	帳簿又は物品受領書等
		課税売上割合に準ずる割合の適用開始時期の見直し	承認を受けた課税期間
		金地金の仕入税額控除に係る本人確認書類の見直し	「在留カードの写し」や国内に住所を有しない者の「旅券の写し」及び「その他これらに類するもの」は対象となる
国際課税	法・個	国際金融都市に向けた税制上の措置	追加
		クロスボーダー取引に係る利子等の課税の特例等における非課税適用申告書等の電子提出等	追加
	法人	過大支払利子税制の見直し	追加
		PE帰属利子の損金算入制限の見直し	PEを通じて行う事業に係る負債の利子の額に、その利子の支払の基因となる負債その他資金の調達に係る負債の総額に占める割合を乗じて計算

改正後	施行日	増減税	関連頁
発送伝票の控え等	令和3年10月1日以後に行われる資産の譲渡等について適用	―	242
申請を行った課税期間（課税期間の末日後1月以内に承認を受ける必要あり）	―	―	245
「在留カードの写し」や国内に住所を有しない者の「旅券の写し」及び「その他これらに類するもの」は対象外	令和3年10月1日以後に国内において事業者が行う課税仕入れについて適用	―	248
外国組合員に対する課税の特例における投資組合財産に対する持分割合の要件について、一定の特定組合契約の持分割合を除外して判定	―	―	251
振替国債等の利子の課税の特例等、外国金融機関等の店頭デリバティブ取引の証拠金に係る利子の課税の特例の申請書類等の提出方法等として、電磁的な方法が追加	―	―	255
① 対象外支払利子等の額に一定の保険負債利子が追加 ② 対象純支払利子等の額の計算において、法人が受ける公社債投資信託の収益の分配の額に係る受取利子等相当額が受取利子等の額に追加	令和3年3月31日以後終了事業年度	―	259
PEを通じて行う事業に係る負債の利子の額に、自己資本不足額がその利子の支払の基因となる負債その他資金の調達に係る負債の総額に占める割合を乗じて計算	―	↓	263

第2章　各主要課題の令和3年度税制改正での取組み　35

税目	対象	項目	改正前
国際課税	法人	外国子会社配当に係る外国源泉税の損金算入の見直し	外国子会社合算税制等との二重課税調整により益金不算入とされた配当以外の部分も損金算入の対象
		外国子会社配当に係る外国源泉税の外国税額控除の見直し	外国子会社合算税制等との二重課税調整により益金不算入とされた部分も適用の対象外
納税環境整備	法・個	税務関係書類における押印義務の見直し	税務関係書類については一定の者の押印が必要
		電子帳簿等保存制度の見直し	① 税務署長の事前承認が必要 ② 電子帳簿は、訂正履歴が残り、検索機能がある等の要件を満たすものに限る ③ 領収書等は概ね３営業日、最長２か月以内にタイムスタンプを付与し、原本と同一であることのチェックを要する
		納税管理人制度の拡充	納税者が定め、届出する
		無償譲渡等の譲受人等の第二次納税義務の整備	滞納国税について、無償譲渡等した財産が国外財産の場合は、譲受人等に対して第二次納税義務を賦課できない
		滞納処分免脱罪の適用対象の整備	国外財産を徴収共助不可能国に移転する等、徴収回避を図った場合には、滞納処分免脱罪を適用できない
		スマートフォンを使用した決済サービスによる納付手続の創設	新設
		国外からの納付方法の拡充	３種類の納付方法

改正後	施行日	増減税	関連頁
外国子会社合算税制との二重課税調整の対象とされる金額に対応する部分は損金算入の対象外	―	↑	265
外国子会社合算税制との二重課税調整の対象とされない金額に対応する部分について適用が認められる	―	↓	
実印を要するもの以外、押印不要とする	令和3年4月1日以後(運用上、施行日前においても適用あり)	―	268
① 事前承認制度は廃止 ② 正規の簿記の原則に従う電子帳簿については、適用要件を緩和する ③ タイムスタンプ付与を最長2カ月以内に統一し、同一性チェックを不要とする 　電子データ改ざんには、10%の重加算税を加重	令和4年4月1日以後	―	272
納税者が定めない場合、所轄税務署長等が指定できる	令和4年1月1日以後	―	279
共助要請後に第二次納税義務を賦課できる	令和4年1月1日以後	―	283
滞納処分免脱罪の対象に、徴収共助の要請による徴収を免れる目的で国外財産の隠ぺい等をした者を追加	令和4年1月1日以後	―	286
スマホアプリの決済サービスを使用する方法による納付が可能	令和4年1月4日以後	―	289
国外の金融機関を通じて国税収納管理の国内預金口座に送金する方法が追加	令和4年1月4日以後	―	292

第2章　各主要課題の令和3年度税制改正での取組み　**37**

税目	対象	項目	改正前
納税環境整備	法・個	e-Taxによる申請等の方法の拡充	入力方式対応未済の申請等は書面により提出
		処分通知等の電子交付の拡充	電子交付できる処分通知等は5種類
		クラウド等を利用した支払調書等の提出方法の整備	新設
		納税地の異動があった場合における質問検査権の管轄の整備	新設
		地方税共通納税システムの対象税目の拡大	追加
		個人住民税の特別徴収税額通知の電子化	追加
		軽自動車税関係手続のオンライン化	新車新規検査等に係る手続について電子申請・納付が不可

38 第1編　令和3年度税制改正のあらまし

改正後	施行日	増減税	関連頁
入力方式対応未済の申請等はイメージデータを送信する方式により提出可	令和3年4月1日以後	―	295
電子交付できる処分通知等に以下を追加 ① 加算税の賦課決定通知書の送付 ② 所得税の予定納税額等の通知 ③ 国税還付金振込通知書の送付	① 令和4年1月1日以後 ② 令和5年1月1日以後 ③ 令和5年6月1日以後	―	298
一定の要件の下クラウド等を利用した支払調書等の提出が可能	令和4年1月1日以後に提出する支払調書等	―	301
異動前の納税地の所轄税務署等の職員が税務調査を行うことが可能	令和3年7月1日以後の調査等	―	305
固定資産税、都市計画税、自動車税種別割、軽自動車税種別割を追加	令和5年度分以後	―	308
個人住民税の特別徴収税額通知(納税義務者用)の電子化	令和6年度分以後	―	313
新車新規検査等に係る手続について電子申請・納付が可能	―	―	316

第2編

令和3年度
税制改正の
具体的内容

第1章

個人所得課税

1 住宅ローン控除の見直し

Question

令和3年度改正で住宅ローン控除の特例措置等が講じられるようですが、どのような内容でしょうか。

A 控除期間13年間の特例が延長され、一定期間に契約した場合には、床面積要件を緩和したうえで、令和4年末までの入居者が対象とされることになります。その他所要の措置が講じられます。

ここが変わる

(1) **住宅ローン控除の特例措置の延長と床面積要件の緩和**

控除期間を13年間とする住宅ローン控除の特例が延長され、かつ、一定期間内に契約した場合には、新型コロナウイルス感染症等の影響に関係なく、令和4年末までの入居者が対象となります。

また、合計所得金額が1,000万円以下の者が取得した床面積40㎡以上50㎡未満の住宅も住宅ローン控除の対象とする特例措置が講じられます。

(2) **既存住宅等の証明方法の拡充**

42 第2編 令和3年度税制改正の具体的内容

住宅ローン控除の対象となる既存住宅（中古住宅）等（以下「既存住宅等」という）の証明方法の拡充が行われます。

適用時期

(1) **住宅ローン控除の特例措置の延長と床面積要件の緩和**

令和２年10月１日から令和３年９月30日までに契約した新築住宅（既存住宅等の場合は、令和２年12月１日から令和３年11月30日）で、令和４年12月31日までに居住の用に供した場合に適用があります。

(2) **既存住宅等の証明方法の拡充**

令和４年１月１日以後に確定申告書を提出する場合に適用されます。

解　説

❶　改正の背景

住宅ローン控除は、消費者の住宅投資を喚起するための制度であり、特に近年では、消費税率の改正に伴う駆け込みとその反動減による経済環境の下支えを目的とした改正が行われてきました。

また、新型コロナウイルス感染症等の蔓延防止のため、住宅設備機器の納入遅れや事業者の工事自粛等による工事の遅延、外出自粛や事業者の営業自粛等による契約手続や引渡しの遅延等の発生が懸念されたことから、入居要件の弾力化も実施されています。

しかしながら、新型コロナウイルス感染症等の影響による日本経済の先行きの不透明さを背景に、消費者の住宅取得環境が厳しさを増す中、令和３年度改正では、幅広い購買層に対して内需の柱となる住宅投資を喚起するための特例が措置されることになりました。

❷　改正前の制度

現行の住宅ローン控除は、元々は消費税率が８％に引き上げられる際の経済対策として措置され、平成26年４月１日から令和３年12月末までの入居者を対象として、控除率１％（借入限度額4,000万円）、控除期間

10年とする制度（以下「本則」という）になっています（措法41①）。

　その後、消費税率が10％に引き上げられる際の反動減対策として、消費税率10％が適用される住宅の取得等をした場合には、令和２年12月末までの入居を要件に、控除期間を13年間とする本則の上乗せ措置（以下「上乗せ措置」という）が講じられました（措法41⑬）。

　また、新型コロナウイルス感染症等の影響で入居が遅れる事態が想定されたことから、新築の場合は令和２年９月末までの契約、分譲住宅・既存住宅の取得等の場合には令和２年11月末までの契約を要件に、上乗せ措置の入居要件が令和３年12月末までに延長されています（新型コロナ税特法6④）。

居住の用に供した年	控除期間	各年の控除額の計算 （控除限度額）
令和元年10月１日から 令和２年12月31日まで （注1）	13年	［住宅の取得等が特別特定取得（注2）に該当する場合］ 【１〜10年目】 年末残高等×１％（40万円） 【11〜13年目】 次のいずれか少ない額が控除限度額 ①　年末残高等〔上限4,000万円〕×１％ ②　（住宅取得等対価の額－消費税額）〔上限4,000万円〕×２％÷3 ※　「住宅取得等対価の額」は、補助金及び住宅取得等資金の贈与の額を控除しないこととした金額をいいます。
	10年	［上記以外の場合］ １〜10年目 年末残高等×１％（40万円） ※　住宅の取得等が特定取得（注2）以外の場合は20万円
令和３年１月１日から 令和３年12月31日まで		１〜10年目 年末残高等×１％（40万円） ※　住宅の取得等が特定取得（注2）以外の場合は20万円

　（注1）　上記表の［住宅の取得等が特別特定取得に該当する場合］においては、通常10年である控除期間が13年に延長される特例が措置されていますが、新

型コロナウイルス感染症等の影響により、控除の対象となる住宅の取得等をした後、その住宅への入居が入居の期限（令和２年12月31日）までにできなかった場合でも、次の要件を満たすときには、その特例の適用を受けることができます。

① 一定の期日^{（※）}までに、住宅の取得等に係る契約を締結していること
② 令和３年12月31日までに住宅に入居していること
　　※ 新築については令和２年９月末、中古住宅の取得、増改築等については令和２年11月末。

（注２） 上記表において、「特定取得」とは、住宅の取得等の対価の額又は費用の額に含まれる消費税額等（消費税額及び地方消費税額の合計額をいう。以下同じ）が、８％又は10％の税率により課されるべき消費税額等である場合におけるその住宅の取得等をいい、「特別特定取得」とは、住宅の取得等の対価の額又は費用の額に含まれる消費税額等が、10％の税率により課されるべき消費税額等である場合におけるその住宅の取得等をいいます。

❸　改正の内容

⑴　住宅ローン控除の特例措置の延長

　住宅の取得等で特別特例取得^{（注）}に該当するものをした個人が、その特別特例取得をした家屋を令和３年１月１日から令和４年12月31日までの間にその者の居住の用に供した場合には、住宅ローン控除の３年間延長の特例（上乗せ措置）が適用できる特例措置が講じられます。

　　（注）「特別特例取得」とは、その対価の額又は費用の額に含まれる消費税等の税率が10％である場合の住宅の取得等で、次に掲げる区分に応じそれぞれ次に定める期間内にその契約が締結されるものをいいます。

イ　居住用家屋の新築	令和２年10月１日から 令和３年９月30日までの期間
ロ　居住用家屋で建築後使用されたことのないもの若しくは既存住宅の取得又はその者の居住の用に供する家屋の増改築等	令和２年12月１日から 令和３年11月30日までの期間

第１章　個人所得課税　**45**

⑵　床面積要件の緩和

　上記⑴の特例措置は、個人が取得等をした床面積が40㎡以上50㎡未満である住宅の用に供する家屋についても適用できることになります。

　ただし、その13年間の控除期間のうち、その年分の所得税に係る合計所得金額が1,000万円を超える年については適用されません。

　なお、床面積については、次のように判断します。

・床面積は、登記簿に表示されている床面積により判断します。

・マンションの場合は、階段や通路など共同で使用している部分（共有部分）については床面積に含めず、登記簿上の専有部分の床面積で判断します。

・店舗や事務所などと併用になっている住宅の場合は、店舗や事務所などの部分も含めた建物全体の床面積によって判断します。

・夫婦や親子などで共有する住宅の場合は、床面積に共有持分を乗じて判断するのではなく、ほかの人の共有持分を含めた建物全体の床面積によって判断します。

　ただし、マンションのように建物の一部を区分所有している住宅の場合は、その区分所有する部分（専有部分）の床面積によって判断します。

［住宅ローン控除の見直し］

> ### 期　間
>
> ○控除期間13年間の特例について延長し、一定の期間（※）に契約した場合、令和4年末までの入居者を対象とする。
>
> > ※新築➡令和2年10月から令和3年9月末までの契約（現行のコロナ特例：R2年9月末まで）
> > 建売・中古・増改築等➡令和2年12月から令和3年11月末までの契約
> > （現行のコロナ特例：R2年11月末まで）
> > (注)新型コロナウイルス感染症等の影響により入居が遅れた旨の証明は不要とする。
>
> ### 面積要件
>
> ○経済対策として、上記の延長分においては、**合計所得金額1,000万円以下の者**について**床面積40㎡～50㎡の住宅も対象とする特例措置**を講ずる。
>
> > 上記以外の要件（借入限度額、控除期間、控除率など）は、現行の控除期間13年間の特例措置と同様。
>
> ### 会計検査院の指摘への対応
>
> ○消費税率8％への引上げ時に反動減対策として拡充した措置（控除期間10年、借入限度額4,000万円）の適用期限後の取扱いの検討にあたっては、会計検査院の指摘（※）を踏まえ、住宅ローン年末残高の1％を控除する仕組みについて、1％を上限に支払利息額を考慮して控除額を設定するなど、**控除額や控除率のあり方を令和4年度税制改正において見直す。**
>
> > ※平成30年度決算検査報告において、住宅ローン控除の控除率（1％）を下回る借入金利で住宅ローンを借り入れているケースが多く、その場合、毎年の住宅ローン控除額が住宅ローン支払利息額を上回っていること、適用実態等からみて国民の納得できる必要最小限のものになっているかなどの検討が望まれること等の指摘。

（自由民主党税制調査会資料）

(3)　改正内容の確認

　令和3年度改正では、住宅の取得等が特別特例取得に該当する場合に限定して、適用期限の延長及び床面積要件の緩和が行われますが、特別特例取得以外の住宅の取得は現行制度が維持され令和3年度末で適用期限が到来します。

　そのため、特別特例取得以外の住宅の取得については、令和4年度改正で検討されることになります。

　上記の住宅の取得等が特別特例取得に該当する場合とそれ以外の場合

については、下表で時系列的に経過説明が行われています。

［住宅ローン控除の見直し］

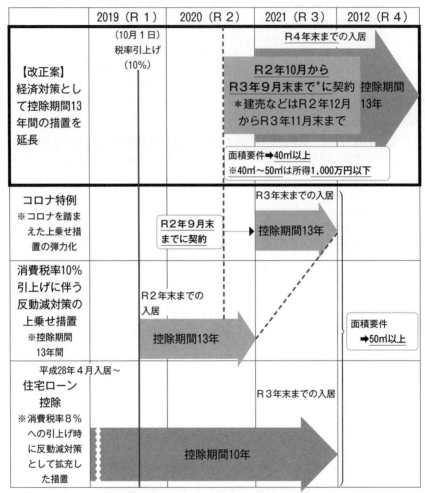

※消費税率8％への引上げに反動減対策として拡充した措置（控除期間10年、借入限度額4,000万円）の適用期限後の取扱いの検討にあたっては、会計検査院の指摘を踏まえ、住宅ローン年末残高の1％を控除する仕組みについて、1％を上限に支払利息額を考慮して**控除額を設定する**など、**控除額や控除率のあり方を令和4年度税制改正において見直す**。

（自由民主党税制調査会資料）

参考までに、令和３年度改正を前提に、新築住宅等の契約時期、床面積要件並びに所得制限と入居時期の関係による適用制度を整理すると下表のとおりとなります。

[新築等の契約時期による入居時期と適用制度（控除期間）の関係]

新築の契約時期（既存住宅等の契約時期）		床面積	合計所得金額	入居年と適用制度（控除期間）の関係		
				R2入居	R3入居	R4入居
特別特定取得	R2.9末まで（R2.11末まで）	50㎡以上	3,000万円以下	上乗せ措置（13年）	コロナ特例（13年）	
特別特例取得	R2.10～R3.9末まで（R2.12～R3.11末まで）	40㎡以上50㎡未満	1,000万円以下		令和3年度改正（13年）	令和3年度改正（13年）
			1,000万円超			
		50㎡以上	3,000万円以下		令和3年度改正（13年）	令和3年度改正（13年）
その他	R3.10以降（R3.12以降）	50㎡以上	3,000万円以下		本則（10年）	

※住宅の取得等の対価の額に含まれる消費税率は10%

⑷　住宅ローン控除の対象となる既存住宅（中古住宅）等の証明方法の拡充

　納税者から不動産識別事項（不動産を特定できる13桁の番号をいう）等の提供を受けることで、税務署が今後、法務省の登記情報連携システムにアクセスし、不動産の登記情報を入手できるようになることから、既存住宅等の取得の証明方法として、登記事項証明書等以外の証明方法が認められるようになります。

［住宅ローン控除の対象となる既存住宅（中古住宅）等の証明方法の拡充］

【現　行】
　住宅ローン控除の対象となる既存住宅（中古住宅）は、登記事項証明書等により要件を満たす住宅であることが証明されたものに限られることとされている。
（注）既存住宅（中古住宅）の要件は、家屋の床面積が50㎡以上であり、家屋が建築された日からその取得の日までの期間が20年（マンションなどの耐火建築物の建築の場合には25年）以下であること等とされている。

【見直し案】
　今後、税務署は、法務省の登記情報連携システム（不動産）にアクセスし、納税者から提供を受けた不動産識別事項等を用いて入手した登記情報により登記事項証明書に記載された事項を確認できることとなるから、住宅ローン控除の対象となる既存住宅（中古住宅）等に、その登記情報により要件を満たすことが確認できた住宅も含まれることとする。
（注）住宅取得等資金に係る贈与の特例についても、同様とする。

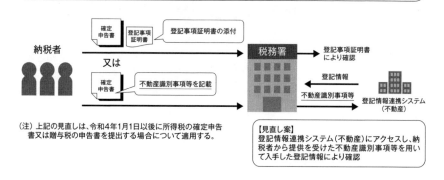

（注）上記の見直しは、令和4年1月1日以後に所得税の確定申告書又は贈与税の申告書を提出する場合について適用する。

（自由民主党税制調査会資料）

❹　実務のポイント

　本改正により、住宅の取得等に係る契約時期と入居年の関係で適用される住宅ローン控除の制度が異なるとともに、床面積要件の緩和は所得制限が設けられたことにも留意する必要があります。新型コロナウイルスの影響が長引けば、所得に大幅な変動が生じることも考えられ、適用初年度から難しい判断が必要なケース、すなわち適用初年度だけでな

く、適用2年目以降を見越した対応が必要になることも考えられます。

　また、会計検査院の平成30年度決算検査報告において、住宅ローン控除の控除率（1％）を下回る借入金利で住宅ローンを借り入れているケースが多く、その場合には、毎年の住宅ローン控除額が住宅ローン支払利息額を上回っていること、適用実態等からみて国民の納得できる必要最小限のものになっているかなどの検討が望まれること等が指摘されていました。

　消費税率8％への引上げ時に反動減対策として拡充した措置の適用期限後の取扱いの検討に当たっては、こうした会計検査院の指摘を踏まえ、住宅ローン年末残高の1％を控除する仕組みについて、1％を上限に支払利息額を考慮して控除額を設定するなど、控除額や控除率のあり方が令和4年度税制改正で見直しされることになりました。

個人所得課税

2 税制上の手続におけるデジタル化の推進

Question

　金融・証券税制に関して、今後、特定口座に関する各種の手続についてもデジタル化の推進等が図られると聞きましたが、令和３年度改正ではどのような見直しが行われるのでしょうか。

> **A** 未だ書面での提出が求められる手続について、書面による提出に代えて、電磁的方法による提供が認められるようになります。また、利便性向上に向けた見直しが行われます。その他の金融・証券税制についてもデジタル化の推進が行われます。

ここが変わる

　特定口座に関する手続のうち書面による提出が必要なものについて、書面による提出に代えて、電磁的方法による提供を行うことができるようになります。また、個人投資家の利便性の向上に向けた所要の改正が行われます。

適用時期

　投資一任契約に係る報酬の源泉徴収選択口座における必要経費算入（下記解説❸(3)）は、令和４年分以後の所得税について適用されます。
　その他の改正についての具体的な適用時期は税制改正大綱に明記されていないため、今後の情報を確認する必要があります。

解　説

❶　改正の背景

　特定口座は、個人投資家の納税手続の負担を軽減するために設けられた制度として、平成15年1月の制度開始以来、約4,000万口座（令和2年6月末時点）が開設されており、個人の有価証券投資のインフラとして定着しています。

　一方で、投資家と金融機関間の一部手続については、書面での提出が必要な書類も残っているほか、本人確認書類の提出や投資一任契約に基づく費用を必要経費に算入させるためには、確定申告の手続を要するなど、個人投資家の利便性の向上やデジタル化の推進が求められていました。

　なお、他の金融・証券税制においても、新型コロナウイルスの影響もあり、デジタル化の推進が強く求められるようになりました。

❷　改正前の制度

(1)　特定口座内保管上場株式等移管依頼書の書面提出

　ある特定口座（移管元の特定口座）から別の特定口座（移管先の特定口座）に、その特定口座内の上場株式等の全部又は一部を移管する場合には、移管元の特定口座が開設されている金融機関に対し、「特定口座内保管上場株式等移管依頼書」を、書面により提出する必要があります（措令25の10の2⑪）。

(2)　住所確認書類の提示等

　次に掲げる書類の提出を、書面による提出に代えて、電磁的方法によりその書類に記載すべき事項を提供する際には、併せて住所等確認書類の提示又は特定署名用電子証明書等の送信が必要とされています（措令25の10の2⑤他）。

①　特定口座源泉徴収選択届出書

②　源泉徴収選択口座内配当等受入開始届出書

③　特定管理口座開設届出書

第1章　個人所得課税　53

④　特定口座への非課税口座内上場株式等移管依頼書

⑤　特定口座への未成年者口座内上場株式等移管依頼書

⑥　営業所の移管又は勘定の設定若しくは廃止に係る特定口座異動届出書

⑦　源泉徴収選択口座内配当等受入終了届出書

(3) 投資一任契約に係る報酬の源泉徴収選択口座における取扱い

　いわゆる「ラップ口座」のように、投資一任契約により運用される商品について、特定口座内で源泉徴収が行われる際、その投資一任契約に基づく金融機関手数料等の費用が必要経費に算入されていない場合には、これを必要経費に算入するためには、納税者の確定申告手続による必要があります（措令25の10の11④）。

❸　改正の内容

　特定口座内保管上場株式等の譲渡等に係る所得計算等の特例等について、次の(1)から(3)に掲げる措置の他、所要の措置が講じられます。

(1) 特定口座内保管上場株式等移管依頼書の提出のデジタル化

　特定口座内保管上場株式等移管依頼書の書面による提出に代えて、その特定口座内保管上場株式等移管依頼書に記載すべき事項を電磁的方法により提供できることとなります。

(2) 住所確認書類の提示等の省略

　上記❷(2)に掲げる各種書類について、電磁的方法によりその書類に記載すべき事項の提供の際に、住所等確認書類の提示又は特定署名用電子証明書等の送信が不要となります。

(3) 投資一任契約に係る報酬の源泉徴収選択口座における必要経費算入

　源泉徴収選択口座に係る特定口座内保管上場株式等の譲渡等による事業所得の金額又は雑所得の金額の計算上、その源泉徴収選択口座を開設している金融商品取引業者等に支払う投資一任契約に係る費用を必要経費に算入できることとなります。

❹　実務のポイント

　上記で取り上げた特定口座の他にも、令和３年度改正により、次に掲げる各種の金融・証券税制に関する手続のデジタル化が推進されること

となっており、今後、利便性が向上することが期待されます。
① 障害者等に対する少額貯蓄非課税制度
② クロスボーダー取引に係る各種申告書等
③ 勤労者財産形成住宅（年金）貯蓄非課税制度
④ 特定寄附信託の利子所得の非課税制度
⑤ 非課税口座内の少額上場株式等に係る配当所得及び譲渡所得等の非課税措置（NISA）
⑥ 未成年者口座内の少額上場株式等に係る配当所得及び譲渡所得等の非課税措置（ジュニアNISA）

［税制上の手続のデジタル化の推進（NISA・クロスボーダー取引関連等）］

【大綱の概要】
（NISA関連等の電子手続の簡素化）
非課税口座内の少額上場株式等に係る配当所得及び譲渡所得等の非課税措置（NISA）について、次の措置を講ずる。
① 次に掲げる書類の書面による提出に代えて行う電磁的方法による当該書類に記載すべき事項を記録した電磁的記録の提供の際に併せて行うこととされている住所等確認書類の提示又は特定署名用電子証明書等の送信を不要とする。（後略）
（クロスボーダー取引に係るデジタル化）
次に掲げる書類の公社債等の利子等の支払をする者等に対する書面による提出に代えて、特定振替機関等に対して当該書類に記載すべき事項の電磁的方法による提供を行うことができることとする。（後略）

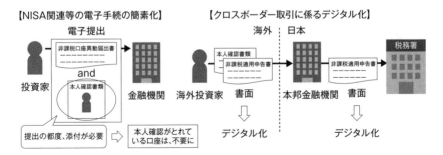

（金融庁資料）

3 総合課税の対象となる社債利子等の範囲の整備

Question

少人数私募債のように、同族会社が発行する社債利子のうち一定のものについて、総合課税の対象とする改正が行われるようですが、どのような内容になるのでしょうか。

A 一定の個人が同族会社との間に法人を介在させて支払いを受けるものについても、総合課税の対象となる改正が行われます。

ここが変わる

同族会社が発行した社債の利子で、その同族会社の判定の基礎となる株主である法人と特殊の関係のある個人及びその親族等が支払いを受けるものについても、総合課税の対象となります。

適用時期

令和3年4月1日以後に支払いを受けるべき社債の利子及び償還金について適用されます。

解　説

❶ 改正の背景

平成25年度改正では、少人数私募債を活用し、本来、総合課税が適用されるべき所得（役員報酬等）を源泉分離課税の適用を受ける利子所得に転換する租税負担の軽減行為に対応するため、一定の同族会社が発行

する社債の利子等で同族株主の判定の基礎となる株主が受け取るものは源泉分離課税とせず、総合課税の対象とする改正が行われました。

しかしながら、この平成25年度改正は、利子の支払いを受ける同族会社の間に別の法人を介在させることで総合課税の対象から外すことができるなど、容易に回避することができるものでした。

❷ 改正前の制度

特定公社債以外の公社債（以下「一般公社債等」という）の利子で、次に掲げる個人が支払いを受けるものは、総合課税となります（措法3①、措令1の4③）。

① その一般公社債の利子の支払いの確定した日（無記名公社債の利子については、その支払いをした日）において、法人税法の規定に基づいて同族会社の判定を行った場合にその利子の支払いをした法人が法人税法2条10号に規定する同族会社に該当するときにおけるその判定の基礎となる一定の株主（以下「特定個人」という）

② 特定個人の親族

③ 特定個人と婚姻の届出をしていないが事実上婚姻関係と同様の事情にある者

④ 特定個人の使用人

⑤ 上記①から④までに掲げる者以外の者で、特定個人から受ける金銭その他の資産によって生計を維持しているもの

⑥ 上記①から⑤までに掲げる者と生計を一にするこれらの者の親族

❸ 改正の内容

同族会社が発行した社債の利子で、その同族会社の判定の基礎となる株主である法人と特殊の関係のある個人 (注) 及びその親族等が支払いを受けるものが総合課税の対象となります。

また、その個人及びその親族等が支払を受けるその同族会社が発行した社債の償還金についても総合課税の対象となります。

> **(注)** 法人との間に発行済株式等の50%超の保有関係がある個人等をいいます。

[総合課税の対象となる社債利子等の範囲の整備]

現行

○社債の利子は原則、利子所得として分離課税（20％）とされているが、同族会社の株主は、総合課税（最高55％）が適用される役員報酬等の**分離課税への転換が容易に可能である**ことから、**同族会社の株主が支払を受ける社債の利子**については、総合課税の対象とされている（平成25年度税制改正）。

（例）

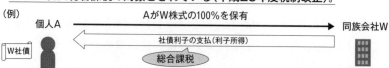

（注）同族会社は少数株主による会社支配が可能であり、「本来総合課税が適用されるべき役員報酬等を、社債利子の形で受領することで、分離課税の対象となる利子所得に転換して税負担を軽減する」事例が見られたため、課税の適正化の観点から平成25年度税制改正において措置されたもの。具体的には、社債発行会社の社債の利子の支払を受ける株主を判定の基礎とした場合にその社債発行会社が同族会社となるときにおけるその株主等が支払を受けるその社債の利子は総合課税の対象。

見直し案

○個人が同族会社との間に法人を介在させる場合でも、総合課税の対象となる所得の分離課税への転換が容易に可能であることから、このような場合も同様に<u>総合課税の対象に追加</u>(注2)する。

（例）

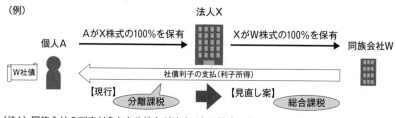

（注1）同族会社の判定対象となる株主が法人である場合において、その法人の株主でその法人を支配（50％超の株式保有等）する関係にある個人は、分離課税への転換が容易であることから、総合課税の対象とするもの。
（注2）当該個人が同族会社から支払を受ける社債の償還差益についても、上記と同様に総合課税の対象とする。

（注）上記の見直しは、令和3年4月1日以後に支払を受けるべき利子及び償還差益について適用する。

（自由民主党税制調査会資料）

❹ 実務のポイント

同族会社を介在させた社債利子等の受取りについても総合課税の対象となる整備が行われます。

令和3年4月1日以降支払われるべき利子等が対象となりますので、すでに社債等を発行している会社については、本改正の適用の有無について留意する必要があります。

第1章 個人所得課税 **59**

4 セルフメディケーション税制の見直し

Question

特定一般用医薬品等購入費を支払った場合の医療費控除の特例（セルフメディケーション税制）について見直しが行われるようですが、どのような内容でしょうか。

A セルフメディケーション税制について、制度の見直しをした上で、適用期限が5年延長されることになります。

ここが変わる

(1) **医薬品の範囲についての見直し**

　本特例の対象となる医薬品の範囲について、次の見直しが行われます。

① 　所要の経過措置（5年未満の必要範囲内）を講じた上、対象となるスイッチOTC医薬品から療養の給付に要する費用の適正化の効果が低いと認められるものの除外

② 　スイッチOTC医薬品と同種の効能又は効果を有する要指導医薬品又は一般用医薬品（スイッチOTC医薬品を除く）で、療養の給付に要する費用の適正化の効果が著しく高いと認められるもの（3薬効程度）を対象に追加

(2) **取組関係書類の確定申告書への添付等の不要化**

　健康保険法等の規定に基づき行われる健康検査等の健康の保持増進及び疾病の予防への取組を行ったことを明らかにする書類（以下「取組関係書類」という）については、確定申告書への添付又は確定申告書の提出の際の提示が不要とされます。

---

60 第2編 令和3年度税制改正の具体的内容

適用時期

① 医薬品の範囲についての見直しは、令和4年分以後の所得税から適用されます。
② 取組関係書類の確定申告書への添付等の不要化については、令和3年分以後の確定申告書を令和4年1月1日以後に提出する場合について適用されます。

解　説

❶ 改正の背景

　セルフメディケーションとは、「自分自身の健康に責任を持ち、軽度な身体の不調は自分で手当てすること」と定義されており、セルフメディケーションを推進していくことは、国民の自発的な健康管理や疾病予防の取組を促進し、医療費の適正化にも資することになります。

　このような国民のセルフメディケーションを促進するため、一定の条件の下で所得控除を受けられる制度であり、平成29年1月から令和3年12月までの時限措置として創設されました。

　しかし、セルフメディケーション税制の認知度は高いものの、この3年間の利用者数は延べ8万人と低調な推移であることから、医薬品範囲の見直しや確定申告手続の簡素化がされることになりました。

❷ 改正前の制度

(1) 制度の概要

　健康の保持増進及び疾病の予防として一定の取組[注1]を行っている者が、その年中に自己又は自己と生計を一にする配偶者その他の親族のために、一定のスイッチOTC医薬品[注2]の購入の対価を支払った場合において、その年中に支払ったその対価の額の合計額が1万2,000円を超えるときは、その超える部分の金額（最大8万8,000円）について、その年分の所得金額等から控除されます（措法41の17）。

（注１）　一定の取組とは、次の検診又は予防接種（医師の関与があるものに限る）をいいます。

① 　特定健康診査

② 　予防接種

③ 　定期健康診断

④ 　健康検査

⑤ 　がん検診

（注２）　スイッチOTC医薬品

要指導医薬品及び一般用医薬品のうち、医療用から転用された医薬品（類似の医療用医薬品が医療保険給付の対象外のものを除く）をいいます。

[セルフメディケーション税制の概要]

■**対象となる医薬品（医療用から転用された医薬品：スイッチOTC医薬品）について**

○スイッチOTC医薬品の成分数：82（平成27年12月１日時点）

　─対象となる医薬品の薬効の例：かぜ薬、胃腸薬、鼻炎用内服薬、水虫・たむし用薬、肩こり・腰痛・関節痛の貼付薬

　（注）上記薬効の医薬品の全てが対象となるわけではない

　─具体的な対象医薬品の範囲等は、税制改正法案成立後、関係者と協力して周知していく。

本特例措置を利用する時のイメージ

○課税所得400万円の者が、対象医薬品を年間20,000円購入した場合（生計を一にする配偶者その他の親族の分も含む）

20,000円
（対象医薬品
の購入金額）

12,000円
（下限額）

○8,000円が課税所得から控除される
（対象医薬品の購入金額：20,000円－下限額12,000円＝8,000円）

○減税額

・所得税：1,600円の減税効果
（控除額：8,000円×所得税率：20%＝1,600円）

・個人住民税：800円の減税効果
（控除額：8,000円×個人住民税率：10%＝800円）

（厚生労働省資料）

(2)　適用要件

　セルフメディケーション税制の適用を受けるためには、申告書に下記①及び②の書類の添付もしくは提示が必要になります。

①　取組関係書類

　健康の維持増進及び疾病の予防への取組を行っていることを明らかにする上記(1)（注1）①～⑤のいずれか１つに該当する予防接種又は検診等を受けていることを明らかにする書類として、予防接種の領収書や健康診断の結果表等

②　明　細　書

　特定一般用医薬品（スイッチOTC）等の名称、その販売を行った者の氏名又は名称、購入金額、保険で補填される金額がある場合には補填される金額などを記載した明細書

❸　改正の内容

　次のように、医薬品の範囲の見直し及び取組関係書類の簡素化の措置が講じられます。

(1)　医薬品の範囲の見直し

　本特例の対象となる医薬品の範囲について、次の見直しが行われます。

①　所要の経過措置（５年未満の必要範囲内）を講じた上、対象となるスイッチOTC医薬品から、療養の給付に要する費用の適正化の効果が低いと認められるものが除外されます。

②　スイッチOTC医薬品と同種の効能又は効果を有する要指導医薬品又は一般用医薬品（スイッチOTC医薬品を除く）で、療養の給付に要する費用の適正化の効果が著しく高いと認められるもの（３薬効程度）が対象に加えられます。

　なお、上記の具体的な範囲については、専門的な知見を活用して決定されます。

(2)　取組関係書類の確定申告書への添付等の不要化

　健康保険法等の規定に基づき行われる健康診査等の健康の保持増進及び疾病の予防への取組を行ったことを明らかにする書類（以下「取組関係書類」という）については、確定申告書への添付又は確定申告書の提出の際の提示が不要とされます。

この場合において、税務署長は、確定申告期限等から５年間、当該取組関係書類の提示又は提出を求めることができることとし、当該求めがあったときは、その適用を受ける者は、当該取組関係書類の提示又は提出をしなければなりません。

　なお、確定申告書の提出の際に添付すべき医薬品購入費の明細書には、その取組に関する事項を記載しなければなりません。

［セルフメディケーション推進のための一般用医薬品等に関する所得控除制度の延長及び拡充］

1．大綱の概要

　少子高齢化社会の中では限りある医療資源を有効活用するとともに、国民の健康づくりを促進することが重要であり、国民が適切な健康管理の下、セルフメディケーション（自主服薬）に取り組む環境を整備することが、医療費の適正化にも資する。こうした観点から、セルフメディケーション税制について、対象をより効果的なものに重点化した上で、５年の延長を行う。具体的には、いわゆるスイッチOTC成分の中でも効果の薄いものは対象外とする一方で、とりわけ効果があると考えられる薬効（３薬効程度）については、スイッチOTC成分以外の成分にも対象を拡充し、その具体的な内容等については専門的な知見も活用し決定する。あわせて、手続きの簡素化を図るとともに、本制度の効果検証を行うため、適切な指標を設定した上で評価を行い、次の適用期限の到来時にその評価を踏まえて制度の見直し等を含め、必要な措置を講ずる。

2．改正内容

項目	概要
1 5年間の延長	○ 本税制は平成29（2017）年から令和3（2021）年末までの時限措置である。 ○ セルフメディケーションに対するインセンティブ効果の維持・強化が重要であり、また政策効果の検証を引き続き実施することが必要であることから、**令和4（2022）年から更に5年間の延長（2022年～2026年）**を行う。
2 税制対象医薬品の範囲拡大	○ 本税制は、「医療保険各法等の規定により療養の給付として支給される薬剤との代替性が特に高い医薬品」としてスイッチOTC医薬品を税制対象としているが、**税制のインセンティブ効果をより強化**するために、以下の見直しを行う。（2022年分以後の所得税等に適用） ① 所要の経過措置（5年未満）を講じた上で、対象となる**スイッチOTC医薬品**から、**医療費適正化効果が低いと認められるものを除外** ② **医療費適正化効果が著しく高いと認められる薬効**については、**対象をスイッチOTC以外にも拡大（3薬効程度）** ○ **対象とする医薬品の具体的な範囲については、今後、専門的な知見を活用して決定。**
3 手続きの簡素化	○ 本税制は一定の取組の実施を証明する第三者作成書類（定期健康診断の結果通知表等）の提出を求めている。 ○ 煩雑な手続きが本税制の利用を妨げているため、対面申請の場合も**e-Tax**と同様に**第三者作成書類は手元保管**とし、**確定申告書を提出する際の提示は不要**とする。（2022年以後の確定申告から適用） ○ **e-Tax**の場合も、レシート管理アプリ（スマートレシート等）との連携により**医薬品名の入力を省略**する等、入力手続きの簡素化を図る方策について、厚労省において引き続き検討。（非税制改正事項）

※延長・拡充による効果検証を行うため、適切な指標を設定した上で評価を行い、次の適用期限の到来時に必要な措置を講じる。

（厚生労働省資料）

❹ 実務のポイント

　セルフメディケーション税制は認知度が高いものの、あまり利用されていません。厚生労働省からの税制改正要望においては、所得控除額の算出方法の見直しも出ていましたが、そちらは大綱に記載はなく、対象医薬品の範囲拡大と手続の簡素化を行った上での延長という内容になりました。

　実際に適用する場合には、対象となる医薬品について、購入の際の領収書（レシート）に控除対象であることが記載されていますので、領収書（レシート）の保管に留意する必要があります。

　なお、取組を行ったことが適用要件とはなりますが、取組に関する費用（予防接種や検診等）は対象にはなりません。

5 退職所得課税の適正化

Question

私は団体職員ですが、令和4年（勤続3年）に退職するに際し退職金を500万円受け取る予定ですが、退職所得課税の適正化により、留意すべき点があるでしょうか。

A 令和3年度改正により、勤続年数5年以下の特定役員等以外の者においては、退職所得金額の計算上、2分の1課税される金額に制限が設けられることになりました。

したがって、令和4年以後に勤続年数5年以下で退職し、退職金の支給を受ける場合には、下記のとおり、改正前の退職所得金額190万円が改正後の退職所得金額は230万円になります。

(1) 退職所得金額の計算方法

（収入金額－退職所得控除額）× 1／2

(2) 退職金500万円に対する退職所得金額（勤続年数3年）

① 改正前

（500万円－40万円×3年）× 1／2 ＝ 190万円

② 改正後

500万円－40万円×3年 ＝ 380万円

300万円×1／2＋80万円 ＝ 230万円

（注）300万円を超える部分は2分の1課税されません。

ここが変わる

その年中の退職手当等のうち、退職手当等の支払者の下での勤続年数が5年以下である者が当該退職手当等の支払者から当該勤続年数に対応するものとして支払を受けるものであって、特定役員退職手当等に該当しないもの（以下「短期退職手当等」という）に係る退職所得の金額の

計算につき、短期退職手当等の収入金額から退職所得控除額を控除した残額のうち300万円を超える部分については、退職所得の金額の計算上2分の1とする措置が適用されないこととされます。

適用時期

令和4年分以後の所得税について適用されます。

解　説

❶　改正の背景

　退職一時金は、賃金の後払いとしての性格を有するため、勤務の対価の蓄積分が一度に支給されます。そのため、それに超過累進税率が適用される影響を平準化する措置として、2分の1が所得金額とされています。

　平成24年度改正においては、2分の1課税を前提に、短期間のみ在職することが当初から予定されている法人役員等が、給与の受取りを繰り延べて高額な退職金を受け取ることにより、税負担を回避するといった事例が指摘されたことを受けて、勤続年数5年以下の法人役員等の退職所得について、2分の1課税が廃止されました。

　令和3年度改正においては、勤続年数5年以下の役員等以外の者に対しても、退職金給付の実態を踏まえて、少なくとも一定金額以上の退職金を受給している場合について、2分の1課税の平準化措置の適用から除外すべきとされました。

　その際、一定金額以上の水準については、近年の雇用の流動化にも配慮するとともに影響を受ける対象者を限定する観点から、モデル退職金額を相当程度上回る額が対象になりました。

[モデル退職金と退職所得控除]
○中小企業労働者のモデル退職金額は、所得控除の範囲内にある。

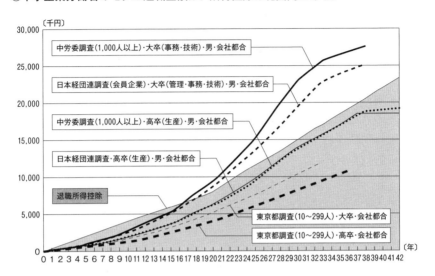

(厚生労働省資料)

❷ 改正前の制度

(1) 下記(2)以外の退職所得金額(勤続年数は関係なし)

(収入金額－退職所得控除額) × 1／2

[退職所得控除額]

勤続年数	退職所得控除額
20年以下	40万円×勤続年数(80万円に満たない場合には80万円)
20年超	800万円＋70万円×(勤続年数－20年)

(2) 役員の場合

　役員等としての勤続年数が5年以下である者(以下「特定役員等」という)が支払いを受ける退職金のうち、その役員等勤続年数に対応する退職金として支払いを受けるものは、上記(1)の計算式の2分の1計算の

適用はありません。

① 特定役員等

　特定役員等とは、役員勤続年数が5年以下である者をいいますが、この「役員等」とは、次に掲げる者をいいます。

　㈤　法人の取締役、執行役、会計参与、監査役、理事、監事、清算人や法人の経営に従事している者で一定の者

　㈥　国会議員や地方公共団体の議会の議員

　㈦　国家公務員や地方公務員

② 役員勤続年数

　役員勤続年数とは、役員等に支払われる退職金の勤続期間のうち、役員等として勤務した期間の年数（1年未満の端数がある場合には、その端数を1年に切り上げたもの）をいいます。

❸　改正の内容

⑴　短期退職手当等に対する2分の1課税の制限

　その年中の退職手当等のうち、退職手当等の支払者の下での勤続年数が5年以下である者が、当該退職手当等の支払者から当該勤続年数に対応するものとして支払を受けるものであって、特定役員退職手当等に該当しないもの（以下「短期退職手当等」という）に係る退職所得の金額の計算につき、短期退職手当等の収入金額から退職所得控除額を控除した残額のうち300万円を超える部分については、退職所得の金額の計算上2分の1とする措置を適用しないこととされます。

⑵　短期退職手当等と短期退職手当等以外の退職手当等がある場合の取扱い

　上記⑴の見直しに伴い、短期退職手当等と短期退職手当等以外の退職手当等がある場合の退職所得の金額の計算方法、退職手当等に係る源泉徴収税額の計算方法及び退職所得の源泉徴収票の記載事項等について所要の措置が講じられます。

[退職所得課税の適正化]

○退職金は**長期間にわたる勤務の対価の一括後払い**という性格をもち、一時にまとめて相当額を受給することなどを踏まえ、**累進税率の適用を緩和し、税負担の平準化を図る「2分の1課税」**の措置が講じられている。

※勤続年数5年以下の法人役員等の退職金については、上記の税負担の平準化の必要性が認められないことから、「2分の1課税」の措置を適用しないこととされている。(平成24年度税制改正で措置)

○現下の退職給付の実態を踏まえ、**勤続年数5年以下の法人役員等以外の退職金についても、一定金額以上の部分について、2分の1課税の平準化措置の適用から除外する**こととする。一定金額以上の水準については、**近年の雇用の流動化にも配慮し、影響を受ける対象者を限定する観点から、モデル退職金額を相当程度上回る水準**とする。

【退職所得の課税方式】
他の所得と区分して次により分離課税

(収入金額－退職所得控除額(注1))× 1/2 ×税率(注2)＝ 退職所得に係る所得税額

※勤続年数5年以下の法人役員等の退職金については、2分の1課税を適用しない(平成24年度税制改正)。

【改正案】
○勤続年数5年以下の法人役員等以外の退職金については、**退職所得控除額を控除した残額の300万円を超える部分について、2分の1課税を適用しないこととする。**
(注)令和4年分以後の所得税について適用

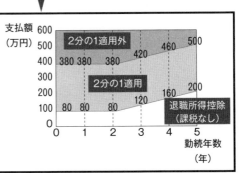

(注1)①勤続年数20年まで➡1年につき40万円、②勤続年数20年超➡1年につき70万円
(注2)課税退職所得金額の区分に応じ5%から45%までの税率が適用

(自由民主党税制調査会資料)

❹ 実務のポイント

　平成24年度改正において、勤続年数5年以下の法人の役員等に限定して2分の1課税の適用除外措置が導入され、令和3年度改正では、それ以来の見直しになります。

　今回の改正においては、退職所得課税の適正化として、勤続5年以下の特定役員等以外の者について制限されることになりましたが、退職所得控除後の金額で300万円超の金額についての制限になりますので、通常は勤続5年以下の特定役員等以外の者に多額の退職金を支給するケースは少ないと考えられるため、この改正における影響は限定的なものと想定されます。

6 特定公益増進法人等に対する寄附金制度における寄附金の範囲の見直し

個人所得課税

Question

特定公益増進法人に対して寄附金を支出した際の取扱いについて見直しが行われるようですが、どのような内容でしょうか。

A 特定公益増進法人等に対する寄附金の寄附金控除及び所得税額の特別控除について、その対象となる寄附金から出資に関する業務に充てることが明らかな寄附金が除外されます。

ここが変わる

特定公益増進法人に対して支出する寄附金の額については、税制上、各種の優遇措置がとられています。このうち、個人が特定公益増進法人等に対して支出する寄附金の額のうち、出資に関する業務に充てることが明らかな寄附金が除外されることになりました。

適用時期

適用時期は税制改正大綱に明記されていないため、今後の情報を確認する必要があります。

解　説

❶ 改正の背景

個人が特定公益増進法人等に対して支出する寄附金の額のうち、出資に充当することを目的とした寄附は、その出資先の関係者により行われ

第1章　個人所得課税　**73**

ることが容易に想定され、その寄附金を原資とした出資が行われること
により、その寄附者が利益を受ける可能性があるため、税制の公平性を
損ねるという観点から見直しが行われます。

❷ 改正前の制度

　個人が、特定公益増進法人に対して支出する寄附金の額については、
下記の寄附金控除又は所得税額の特別控除を選択して適用することがで
きます。

(1) 特定公益増進法人とは

　特定公益増進法人とは、公共法人・公益法人等（一般社団及び一般財
団法人を除く）その他特別の法律により設立された法人のうち、教育又
は科学の振興・文化の向上・社会福祉への貢献その他公益の増進に著し
く寄与する次のような法人をいいます。

① 独立行政法人通則法２条１項に規定する独立行政法人

② 地方独立行政法人法２条１項に規定する地方独立行政法人で一定の
　もの

③ 自動車安全運転センター、日本赤十字社など

④ 公益社団法人及び公益財団法人

⑤ 私立学校法３条に規定する学校法人で一定のもの

⑥ 社会福祉法22条に規定する社会福祉法人

⑦ 更生保護事業法２条６項に規定する更生保護法人

(2) 寄附金控除

　寄附金控除の額は、次の算式で計算します。

　（その年中に支出した特定寄附金の額の合計額）－2,000円

　＝　寄附金控除額

　（注） 指定寄附金の額の合計額は、所得金額の40％相当額が限度です。

(3) 所得税額の特別控除

　所得税の額から控除される寄附金の額は、次の算式で計算します。

$$\left\{ \left(\begin{array}{l} \text{その年中に支出した公益} \\ \text{社団法人等に対する寄附} \\ \text{金の額の合計額} \end{array} \right) - 2,000円 \right\} \times \quad 40\%$$

74　第２編　令和３年度税制改正の具体的内容

❸ 改正の内容

特定公益増進法人等に対する寄附金の寄附金控除及び所得税額の特別控除について、その対象となる寄附金から出資に関する業務に充てることが明らかな寄附金が除外されます。

[特定公益増進法人等に対する寄附金制度における寄附金の範囲の見直し]

現行制度の概要

公益の増進に著しく寄与する一定の法人（特定公益増進法人）に対する寄附金で、その特定公益増進法人の主たる目的である業務に関連する寄附金を支出した個人又は法人については、❶その寄附金につき寄附金控除若しくは所得税額控除の適用を受けることができる又は❷通常の損金算入限度額とは別枠でその寄附金の額の合計額（所得金額及び資本金等の額を基礎として計算した金額を限度）を損金算入できる。

　＜特定公益増進法人＞
　　①独立行政法人、②一定の業務（試験研究・病院事業・社会福祉事業　等）を主たる目的とする地方独立行政法人、③特別法により設立された法人で一定のもの（日本赤十字社等）、④公益社団法人及び公益財団法人、⑤一定の学校法人及び準学校法人、⑥社会福祉法人、⑦更生保護法人
　　※　（特例）認定NPO法人に対する寄附金についても、同様の措置が講じられる。

（見直しの趣旨）

▶出資業務に充当することを目的とした寄附は、その出資先の関係者により行われることが容易に想定され、その寄附金を原資とした出資が行われることにより、その寄附者が利益を受ける可能性があることから、税制の公平性を損ねるおそれがある。

※　近時の法律等の改正により、出資業務が可能な特定公益増進法人（例えば、科技イノベ活性化法に基づく一定の独立行政法人）が増加

【見直し案】
対象となる寄附金から「**出資に関する業務に充てることが明らかな寄附金**」を除外する。

＜具体例＞
・寄附金の使途を出資業務に限定して募集された寄附金
・出資業務に使途を指定して行われた寄附金

（自由民主党税制調査会資料）

第1章　個人所得課税　75

❹ 実務のポイント

特定公益増進法人等に対して支出する寄附金の額のうち、現行制度においても、学校の入学に関してするものや、国又は地方公共団体に対する寄附金でその寄附をした者がその寄附によって設けられた設備を専属的に利用すること、その他、特別の利益がその寄附をした人に及ぶと認められるものは、寄附金控除及び所得税額の特別控除の対象になる範囲から除外されています。

今回の見直しにより、この除外される範囲が追加されることになりますが、具体的な取扱いについては法令等で確認が必要になります。

7 申告義務のある者の還付申告書の 提出期間の見直し

> **Question**
>
> 令和3年度改正では、申告義務のある者の還付申告書の提出期間の見直しが行われるようですが、どのような内容でしょうか。

A 現行の申告義務のない者の還付申告書の提出期間と同様となります。

ここが変わる

申告義務のある者の還付申告書の提出期間が、申告義務のない者の還付申告書の提出期間（その年の翌年1月1日から5年間）と同様となります。

適用時期

上記の改正は、令和4年1月1日以後に確定申告書の提出期限が到来する所得税について適用されます。

解　説

❶ 改正の背景

新型コロナウイルス感染症への対応として確定申告会場への来場者を分散させる等の観点から、一部の者に課されていた所得税の還付申告の義務をなくすことになりました。

第1章　個人所得課税　**77**

❷ 改正の内容

⑴ 還付申告者の申告義務の見直し

その計算した所得税の額の合計額が配当控除の額を超える場合であっても、控除しきれなかった外国税額控除の額があるとき、控除しきれなかった源泉徴収税額があるとき又は控除しきれなかった予納税額があるときは、確定申告書の提出を要しないことになります。

この場合における確定申告書の提出期間については、現行の申告義務のない者の還付申告書の提出期間（その年の翌年1月1日から5年間）と同様となります。

⑵ 財産債務調書の提出義務者の範囲の維持

上記⑴の改正に伴い、財産債務調書の提出義務者の範囲について現行と同様とするほか、所要の措置が講じられます。

❸ 実務のポイント

現行の申告義務のない者の還付申告書の提出期間（翌年1月1日から5年間）と同様となることから、確定申告の繁忙期以外の対応が可能となると思われます。

ただし、財産債務調書の提出義務者についての改正は行われていないことから、改正により還付申告の申告義務がなくなった者であっても、財産債務調書の提出義務者に該当する可能性があれば、「その年分の所得金額が2,000万円超かつ所有財産3億円以上（国外転出特例対象財産の場合は1億円以上）」の判定するために、その年分の所得計算及び所有財産の算出が必要になることに留意する必要があります。

78 第2編 令和3年度税制改正の具体的内容

［申告義務のある者の還付申告書の提出期間の見直し］

> 　新型コロナウイルスへの対応として確定申告会場への来場者を分散させる等の観点から、一部の者に課されていた**所得税の還付申告の義務をなくす**^(注)こととし、その申告書の提出期間について、現行の所得税の**申告義務のない者の還付申告書の提出期間と同様とする。**
> （注1）**所得税の額の合計額が配当控除の額を超える場合には、**その年の翌年1月1日から3月15日までの間に確定申告書を提出しなければならないこととされ、**還付申告書であっても申告義務が課されている。**
> （注2）財産債務調書の提出義務者の範囲については、現行と同様とする（上記の見直しの対象となる還付申告者を含め、所得金額2,000万円超かつ所有財産3億円以上（国外転出特例対象財産の場合は1億円以上）の者が対象）。

○所得税の確定申告書の提出期間

申告義務	申告類型	申告書の提出期間
有	納付申告	翌年2月16日〜3月15日
有 【見直し案：無】	還付申告	翌年1月1日〜3月15日 【見直し案：翌年1月1日から5年間】
無	還付申告	翌年1月1日から5年間

　（注）上記の見直しは、令和4年1月1日以後に確定申告書の提出期限が到来する所得税について適用する。

（自由民主党税制調査会資料）

8　源泉徴収関係書類の電子提出に係る税務署長の承認の廃止

> **Question**
>
> 　令和3年度改正では、源泉徴収関係書類の電子提出に係る税務署長の承認について、どのような見直しが行われるのでしょうか。

　A　税務署長の承認が不要となります。

ここが変わる

　源泉徴収関係書類の電子提出をよりいっそう推進していく観点から、「支払者が受けるべき税務署長の承認」が不要となります。

適用時期

　上記の改正は、令和3年4月1日以後に提出する源泉徴収関係書類について適用されます。

解　説

❶　改正の背景

　源泉徴収関係書類の電子提出をよりいっそう推進していく観点から、電子提出の要件である「支払者が受けるべき税務署長の承認」を廃止することになりました。

❷　改正前の制度

　給与等の支払を受ける者が、給与等の支払者に対して提出する源泉徴

収関係書類は、書面によらなければなりませんが、その給与等の支払者があらかじめ所轄税務署長に、「源泉徴収に関する申告書に記載すべき事項の電磁的方法による提供の承認申請書」を提出し、承認を受けることにより、給与等の支払者に電磁的方法により源泉徴収関係書類を提供することができます（所法198②、203④、203の6⑥）。

❸ 改正の内容

　給与等、退職手当等又は公的年金等（以下「給与等」という）の支払いを受ける者が、給与等の支払いをする者に対し、次に掲げる源泉徴収関係書類の書面による提出に代えて当該書類に記載すべき事項の電磁的方法による提供を行う場合の要件であるその給与等の支払いをする者が受けるべき税務署長の承認を不要とするほか、これに伴う所要の措置が講じられます。

①　給与所得者の扶養控除等申告書

②　従たる給与についての扶養控除等申告書

③　給与所得者の配偶者控除等申告書

④　給与所得者の基礎控除申告書

⑤　給与所得者の保険料控除申告書

⑥　給与所得者の住宅借入金等を有する場合の所得税額の特別控除申告書

⑦　所得金額調整控除申告書

⑧　退職所得の受給に関する申告書

⑨　公的年金等の受給者の扶養親族等申告書

❹ 実務のポイント

　税務署長の承認の廃止により、実務において源泉徴収関係書類の電子提出の普及がよりいっそう促進されるものと思われます。

第1章　個人所得課税　81

［源泉徴収関係書類の電子提出に係る税務署長の承認の廃止］

【現　行】
○給与等の支払を受ける者は、その支払者が税務署長の承認を受けている場合に限り、源泉徴収関係書類の書面提出に代えて、電子提出が可能。

【見直し案】
○源泉徴収関係書類の電子提出をより一層推進していく観点から、電子提出の要件である「支払者が受けるべき税務署長の承認」を不要とする。
　（注）支払者において電子提出をした者を特定するために必要な措置が講じられていること等の要件は維持する。

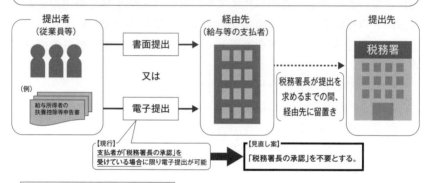

対象書類（源泉徴収関係書類）
＜給与所得者＞（所法198、措法41の2の2、41の3の4）
・扶養控除等申告書　　・配偶者控除等申告書
・基礎控除申告書　　　・保険料控除申告書
・住宅ローン控除申告書　・所得金額調整控除申告書
＜退職所得者＞（所法203）
・受給に関する申告書
＜公的年金等の受給者＞（所法203の6）
・扶養親族等申告書

（注）上記の見直しは、令和3年4月1日以後に提出する源泉徴収関係書類について適用する。

（自由民主党税制調査会資料）

第2章

資産課税

1　国際金融都市に向けた税制上の措置

Question

　海外から金融機関や金融人材を誘致し、ニューヨークやロンドンと並ぶ「国際金融都市」の形成を目指す機運が高まり、国外の優秀な金融人材や投資マネーを呼び込んで市場の活性化を図ると聞いています。しかし、そうした人材が日本で亡くなれば、彼らの母国の財産にまで日本の高額な相続税が課されてしまうと恐れられています。これでは優秀な人材を招聘することはできませんが、今後、どうなるのでしょうか。

　A　確かにこの数年間、租税回避を抑制するために短期居住外国人等の相続・贈与についても相続税・贈与税納税義務者に取り込む税制改正が行われています。そこで令和3年度税制改正により、そうした相続・贈与に関しては、国外財産については、相続税又は贈与税を課さないこととされることになります。

ここが変わる

　国内に短期的に居住する在留資格を有する者、国外に居住する外国人

第2章　資産課税　**83**

等が、相続開始の時又は贈与の時において国内に居住する在留資格を有する者から、相続若しくは遺贈又は贈与により取得する国外財産については、相続税又は贈与税を課さないこととします。

(注) 上記の「在留資格」とは、出入国管理及び難民認定法別表第一の上欄の外交、公用、教授、芸術、宗教、報道、高度専門職、経営・管理等の在留資格をいいます。

[外国人に係る相続税等の納税義務の見直し]

○これまで、高度外国人材等の受入れを促進する観点から、日本に居住する期間が10年以下の外国人が死亡した際には、相続税の課税対象を国内財産に限定する等の措置を講じてきた。

(参考) 住所が一時的である外国人どうしの相続等の場合や、外国人の出国後の相続については、国外財産を課税対象としないこととする見直しを実施(平成29年度改正及び平成30年度改正)

○今般、高度外国人材等の日本での就労を更に促進する観点から、**就労等のために日本に居住する外国人**[1]が死亡した場合、**居住期間にかかわらず、国外財産を相続税の課税対象としない**[2]こととする(当該外国人が行う生前贈与に係る贈与税についても同様)。

※1 出入国管理法別表第1の在留資格の者
※2 日本に長期滞在(相続開始前15年中10年超)する外国人が相続人となる場合を除く。

	日本に滞在中に死亡した外国人(被相続人)の滞在期間	相続人が外国に居住(例:本国に住む家族)	相続人が日本に居住(相続開始前15年中10年以下)
現行	10年以下	日本国内の財産にのみ課税	
	10年超	日本国内及び国外の財産に課税	
見直し案	入管法別表第一の在留資格で居住(居住期間を問わない)	日本国内の財産にのみ課税(国外財産に課税しない)	

(注1)出入国管理法別表第一:高度専門職、経営・管理、研究など、日本で就労等する際に付与(永住者等は含まない)。

(注2)国内に住所(生活の本拠)がある者が相続人となる場合には、その国籍を問わず、国内外の財産が相続税の課税対象となるが、外国人については、日本に短期間滞在する者が相続人となる場合、原則として国外財産には課税しないとの配慮を講じている。

(自由民主党税制調査会資料)

84 第2編 令和3年度税制改正の具体的内容

適用時期

　令和３年４月１日以後の相続・贈与に適用されます（令和３年改正法附則11）。

解　　説

❶　改正の背景

　東京は国際金融都市として令和２年９月で世界第４位、アジア２位にあります（令和２年10月７日東京都『国際金融都市・東京』構想に関する有識者懇談会資料）。

　日本が国際金融センターとなるための強みとして、1,900兆円の個人金融資産、生活物価、オフィス価格の安さ、治安の良さなどが評価されてきた一方、弱みとして、税金の高さ、厳格な労働規制、終身雇用を前提とした法体制、英語による行政・民間対応等の不十分さ、収入と生活バランス、子育て環境の悪さ等の指摘がされてきました。「各国駐在員が働きたい国ランキング」では日本は33カ国中32位という結果もあります（2019年HSBCホールディングス）。

　また、従来、アジアの金融センターだった香港が、令和２年６月の中国の国家安全法制定で、香港で働く外国人の香港以外での活動まで規制するとされたことから、香港から金融機関が流出するのを見込んで、その受け皿として東京へと誘おうと、国際的な金融機関の優秀な人材を誘致し、受入を加速することにより、日本が国際金融ハブとして確立しようとしているのです。（金融庁総合政策局総合政策課「令和３年度税制改正の要望」）。

❷　相続税・贈与税の納税義務者

　令和３年４月１日以後に相続若しくは遺贈により取得する財産に係る相続税・贈与税について、相続税・贈与税の納税義務者は次の表のようになると考えられます。租税回避規制のための平成29・30年度改正は、

第２章　資産課税　**85**

早々と変更されることになります(財務省「平成30年度税制改正の解説」内の表をベースに筆者加工)。

[相続税及び贈与税の納税義務者]

被相続人／贈与者	相続人／受贈者	国内に住所あり	一時居住者※1	日本国籍あり 10年以内に住所あり	日本国籍あり 10年以内に住所なし	日本国籍なし
国内に住所あり		①一イ	①一ロ	①二イ(1)	①二イ(2)	①二ロ
	外国人被相続人※2 外国人贈与者※2	①一イ	①三 ③三	①二イ(1)	①四 ③三	
国内に住所なし	10年以内に住所あり	①一イ	①一ロ	①二イ(1)	①二イ(2)	①二ロ
	外国人（非居住被相続人・非居住贈与者※3）	①一イ	①三 ③三	①二イ(1)	①三 ③三	
	10年以内に住所なし※3	①一イ				

■ 国内・国外財産に課税、 □ 国内財産のみに課税

なお、枠内は相続税法1条の3、1条の4

※1 出入国管理法別表第1の在留資格で、相続・贈与開始前15年以内において国内に滞在していた期間の合計が10年以下の者

※2 相続・贈与開始時に出入国管理法別表第1の在留資格で国内に滞在していた被相続人

※3 相続・贈与開始時に国内に住所を有しなかった被相続人・贈与者で、①10年以内のいずれかの時に国内に住所を有していた外国人又は、②相続・贈与開始前10年内に住所を有していたことがない者

(財務省「平成30年度税制改正の解説」を筆者加工)

❸ 法人税・所得税の措置

令和3年度改正では、海外の優秀な人材を日本に誘導するため措置として、相続税のみならず、法人税・所得税でも、手当てされています。

86 第2編 令和3年度税制改正の具体的内容

[国際金融ハブ取引に係る税制措置]

	現状	対応策
法人税 （運用会社に課税）	30% 役員の業績連動給与 上場会社： **損金算入可能** **非上場会社：** **損金算入不可**	**投資運用業**を主業とする非上場の非同族会社等について、業績連動給与の算定方法等を金融庁ウェブサイトへ掲載する等の場合には、**損金算入**を認める。
相続税 （ファンドマネージャー等 の相続人に課税）	0～55% **10年超居住…** **全世界財産** 10年以下居住… 国内財産のみ	勤労等のために日本に居住する外国人について、居住期間にかかわらず、**国外財産を相続税の課税対象外とする。**
所得税 （ファンドマネージャー 個人に課税）	0～55% ファンドマネージャーの運用成果に応じ出資持分を超えてファンドから分配される利益 →金融所得にあたるかが不明確。	利益の配分に経済的合理性がある場合等においては、総合課税（累進税率、最高55%）の対象ではなく、「株式譲渡益等」として**分離課税（一律20%）**の対象となることを**明確化する。**

資産課税

（その他）
　外国投資家が海外ファンド等を通じて日本のファンドに投資する場合、その海外ファンド等の持分が25％以上であっても、投資家単位で25％未満の場合等には、日本での申告を免除する。

（金融庁資料）

❹ 実務のポイント

　国際金融ハブのための高度人材がどれだけ誘導できるかは、さらに日本の仕組みの大きな改革が必要とされるでしょう。

2 住宅取得等資金に係る贈与税の非課税措置等の拡充

> **Question**
>
> 　コロナ禍で通勤ラッシュが恐くなり、援助するから職場近くに住まいを探せと親に言われましたが、住宅取得等資金贈与の条件を満たす50㎡以上では高額で贈与を受けても自分のローンで買える物件がありません。何とかならないでしょうか。

　A　令和3年1月1日以後の住宅取得については、贈与年分の所得が1,000万円以下であれば、登記簿床面積40㎡以上の住宅でも住宅取得等資金贈与特例や住宅ローン控除を適用できます。

ここが変わる

(1)　贈与税の非課税措置

　令和3年4月1日から同年12月31日までの間に住宅用家屋の新築等に係る契約を締結した場合における非課税限度額を、次のとおり、令和2年4月1日から令和3年3月31日までの間の非課税限度額と同額まで引き上げます。

①　耐震、省エネ又はバリアフリーの住宅用家屋に係る非課税限度額

令和3年4月1日から12月31日までの契約	改正前	改正後
消費税等の税率10%が適用される住宅家屋の新築等	1,200万円	1,500万円
上記以外の住宅用家屋の新築等 ^(注)	800万円	1,000万円

　（注）　個人売主からの中古住宅等の取得

② ①以外の一般の住宅用家屋に係る非課税限度額

令和3年4月1日から12月31日までの契約	改正前	改正後
消費税等の税率10％が適用される住宅家屋の新築等	700万円	1,000万円
上記以外の住宅用家屋の新築等(注)	300万円	500万円

（注）個人売主からの中古住宅等の取得

③ 以上をまとめると、下表のようになります。

消費税率 住宅種類		消費税10％契約		左以外の一般の住宅の契約	
		省エネ	一般	省エネ	一般
改正前	R3.4.1 〜12.31	1,200万円	700万円	800万円	300万円
改正後		1,500万円	1,000万円	1,000万円	500万円

[住宅取得等資金に係る贈与税の非課税措置等の見直し]

非課税枠について

令和3年4月1日から12月31日までの契約について、非課税枠を最大1,500万円に引き上げる。
（現行：最大1,200万円）

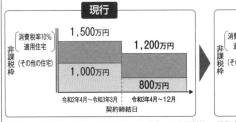

（注）上図は、耐震・省エネ・バリアフリー住宅向けの非課税枠。一般住宅の非課税枠は、それぞれ500万円減。

面積要件について

合計所得金額が1,000万円以下の者について、住宅の面積要件の下限を40㎡以上に引き下げる。
（現行：所得要件…2,000万円以下　面積要件（下限）…50㎡）

（注1）東日本大震災の被災者に係る非課税措置についても同様とする。
（注2）住宅取得等資金を贈与した場合の相続時精算課税の特例についても、面積要件の下限を40㎡に引き下げる。

（自由民主党税制調査会資料）

(2) 床面積要件の引下げ

　住宅取得等資金贈与の特例について、所得に応じて住宅用家屋の登記簿床面積要件の下限を40㎡以上（現行：50㎡以上）に引き下げます。

① 直系尊属から住宅取得等資金の贈与を受けた場合の特例

　令和3年1月1日以後の住宅取得等資金の贈与について、受贈者が贈与を受けた年分の所得税に係る合計所得金額が1,000万円以下である場合に限ります。東日本大震災の被災者が直系尊属から住宅取得等資金の贈与を受けた場合の贈与税の非課税措置についても同様であり、住宅ローン控除制度とも連動しています（**第1章1**参照）。

［登記簿床面積下限要件（上限は240㎡）］

	所得1,000万円以下	2,000万円以下	2,000万円超
改正前	50㎡以上		適用なし
改正後	40㎡以上	50㎡以上	

② 住宅取得等資金の贈与の相続時精算課税の特例（措法70の3）

　令和3年1月1日以後の贈与について、特定の贈与者から住宅取得等資金の贈与を受けた場合の相続時精算課税制度の特例に係る床面積要件も同様です。

(3) **令和4年1月1日以後に贈与税の申告書を提出する場合**

　令和4年1月1日以後に贈与税の申告書を提出する場合について、税務署長が納税者から提供された既存住宅用家屋等に係る不動産識別事項等を使用して、入手等をした当該既存住宅用家屋等の登記事項により床面積要件等を満たすことの確認ができた住宅を、本措置の対象となる既存住宅用家屋等に含めることとします。

　これについては、住宅ローン控除制度と同様です（**第1章1**参照）。

適用時期

① 上記(1)については、令和3年4月1日から同年12月31日までの間に締結した住宅用家屋の新築等の契約について適用されます。

　ただし、令和4年以後の制度延長には触れておらず、その点、住宅

90　第2編　令和3年度税制改正の具体的内容

ローン控除特例が令和4年末までの適用とされているのとは異なります。

② 上記(2)については、令和3年1月1日以後の住宅取得等資金の贈与について適用されます。

③ 上記(3)については、令和4年1月1日以後に提出される贈与税の申告書に適用されます。

解　説

❶ コロナ禍対策の支援策としての無理のない負担での住宅の確保

「経済財政運営と改革の基本方針2020について」（令和2年7月17日閣議決定）において、「住宅投資については、適用要件の弾力化を行った住宅ローン減税等の即効性ある必要な支援策を着実に実施していく」こととされています。住宅投資は内需の柱であり、我が国経済に与える影響が大きいところ、消費など国内需要の喚起のために、「多様な住宅政策を推進し、また、住宅投資については、適用要件の弾力化を行った住宅ローン減税等の即効性ある必要な支援策を着実に実施していく」ことで、「住まいの質の向上・無理のない負担での住宅の確保」をすることとされました（国土交通省「令和3年度税制改正の要望」）。

❷ 住宅取得等資金贈与特例の概要

平成27年1月1日から令和3年12月31日までの間に、父母や祖父母・養父母などの直系尊属から住宅取得等資金の贈与を受けた受贈者が、贈与を受けた年の翌年3月15日までにその住宅取得等資金を自己の居住の用に供する日本国内の家屋の新築若しくは取得又はその増改築等の対価に充てて新築若しくは取得又は増改築等をし、その家屋を同日までに自己の居住の用に供したとき、又は同日後遅滞なく自己の居住の用に供することが確実であると見込まれるときには、住宅取得等資金のうちその家屋の種類ごと、また住宅用家屋の新築等に係る契約の締結日に応じて、次の表の額まで贈与税が非課税となります（措法70の2①）。

[住宅取得等資金贈与特例]

契約・住宅種類 住宅用家屋の 契約締結日	消費税率10% 課税契約		左記以外、 個人売主中古住宅等	
	省エネ等	左記以外 一般	省エネ等	左記以外 一般
～平成27年12月31日	－	－	1,500万円	1,000万円
平成28年1月1日以後	－	－	1,200万円	700万円
平成31年4月1日以後	3,000万円	2,500万円		
令和2年4月1日以後	1,500万円	1,000万円	1,000万円	500万円
令和3年4月1日～ 令和3年12月31日 上段：改正前 下段：改正後	1,200万円 ↓ 1,500万円	700万円 ↓ 1,000万円	800万円 ↓ 1,000万円	300万円 ↓ 500万円

❸ 適用要件

(1) 受贈者の要件

① 贈与を受けた時に贈与者の直系卑属であること。

　直系卑属とは子や孫などのことですが、それぞれの配偶者は含まれません。養親・養子関係でも直系卑属となります（措通70の2－1）。

② 贈与を受けた年の1月1日において20歳以上であること。

③ 贈与を受けた年の合計所得金額 (注) が2,000万円以下であること。

　また、合計所得金額が1,000万円以下である場合には、新築等する家屋の床面積要件の緩和があります。

（注） 合計所得金額とは、「合計所得金額」、次の(イ)と(ロ)の合計額（総所得金額）に、退職所得金額、山林所得金額を加算した金額 (※) をいいます（措法70の2②一、所法2①三十）。

(イ) 事業所得、不動産所得、利子所得、給与所得、配当所得、総合課税の短期譲渡所得及び雑所得の合計額

(ロ) 総合課税の長期譲渡所得と一時所得の合計額の2分の1の金額

※ 申告分離課税の所得がある場合には、その特別控除前の所得金額の合計額を加算します。源泉分離課税される利子所得等は加算しません。

④　住所地については、贈与を受けた時に日本国内に住所を有していること（受贈者が一時居住者であり、かつ、贈与者が一時居住贈与者又は非居住贈与者である場合を除く）。

　　なお、贈与を受けた時に日本国内に住所を有しない人であっても、次の場合には、この特例の適用を受けることができます。

㈑　贈与時に日本国内に住所を有しないものの日本国籍を有し、かつ、受贈者又は贈与者がその贈与前10年以内に日本国内に住所を有したことがあること。

㈠　贈与を受けた時に、日本国内に住所も日本国籍も有しないが、贈与者が日本国内に住所を有していること。

㈎　取得住宅・取得資金の所在地

　　取得住宅は日本国内の住宅でなければなりませんが、住宅取得等資金の所在地は日本国内・国外のどこにあるものでもよいとされています（措通70の2－4、70の3－3）。

　　例えば、日本からカナダに移住した祖父が現地の資金を日本にいる孫に贈与し、孫が特例適用住宅を取得し居住の用に供すれば、その場合も孫は非課税特例を適用できます。

⑵　住宅用の家屋の新築、取得の要件

　「住宅用の家屋の新築」には、その新築とともにするその敷地の用に供される土地等又は住宅の新築に先行してするその敷地の用に供されることとなる土地等の取得を含み、「住宅用の家屋の取得又は増改築等」には、その住宅の取得又は増改築等とともにするその敷地の用に供される土地等の取得を含みます。

　また、対象となる住宅用の家屋は日本国内にあるものに限られます。

①　新築又は取得の場合の要件

　　新築又は取得した住宅用の家屋の登記簿上の床面積（マンション等の区分所有建物の場合はその専有部分の床面積）が50㎡以上240㎡以下で、かつ、その家屋の床面積の2分の1以上に相当する部分が受贈者の居住の用に供されるものであること。

　　ただし、令和3年1月1日以後の贈与により取得する家屋については、所得1,000万円以下の場合の登記簿床面積は、40㎡以上240㎡以下とされます。

② 取得した住宅が次のいずれかに該当すること。
　㈵　建築後使用されたことのない住宅用の家屋
　㈼　建築後使用されたことのある住宅用の家屋で、その取得の日以前20年以内（耐火建築物の場合は25年以内）に建築されたもの
　　(注)　耐火建築物とは、登記簿に記録された家屋の構造が鉄骨造、鉄筋コンクリート造又は鉄骨鉄筋コンクリート造などのものをいいます。
　㈽　建築後使用されたことのある住宅用の家屋で、地震に対する安全性に係る基準に適合するものであることにつき、証明されたもの
　㈾　上記いずれにも該当しない建築後使用されたことのある住宅用の家屋で、その住宅用の家屋の取得の日までに同日以後その住宅用の家屋の耐震改修を行うことにつき、申請書等に基づいて都道府県知事等に申請をし、かつ、贈与を受けた翌年３月15日までにその耐震改修によりその住宅用の家屋が耐震基準に適合することとなったことにつき証明書等により証明がされたもの

(3)　増改築等の場合の要件

① 増改築等後の住宅用の家屋の登記簿上の床面積（マンション等の区分所有建物の場合はその専有部分の床面積）が50㎡以上240㎡以下で、かつ、その家屋の床面積の２分の１以上に相当する部分が受贈者の居住の用に供されるものであること。

　　ただし、令和３年１月１日以後の贈与による増改築工事については、所得1,000万円以下の場合の登記簿床面積は、40㎡以上240㎡以下とされます。

② 増改築等に係る工事が、自己が所有し、かつ居住している家屋に対して行われたもので、一定の工事に該当することについて、「確認済証の写し」、「検査済証の写し」又は「増改築等工事証明書」等の書類により証明されたものであること。

③ 増改築等に係る工事に要した費用の額が100万円以上であること。

　　また、増改築等の工事に要した費用の額の２分の１以上が、自己の居住の用に供される部分の工事に要したものであること。

❹　実務のポイント

(1)　適用期間

94　第２編　令和３年度税制改正の具体的内容

本特例に係る贈与は、改正前の令和3年12月31日までであり、延長は記載されていません。令和4年度税制改正で延長が規定され、遡及適用されない場合は、令和3年での贈与が最終の特例活用の機会となります。

(2) 特例適用と非課税額の判定

特例適用は贈与の日の属する年であり、非課税額は、契約時の契約内容で判断します。

制度が令和3年12月31日までの贈与に限られる場合は、契約時期・引渡しを受け居住開始する時期については、慎重なスケジュール管理が必要です。

下記図表の①のプランで進めば大丈夫ですが、②の場合は残金支払時期については、令和4年度の税制改正の動向を確認する必要があります。

(3) 合計所得の判定年

合計所得の判定は、下表のように、住宅特例では「その年の所得」、子育て特例では贈与年の前年の所得で行います。混同しないようにしましょう。

	特 例	合計所得金額の判定年
住宅特例	直系尊属からの住宅取得等資金贈与特例（措法70の2）	その年（贈与を受けた年）
	住宅借入金等を有する場合の所得税額の特別控除（措法41）	その年（居住開始年）
子育て特例	直系尊属からの教育資金贈与の特例（措法70の2の2）	その年の前年（贈与年の前年）
	直系尊属からの結婚・子育て資金贈与の特例（措法70の2の3）	

第2章　資産課税　95

3 教育資金の一括贈与に係る贈与税非課税措置の延長及び見直し

Question

大学生の孫に教育資金の一括贈与をしようと思いますが、制度がもうじき廃止されそうと聞いて驚いています。どうしたらよいでしょう。

A 制度そのものは延長されましたが、内容が厳しくなっています。孫が幼少であれば未使用残高への課税の可能性が少ないですが、大学生ですと、大学院進学や留学等がなければ、将来教育資金を使う機会は少なく、結果的に残高に贈与税や相続税課税を受ける可能性があります。令和3年3月末までに一括贈与手続を完了できればよいでしょうが、そうでない場合は、今後の必要資金を確認して贈与してあげましょう。

ここが変わる

　直系尊属から教育資金の一括贈与を受けた場合の贈与税の非課税措置について、次の措置を講じた上、その適用期限を令和5年3月31日まで延長します。

(1) **贈与者死亡時の残高について、原則として相続税課税対象に**

　改正前の制度では、贈与者が死亡した場合、死亡前3年以内の一括贈与契約に係る使い残しの残額を相続財産に加算していますが、令和3年4月1日以後一括贈与契約では、死亡時期にかかわらず、贈与者死亡時の残額を相続財産に加算されます。

　ただし、改正前と同様に、受贈者が①23歳未満、②学校等に在学中、③教育訓練給付金の支給対象となる教育訓練を受講している場合は、加算されません。

96 第2編　令和3年度税制改正の具体的内容

ここでの一括贈与契約とは、単に贈与者から受贈者へ一括贈与することではなく、①信託受益権の贈与契約、②書面での受贈資金の預入契約、③書面での受贈資金の投資運用契約など、金融機関や証券会社で非課税申告し、管理契約を締結することをいいます。以下同じです。

[教育資金の一括贈与を受けた場合の贈与税の非課税措置の延長]

> 祖父母等から孫等に対して一括贈与された教育資金を受けた場合の贈与税の**非課税措置**について、以下の措置を講じた上で、適用期限を**2年延長**する（令和5年3月31日まで）。
> ○祖父母等が亡くなった場合、孫等が23歳以上であれば贈与の残額を相続財産に加算の上、2割加算を適用する（在学中の場合を除く）

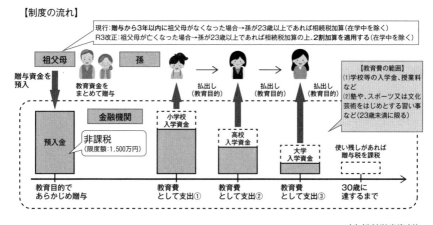

（文部科学省資料）

(2)　相続税課税対象とされる管理残額は、2割加算制度の対象に

　改正前は、上記(1)の管理残額が相続財産に合算されても、2割加算制度の適用を受けませんが、令和3年4月1日以後の贈与特例設定契約の場合は、受贈者が贈与者の子（代襲相続人となった直系の孫を含む）以外である場合は、上記(1)の課税対象となる管理残額に係る相続税額についても2割加算される制度の適用を受けることになります。

(3)　その他
① 認可外保育施設で基準以上の施設も教育資金適格支出の対象にしま

す。

② 取扱金融機関の営業所等への提出書面は電磁的方法でも可能にします。

適用時期

上記(1)、(2)については、令和3年4月1日以後の一括贈与について適用します。

上記(3)①については、令和3年4月1日以後支払われる教育資金について適用します。上記(3)②については、令和3年4月1日以後に適用されます（令和3年改正法附則75②）。

解　説

❶ 改正への要望

文部科学省は「令和3年度税制改正の要望」において、次のように要望していました。

「我が国の個人金融資産は、約1,900兆円もの規模であるが、金融資産の多くは60歳以上の高齢者層に偏重している状況にある。また、金融資産の約半分は現預金で保有・運用されており、この割合は諸外国に比べて高い。一方で、子育て世代は将来の子供の教育費に対する不安等から消費活動を手控える傾向が見られる。

本施策の延長により、高齢者層に偏重している個人金融資産の若年者層への世代間移転を更に促すことで、将来の教育資金の確保を図り、我が国の将来を担う人材の着実な育成につなげる。また、新型コロナウイルス感染症の影響により不安が高まる中、これにより現役世代の将来に対する不安を和らげ、消費活動の活発化を図るとともに、教育機会の確保を図る。

また、祖父母世代から孫世代への世代間資産移転を促進させることで、将来の教育資金の確保を図り、我が国の将来を担うイノベーション人材、グローバル人材等の育成を強化する。また、子育て世代の将来不

安を和らげることで、かかる世代による消費の活性化を促す。

　幼稚園から大学（学部）卒業までの学習費は約1,152万円（※1：公私立の平均）、留学に要する費用は約400万円（※2：米国の公立大学に1年間留学した場合の費用）である。子どもの学習環境の整備については、現在でも様々な取組を行っているものの、子育て世代の負担は依然として大きく、これをより緩和することが必要。

　令和2年1月末現在までで契約件数228,068件、贈与金額約1兆6,537億円、教育資金として6,160億円が既に使用されている。」

　平成25年4月に新設以後、贈与ブームを起こしたともいえる本制度は3度の延長をしてきました。

❷　制度の問題点の指摘

　平成25年4月の制度スタート以降、7年間にわたる制度延長の過程で、問題点も指摘されてきました。

⑴　格差の固定化の問題

　家庭の所得と全国学力調査の正答率は、所得が高い家庭の子供の正答率がより高く、親の所得が高いほど子の4年制大学への進学率が高い傾向があり、男性の年収別有配偶率は、一定水準までは年収の高い人ほど配偶者のいる割合が高い傾向が指摘されています（令和2年11月25日自由民主党税制調査会資料）。

⑵　節税目的化の問題

　例えば、祖父の将来の相続財産5億円、祖父が孫4人に1,500万円ずつ贈与し、死亡時に相続人2人が法定分で財産を取得した場合、贈与時の6,000万円が非課税とされ、相続財産の圧縮効果により税額差1,245万円が生じることとなる節税的な利用例が挙げられた制度の利用実態では、3人以上の受贈者への贈与が25％以上存在し、受贈者7人以上の場合に平均贈与額は6,179万円です（令和2年12月2日自由民主党税制調査会資料）。こうした節税目的での利用が報告されてきました。

　また、教育資金贈与信託を利用する受贈者世帯へのアンケート調査において、教育資金の負担軽減された分について、45.0％の利用者が「投資信託や株式等による資産運用に活用する」と回答した点で、格差の固定化を助長するものと指摘されています（令和2年11月25日自由民主党

税制調査会資料）。

⑶ 利用度の低下の問題

　教育資金贈与特例の利用は、導入初年度の６万7,581件から、令和元年度は9,413件に、結婚・子育て資金贈与特例は、導入初年度の4,712件から令和元年度の212件へと激減しています。

　折しも、暦年課税贈与税制が資産移転の時期の選択に中立的な税制とはいえないとの議論が政府及び自由民主党の両税制調査会で挙がりました。教育資金や結婚・子育て資金への需要は相変わらず大きく、若年世代への高い教育や生活への支援は相変わらず必要であるはずですが、非課税制度の調整が行われるようになりました。

❸　制度の概要（措法70の２の２）

⑴　直系尊属から教育資金の一括贈与を受けた場合の贈与税の非課税措置

　平成25年４月１日から令和５年３月31日までの間に、30歳未満の受贈者が、教育資金に充てるため、金融機関等との契約に基づき、受贈者の父母や祖父母など直系尊属である贈与者から①信託受益権を取得した場合、②書面による贈与により取得した金銭を銀行等に預入をした場合又は③書面による贈与により取得した金銭等で証券会社等において有価証券を購入し、各会社を通じて非課税申告書を提出した場合には、その信託受益権又は金銭等の価額のうち1,500万円（学校等以外の者に支払われる金銭については、500万円を限度）までの金額に相当する部分の価額については、取扱金融機関の営業所等を経由して教育資金非課税申告書を提出することにより、受贈者の贈与税が非課税となります。

　なお、令和３年３月31日の贈与特例設定契約まではその死亡前３年以内に、令和３年４月１日以後の贈与特例設定契約はその期間にかかわらず、契約期間中に贈与者が死亡した場合には、原則として、その死亡日における未使用残額（管理残額＝非課税拠出額−教育資金支出額）を、贈与者から相続等により取得したこととされます。

　ただし、その死亡の日において、受贈者が次のいずれかに該当する場合を除きます（改正前措法70の２の２⑪（新⑬））。

　⑷　23歳未満である場合

㈡　学校等に在学している場合

㈢　教育訓練給付金の支給対象となる教育訓練を受講している場合

　また、受贈者が30歳に達するなどにより教育資金口座に係る契約が終了した場合に管理残額があるときは、その残額はその契約終了時に贈与があったこととされ、その時点の制度により贈与税が課されます。

⑵　相続税課税対象とされる管理残額は２割加算対象

　上記⑴により相続等により取得したものとみなされる管理残額について贈与者の子（代襲相続人となった直系の孫・ひ孫等を含む）以外の直系卑属、つまり孫やひ孫・玄孫等に相続税が課される場合には、令和３年４月１日以後の一括贈与の場合は、相続税額の２割加算の対象とします。

❹　認可外保育施設のうち基準以上の施設を対象に

　令和３年４月１日以後は、本措置の対象となる教育資金の範囲に、１日当たり５人以下の乳幼児を保育する認可外保育施設のうち、都道府県知事等から一定の基準を満たす旨の証明書の交付を受けたものに支払われる保育料等を加えます。

❺　取扱金融機関の営業所等への提出書面は電磁的方法でも可能に

　次に掲げる申告書等の書面による提出に代えて、取扱金融機関の営業所等に対して、当該申告書等に記載すべき事項等を電磁的方法により提供することができることとします。

①　教育資金非課税申告書

②　追加教育資金非課税申告書

③　教育資金非課税取消申告書

④　教育資金非課税廃止申告書

⑤　教育資金管理契約に関する異動申告書

❻　実務のポイント

①　令和３年３月末までの一括贈与契約については、贈与者が一括贈与契約から３年以内に死亡しない限り、未使用残額を相続税に加算した

り、その相続税額が1.2倍になる措置はありません。一括贈与契約をするなら、この期限内が有利です（令和3年改正法附則75③）。

② 自由民主党税制調査会における令和3年度改正の議論では、本特例の延長か停止かの検討が行われ、かろうじて2年間延長されましたが、次回は延長がないことも予想されます。

令和3年4月以後、制度は厳しくなりますが、年少の孫等への一括贈与契約なら使いきることも多いと思われますので、必要教育費を試算の上、令和5年3月末までの一括贈与を検討しましょう。

③ 教育資金一括贈与特例は、次のように制度が変遷しています。仮にこの制度がなくなっても、既に一括贈与契約を締結した受贈者は、その設定時の制度により取扱いが30歳（40歳）まで継続されます。受贈者は、自分の設定時の制度を確認しておきましょう。

	平成25年4月1日〜平成31年3月31日　一括贈与設定	平成31年4月1日〜令和元年6月30日　一括贈与設定	令和元年7月1日以後資金支出	令和3年4月1日以後一括贈与設定
一括贈与設定時の受贈者要件	30歳未満			
	所得制限なし	前年合計所得1,000万円以下		
資金使途	学校等と学校等以外		23歳以後は学校等と教育訓練費のみ	
贈与者死亡時の相続税課税	相続税課税なし	死亡前3年以内に受けた一括贈与の管理残額を課税 2割加算不適用		管理残額を課税 2割加算適用
		受贈者が23歳未満、在学中、教育訓練受講中は相続税課税なし		
終了時の課税	30歳到達日を終了日として管理残額を贈与税課税			
			30歳時点で在学・教育訓練中である場合はその期間終了時と40歳の早い日を終了時として贈与税課税	

102　第2編　令和3年度税制改正の具体的内容

4 結婚・子育て資金の一括贈与に係る贈与税非課税措置の延長及び見直し

Question

孫に良いおつきあい相手が見つかり、結婚を準備しています。結婚・子育て資金贈与の特例を使って資金贈与したいのですが、もし子供ができず使い切れない場合など、私が死んだら相続税がかかってしまい、そうでなくても最後に贈与税がかかるそうで、迷っています。

A 確かに令和3年度税制改正で、贈与者死亡時の相続税課税や2割加算制度が導入され、厳しくなります。しかし、この特例は一度に贈与せずとも、結婚時や出産時など、数回に分散しての贈与も可能ですから、必要額を確認して計画化すればよいでしょう。

　もちろん、使い残しが出ると相続財産に加算されることで、他の相続人の税率も上がる可能性がありますから、よく贈与者自身の現況の相続税試算をして検討しましょう。

ここが変わる

次の措置を講じた上、その適用期限を令和5年3月末まで延長します。

① 贈与者から相続等により取得したものとみなされる管理残額（非課税拠出額－結婚・子育て資金支出額）について、令和3年4月1日以後の一括贈与契約については、贈与者の子以外の直系卑属に相続税が課される場合に、当該管理残額に対応する相続税額を、相続税額の2割加算の対象とします。

② 令和4年4月1日以後、受贈者の年齢要件の下限を、改正前の20歳以上から18歳以上に引き下げます。

③ 本措置の対象となる結婚・子育て資金の範囲に、令和3年4月1日

第2章 資産課税　**103**

以後、1日当たり5人以下の乳幼児を保育する認可外保育施設のうち、都道府県知事等から一定の基準を満たす旨の証明書の交付を受けたものに支払われる保育料等を加えます。

④　令和3年4月1日以後、次に掲げる申告書等の書面による提出に代えて、取扱金融機関の営業所等に対して、当該申告書等に記載すべき事項等を電磁的方法により提供することができることとします。

(イ)　結婚・子育て資金非課税申告書

(ロ)　追加結婚・子育て資金非課税申告書

(ハ)　結婚・子育て資金非課税取消申告書

(ニ)　結婚・子育て資金非課税廃止申告書

(ホ)　結婚・子育て資金管理契約に関する異動申告書

適用時期

上記①、④の改正は、令和3年4月1日以後設定される一括贈与契約について適用します。

上記②の改正は、令和4年4月1日以後の信託等により取得する信託受益権等について適用します。

上記③の改正は、令和3年4月1日以後支出の結婚・子育て資金の支払に適用します。

解　　説

❶　制度の目的・背景

内閣府の令和3年度税制改正の要望では次のように記載されています。

「少子化対策については、現在でも様々な取組を行っているものの、「合計特殊出生率」は1.26（平成17年、過去最低）から1.45（平成27年）まで上昇して以降、微減傾向が続いて令和元年は1.36に落ち込み、先進国の中でも低い水準となっている。

[結婚・子育て資金の一括贈与に係る贈与税の非課税措置の概要]

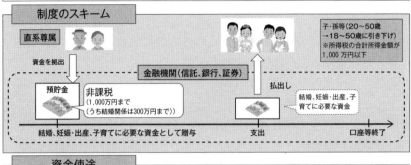

(内閣府資料)

　また、各種調査（筆者注：平成31年3月内閣府「少子化社会対策に関する意識調査報告書」での、「どのような状況になれば結婚すると思いますか」という問いに対し、「経済的に余裕ができること」が42.4％と最も高いなど）によれば、結婚や出産に踏み切れない理由として経済的理由等が挙げられていることから、経済的要因等の阻害要因を取り除くための措置が必要である。

❷ 制度の概要

(1) 非課税額

　平成27年4月1日から令和5年3月31日までの間に、受贈者の結婚・子育て資金に充てるためにその直系尊属が金銭等を拠出し、一括贈与をした場合には、一括贈与した額のうち受贈者1人につき1,000万円（結婚に関するものについては、300万円を限度とする）までの金額に相当する部分の価額については、拠出されるものに限り、贈与税の課税価格に算入されません（措法70の2の3）。

　ここでの一括贈与とは、単に贈与者から受贈者へ一括贈与することではなく、①信託受益権の贈与契約、②書面での受贈資金の預入契約、③書面での受贈資金の投資運用契約など、金融機関や証券会社で非課税申告し管理契約を締結することをいいます。以下同じです。

(2) 受贈者の要件

　次のすべての要件を満たす者をいいます。

①　贈与者の子・孫・ひ孫など、直系卑属であること。

②　20歳（令和4年4月1日以後の一括贈与は18歳）以上50歳未満。

③　平成31年4月1日以後の一括贈与は、前年の合計所得金額が1,000万円以下の者に限ります。

(3) 結婚・子育て資金の範囲

　結婚・子育て資金とは、(イ)受贈者が50歳に達するまで、(ロ)受贈者の死亡日、(ハ)残高がゼロとなる日までに支出する、次に掲げる金銭をいいます。

①　結婚に際して、婚姻の日の1年前の日以後に支払われる挙式費用、衣装代等の婚礼・結婚披露費用（300万円を限度とする）をいいます。

②　家賃、敷金等の新居費用、転居費用で、婚姻の日の前後1年以内に支払われるもの。

③　不妊治療、妊娠、出産、産後ケア及び小学校就学前の育児の費用。

(4) 贈与者が死亡した場合の相続税課税（措法70の2の3⑩）

　一括贈与の管理契約期間中に贈与者が死亡した場合には、死亡日における管理残額を、贈与者から相続等により取得したこととされます。

　なお、令和3年3月31日までの一括贈与契約については、受贈者が贈

与者の孫・ひ孫等の直系卑属であっても相続税額の２割加算制度は適用されませんが、令和３年４月１日以後の一括贈与契約については、２割加算の適用を受けます。

⑸　一括贈与契約終了時の課税（措法70の２の３⑪・⑫・⑬）

　①受贈者が50歳に達した日、②受贈者の死亡日、③管理残額がゼロとなったことにより、一括贈与契約は終了します。

　①、③に管理残額がある場合には、その日の属する年の贈与税の課税価格に算入し、その時点での贈与税制により贈与税が課されます。

　③の場合は、贈与税課税はありませんが、受贈者の相続税の課税対象となります。

❸　実務のポイント

①　令和３年３月末までの一括贈与契約については、未使用残額の相続税課税について相続税額が1.2倍になる措置（相続税額の２割加算）はありません。一括贈与契約をするなら、この期限内が有利です。

②　自由民主党税制調査会における令和３年度改正の議論では、本特例の延長か停止かの検討が行われ、かろうじて２年間延長されましたが、次回は延長がないことも予想されます。

　令和３年４月以後、制度は厳しくなりますが、結婚・出産を迎える孫等への一括贈与契約なら使いきることも多いと思われますので、必要結婚・子育て費用を試算の上、令和５年３月末までの一括贈与を検討しましょう。

③　結婚・子育て資金一括贈与特例は、次のように制度が変遷しています。

　仮にこの制度がなくなっても、既に一括贈与契約を締結した受贈者は、その設定時の制度により取扱いが50歳まで継続されます。受贈者は、自分の設定時の制度を確認しておきましょう。

第２章　資産課税　**107**

	平成27年4月1日 ～平成31年3月31 日　一括贈与設定	平成31年4月1日 ～令和3年3月31 日　一括贈与設定	令和3年4月1日 以後　一括贈与設 定
一括贈与設定時の 受贈者要件	20歳以上50歳未満		
	所得制限なし	前年合計所得1,000万円以下	
資金使途	結婚・子育て資金		
贈与者死亡時の相 続税課税	管理残額を課税 2割加算不適用		管理残額を課税 2割加算適用
終了時の課税	50歳到達日を終了日として管理残額を贈与税課税		

5　各種納税猶予制度の見直し

Question

相続税や贈与税の納税猶予制度に対して見直しがあるようですが、何が変わるのでしょうか。

> A　近年、相続税・贈与税の納税猶予制度のメニューが増加してきました。令和３年度税制改正では、次の各種納税猶予制度について、それぞれ拡充・延長が行われ、納税猶予制度の利用促進に配慮することとされています。
> ①　特定の美術品に係る相続税の納税猶予制度
> ②　個人版事業承継税制
> ③　法人版事業承継税制
> ④　農地等の納税猶予制度

Ⅰ　特定の美術品に係る相続税の納税猶予及び免除の特例

ここが変わる

特定の美術品に係る相続税の納税猶予及び免除の特例について、登録有形文化財登録基準の改正を前提に、対象の美術品を拡充し、適用対象となる特定美術品の範囲に製作後50年を経過していない美術品のうち一定のものを加えることとします。

適用時期

適用時期は明記されていませんが、文化財保護法及び登録有形文化財

登録基準の改正を前提としていますので、同基準の改正に併せて適用時期は明らかになるでしょう。

解　説

❶　特定の美術品に係る相続税の納税猶予及び免除の特例（措法70の6の7）

被相続人が、特定美術品を、認定保存活用計画に基づき寄託先美術館の設置者と特定美術品の寄託契約を締結して寄託していた場合、その被相続人から相続又は遺贈によりその美術品を取得した相続人・受遺者が、その寄託を継続する場合には、担保の提供を条件として、相続税の額のうち、その美術品に係る課税価格の80％に対応する相続税の納税が猶予され、また、その相続人の死亡や当該美術品の災害による滅失、寄託先美術館の設置者への贈与により納税が免除される制度であり、平成31年4月1日以後の相続・贈与に適用されます。

❷　特定美術品

特定美術品は、文化財保護法27条1項に規定される重要文化財の動産、同法58条1項に規定する登録有形文化財のうち建造物を除くもので、認定保存活用計画に記載された次のものをいいます（措法70の6の7②一）。

①　重要文化財として指定された絵画、彫刻、工芸品その他の有形の文化的所産である動産

②　登録有形文化財（建造物を除く）のうち世界文化の見地から歴史上、芸術上又は学術上特に優れた価値を有するもの

令和3年度の登録有形文化財登録基準の改正により、対象の美術品を拡充し、適用対象となる特定美術品の範囲に、製作後50年を経過していない美術品であっても、価値の変動のないものについては適用対象に加え、緩和することとされます。

❸　実務のポイント

この特例は、被相続人自身が所蔵する文化財について、認定保存活用計画に基づき寄託先美術館の設置者と特定美術品の寄託契約を締結して寄託していたことが前提ですので、特例適用を希望する場合は、相続開始前から手続を行わなければなりません。

Ⅱ 個人版事業承継税制の拡充

ここが変わる

個人事業者の事業用資産に係る相続税・贈与税の納税猶予及び免除の特例（個人版事業承継税制）について、対象の事業用資産の範囲に、被相続人又は贈与者の事業の用に供されていた乗用自動車で青色申告書に添付される貸借対照表に計上されているもの（取得価額500万円以下の部分に対応する部分に限る）を加えられます。

適用時期

適用時期は税制改正大綱に明記されていないため、今後の情報を確認する必要があります。

解 説

❶ 個人版事業承継税制の概要（措法70の6の8、70の6の10）

中小企業における経営の承継の円滑化に関する法律の認定を都道府県知事から受ける後継者(注)である特例事業相続人等が、正規の簿記の原則による青色申告に係る事業（不動産貸付業等を除く）を行っていた被相続人から、その事業に係る特定事業用資産のすべてを平成31年1月1日から令和10年12月31日までの相続又は遺贈により取得をした場合に

第2章 資産課税 **111**

は、その青色申告に係る事業の継続等の要件の下、特例事業相続人等が納付すべき相続税のうち、特例事業用資産に係る課税価格に対応する相続税の納税が猶予され、特例事業相続人等が死亡した場合等には、その全部又は一部が免除される制度です。

ただし、免除されるまでに、特例事業用資産を特例事業相続人等の事業の用に供さなくなった場合など一定の場合には、事業用資産納税猶予税額の全部又は一部について納税の猶予が打ち切られ、その税額と利子税を納付しなければなりません。

> **(注)** 平成31年4月1日から令和6年3月31日までに「個人事業承継計画」を都道府県知事に提出し、確認を受けた者に限ります。

❷　対象となる特定事業用資産の範囲

① 宅地等（400㎡まで）

② 建物（床面積800㎡まで）

③ ②以外の減価償却資産で次のもの

(イ) 固定資産税の課税対象とされているもの

(ロ) 自動車税・軽自動車税の営業用の標準税率が適用されるもの

(ハ) その他一定のもの（貨物運送用など一定の自動車、乳牛・果樹等の生物、特許権等の無形固定資産）

この「その他一定のもの」に、今回の改正で、従来対象でなかった事業の用に供されていた乗用自動車で青色申告書に添付される貸借対照表に計上されているもの（取得価額500万円以下の部分に対応する部分に限る）を加えました。

❸　実務のポイント

トラック等の営業車両として陸運局に登録していない車両、例えば個人事業の移動用車両なども対象になる可能性があります。

Ⅲ　法人版事業承継税制の拡充

ここが変わる

　非上場株式等に係る相続税の納税猶予の特例制度について、次に掲げる場合には、後継者が被相続人の相続開始の直前において特例認定承継会社の役員でないときであっても、本制度の適用を受けることができることとし、下記①については、一般制度についても同様とします。
① 　被相続人が70歳未満（現行：60歳未満）で死亡した場合
② 　後継者が中小企業における経営の承継の円滑化に関する法律施行規則の確認を受けた特例承継計画に特例後継者として記載されている者である場合

適用時期

　適用時期は税制改正大綱に明記されていないため、今後の情報を確認する必要があります。

解　　説

❶ 非上場株式等に係る相続税の納税猶予の特例制度（措法70の7の2）

　平成30年1月1日から令和9年12月31日までの10年間に、中小企業における経営の承継の円滑化に関する法律による都道府県知事の認定を受ける非上場会社の後継者である特例経営承継相続人等が、被相続人から非上場会社の株式又は出資を相続又は遺贈により取得をし、その会社を経営していく場合には、特例経営承継相続人等が納付すべき相続税のうち、非上場株式等に係る課税価格に対応する相続税の納税が猶予され、特例経営承継相続人等が死亡した場合等には、その特例株式等納税猶予税額の全部又は一部が免除されます。

第2章　資産課税　**113**

そして、特例経営承継相続人等の死亡によって、特例経営承継相続人等から非上場株式等を相続等により取得した者についても、一定の要件を満たすことにより、「非上場株式等についての相続税の納税猶予及び免除の特例等」の適用を受けることができます。

　ただし、免除されるまでに、特例対象非上場株式等を譲渡するなど一定の場合には、特例株式等納税猶予税額の全部又は一部について納税の猶予が打ち切られ、その税額と利子税を納付する必要があります。

　以上の特例措置に対し、従前から措置されていた一般措置があり、その差違は次表のとおりです。

	特例措置	一般措置
事前の計画策定等	５年以内の特例承継計画の提出	不要
適用期限	10年以内の相続等・贈与（平成30年１月１日から令和９年12月31日まで）	なし
対象株数	全株式	総株式数の最大３分の２まで
納税猶予割合	100％	相続等：80％、贈与：100％
承継パターン	複数の株主から最大３人の後継者	複数の株主から１人の後継者
雇用確保要件	弾力化	承継後５年間
事業の継続が困難な事由が生じた場合の免除	譲渡対価の額等に基づき再計算した猶予税額を納付し、従前の猶予税額との差額を免除	なし（猶予税額を納付）
相続時精算課税の適用	60歳以上の贈与者から20歳以上の者への贈与	60歳以上の贈与者から20歳以上の推定相続人（直系卑属）・孫への贈与

❷ 被相続人の年齢要件の緩和

今回令和３年度改正により、後継者が被相続人の相続開始の直前において特例認定承継会社の役員でないときであっても、適用を可能とします。

いわば、被相続人が早期に死亡した場合や確認特例承継計画に後継者指定を受けている場合には、後継者が役員就任していなくとも、特例後継者として認めようという宥恕の内容です。

従前60歳未満としていたところを70歳未満とするのは、昨今の長寿社会では、70歳未満という60代での死亡は、十分若くしての先代死亡となると考えられるからでしょう。

❸ 実務のポイント

法人版事業承継税制において特例後継者は、相続開始前からその会社の役員であることが要件の一つですが、役員就任前に被相続人が死亡した場合でも、被相続人が70歳未満であった場合はその要件が除かれます。

ただし、そのためには中小企業における経営の承継の円滑化に関する法律により、その特例後継者が記載された特例承継計画の承認を受けておく必要があります。

その提出期限が令和５年３月31日までです。あと２年と期限が迫っていますので、事業承継を予定されている経営者の方は、特例承継計画の作成と提出を進めておく必要があります。

Ⅳ 農地等の相続税・贈与税の納税猶予及び免除の特例の緩和

ここが変わる

農地等に係る相続税・贈与税の納税猶予制度の適用に係る農地等を収用交換等により譲渡した場合に利子税の全額を免除する措置の適用期限を５年延長します。

第２章 資産課税 **115**

［相続税等納税猶予農地を公共事業用地として譲渡した者に対する利子税の免除特例措置の延長］

公共事業推進の大前提となる迅速かつ円滑な用地取得を図るため、相続税又は贈与税の納税猶予を受けた農地を公共事業用地として譲渡した者について、納税猶予期間中の利子税の全額を免除する措置を5年間延長する。

施策の背景

「ウィズコロナ」の経済戦略としての高規格幹線道路等基幹ネットワークの強化、東日本大震災等からの復興・再生、近年多発する大型台風や豪雨による大規模水災害などからの防災、減災、国土強靱化に資する緊急輸送道路の再構築など**各種公共事業を推進する大前提として、迅速かつ円滑な用地取得が不可欠**。

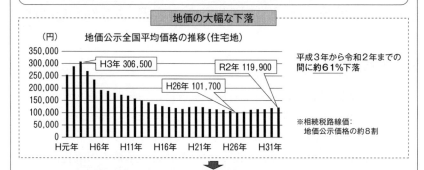

地価水準の高い時点で相続した納税猶予農地を公共事業用地として譲渡する際に、支払うこととなる相続税等猶予額と現時点で得られる用地売却収入とのアンバランスのため、用地買収が難航し、事業の進捗に影響。

○用地補償額と納税見込額とがアンバランスになるケース

要望の結果

特例措置の内容

相続等により農地を取得した相続人等は、引き続き農業を継続する等の条件を満たす場合に、相続税等の納税猶予が受けられるが、免除期限前に譲渡した場合は、相続税等及び利子税の納付が必要となるところ、公共事業用地として譲渡した場合は、利子税を全額免除する。

結果 現行の措置を5年間（令和3年4月1日〜令和8年3月31日）延長する。

（国土交通省資料）

適用時期

　令和３年３月31日期限から５年間延長され、令和８年３月31日までとなります。

解　　説

❶ 農地等に係る相続税・贈与税の納税猶予制度（措法70の４、70の６）

　農業を営んでいた被相続人又は特定貸付け等を行っていた被相続人から適格な相続人が適格な農地等を相続や遺贈によって取得し、農業を営む場合又は特定貸付け等を行う場合には、要件の下にその取得した農地等の価額のうち農業投資価格による価額を超える部分に対応する相続税額は、その取得した農地等について相続人が農業の継続又は特定貸付け等を行っている場合に限り、その納税が猶予されます。

　この農地等納税猶予税額は、次のいずれかに該当することとなったときに免除されます。

①　特例の適用を受けた農業相続人が死亡した場合

②　特例の適用を受けた特定貸付け等を行っていない農業相続人が特例農地等の全部を農地等を贈与した場合の贈与税の納税猶予及び免除の規定（措法70の４）に基づき農業の後継者に生前一括贈与した場合

③　特例農地等のうちに平成３年１月１日において三大都市圏の特定市以外の区域内に所在する市街化区域内農地等（生産緑地等を除く）について特例の適用を受けた場合において、当該適用を受けた都市営農農地等を有しない農業相続人が相続税の申告書の提出期限の翌日から農業を20年間継続したとき

　なお、相続時精算課税に係る贈与によって取得した農地等については、この特例の適用を受けることはできません。

❷ 納税猶予適用農地等について収用交換等による譲渡を行った場合の利子税の特例（措法70の8②・⑤）

　特例農地等について、譲渡等があった場合には、その農地等納税猶予税額の全部又は一部を利子税とともに納付しなければなりません。

　しかし、その譲渡の原因が収用交換等である場合には、当該受贈者の納付すべき利子税の額は、2分の1に相当する金額とし、平成26年4月1日から令和8年3月31日までの間に当該受贈者が当該農地等の全部又は一部につき当該収用交換等による譲渡をしたことにより同号に掲げる場合に該当することとなった場合には、零とされます。

　収用交換等は、納税猶予を受けている農業相続人自身の都合ではなく、公共事業用地の需要に基づく政策への協力であるため、その場合の譲渡についても利子税を課すのは過酷であるという判断でしょう。

　今回の改正は、この適用期限が、従前の令和3年3月31日から5年間延長され、令和8年3月31日までとなるものです。

❸ 実務のポイント

　本特例を受けるためには、所轄税務署に「納税猶予の適用を受けている農地等について収用交換等による譲渡を行った場合の利子税の特例の適用に関する届出書」を収用交換等により譲渡した日から2か月を経過する日までに提出する必要があります。

118 第2編　令和3年度税制改正の具体的内容

6 土地に係る固定資産税等の負担調整措置の見直し

Question

東京都23区内で飲食業を営む当社は、コロナ禍により売上が前年の３分の１も確保できていません。固定資産税の減免措置を申請しても、家屋も償却資産ももともと税額が少ないため救済されません。心配なのは土地の固定資産税ですが、令和元年、２年の基準地価は上がり続けています。どうなるのでしょうか。

A 質問者の土地は、令和３年度固定資産税評価額が上昇する可能性があります。今回の税制改正により、令和３年度の固定資産税・都市計画税は、地価上昇した地域でも、令和２年度税額が据え置かれることとされます。ただ、令和４、５年度については、地価下落がなく、かつその時点で別段の措置がされなければ、負担調整により税額が上昇する可能性があります。

ここが変わる

(1) 土地に係る固定資産税等の負担調整措置

① 宅地等及び農地の負担調整措置については、令和３年度から令和５年度までの間、据置年度において価格の下落修正を行う措置並びに商業地等に係る条例減額制度及び税負担急増土地に係る条例減額制度を含め、現行の負担調整措置の仕組みを継続します。

② 令和３年度限りの措置として、次の措置を講ずる。

(イ) 宅地等（商業地等は負担水準が60％未満の土地に限り、商業地等以外の宅地等は負担水準が100％未満の土地に限る）及び農地（負担水準が100％未満の土地に限る）については、令和３年度の課税標準額を令和２年度の課税標準額と同額とします。

第２章 資産課税 **119**

(ロ) 令和２年度において条例減額制度の適用を受けた土地について、所要の措置を講じます。

③ その他所要の措置を講じます。

(2) **土地に係る都市計画税の負担調整措置**

固定資産税の改正に伴う所要の改正を行います。

適用時期

上記(1)①については、令和３年度から５年度の固定資産税について適用されます。

上記(1)②については、令和３年度の固定資産税について適用されます。

上記(2)の都市計画税の負担調整措置も固定資産税の負担調整措置と同時期に適用されます。

[土地に係る固定資産税の負担調整措置等の延長と経済状況に応じた措置]

> 土地に係る固定資産税について、現行の負担調整措置等を3年間延長するとともに、新型コロナウイルス感染症の影響を踏まえ令和3年度は、評価替えを行った結果、課税額が上昇する全ての土地について、令和2年度税額に据置。

施策の背景

・新型コロナウイルス感染症の影響により経済が大きな打撃を受ける中で、GDPは2020年4-6月期に大きく落ち込んだ後、未だコロナ前の水準に回復しておらず、企業の経営環境の改善や民間投資の喚起等が急務。

・令和3年度は、3年に一度の評価替えの年であり、近年、地価が全国的に上昇傾向にあった中で、多くの地点で固定資産税負担が増加する見込み。

➡ 新型コロナウイルス感染症の影響により、経済状況、事業者の経営環境及び家計の所得環境が悪化する中、固定資産税の負担増が収束後の経済の力強い回復の支障となるおそれがある。

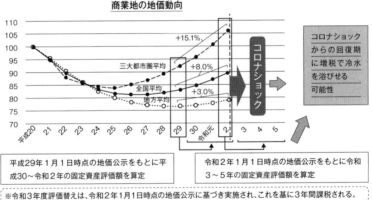

資料：国土交通省「地価公示」をもとに平成20年＝100とした指数値を推計。

要望の結果

・現行の<u>負担調整措置等を3年間</u>(令和3年4月1日～令和6年3月31日)<u>延長</u>する。
・令和3年度は、評価替えを行った結果、<u>課税額が上昇する全ての土地</u>について、<u>令和2年度税額に据置</u>。

（国土交通省資料）

[土地に係る固定資産税の負担調整措置等の延長と経済状況に応じた措置]

● 土地に係る固定資産税について、現行の負担調整措置等を3年間（令和3年4月1日～令和6年3月31日）延長するとともに、新型コロナウイルス感染症の影響を踏まえ、令和3年度は、評価替えを行った結果、課税額が上昇する全ての土地について、令和2年度税額に据置。

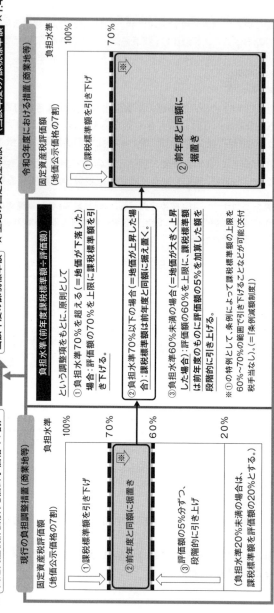

（経済産業省資料）

[据置年度の下落修正措置（現行制度を延長した場合）]

○固定資産税(土地)の評価額については、基準年度の評価額を3年間据え置くこととされている(地方税法第349条)。
○そのため、地価が下落し、かつ、市町村長が固定資産税の課税上著しく均衡を失すると認める場合には、基準年度の評価額に修正を加えることとする特例措置(下落修正措置)が講じられている(地方税法附則第17条の2)。
○3年ごとの評価替えに当たって、3年間の負担調整措置の仕組みとセットで措置されている。

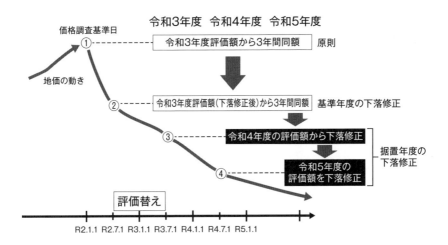

（自由民主党税制調査会資料）

解説

❶ 土地の固定資産税

　土地の固定資産税は、課税主体である市町村が3年に1度の固定資産税基準年に、前年1月1日の標準地の価額を基に標準地との相関により固定資産税路線価を決定、固定資産税路線価から形状等を斟酌して固定資産税台帳に登載された固定資産税評価額及び算定した課税標準額に1.4％（都市計画税は0.3％）を乗じた額が土地所有者に課されます（地法341、349）。

❷ 土地の負担調整措置

　平成元年12月制定の土地基本法に基づき、平成６年度の評価替えにおいて、固定資産税評価額を地価公示価格の７割程度とする旨、依命通達が平成３年11月に発遣されました。

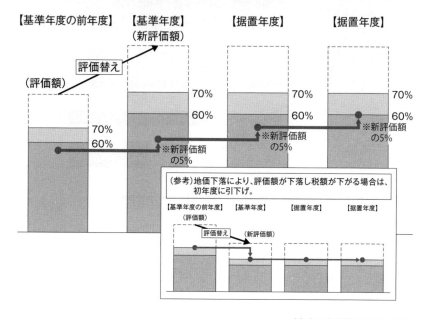

（自由民主党税制調査会資料）

　ところが、それまで公示価格の２～３割程度であった固定資産税評価額が７割へと上昇すると税負担が大激変することとなるため、負担調整措置を導入しました。

　従前の負担調整措置は、地価の上昇・下落時の基準年から基準年の３年間の変動を緩和するための措置でしたが、平成９年以後は、地価下落時の負担調整による税額増加現象を緩和するため、負担水準を設定し、

課税標準の据置措置等を設定することでその均衡化を図ることとされています。

　負担水準＝前年課税標準額／固定資産税評価額（地法附則17八）

❸　令和３年度固定資産税評価

　令和３年度固定資産税評価は、令和２年１月１日の公示価格を基準とすることとされており、もし、令和２年７月１日の基準地価調査により下落がある場合には、その下落率を固定資産税評価額に反映して令和３年度固定資産税評価額が決定されます。

［基準年度の下落修正措置］

○評価替えでは、基準年度の前年度の１月１日（価格調査基準日）の地価公示価格を基準とする。
○ただし、７月１日までの半年間の地価の下落を評価額に反映させるため、基準年度の下落修正措置が講じられている（なお、地価が上昇した場合は反映しない。）。

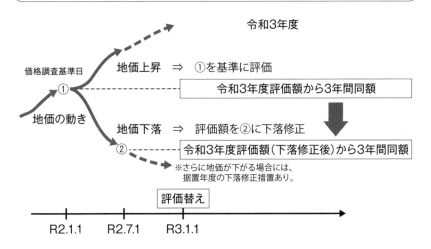

（自由民主党税制調査会資料）

❹ 平成30年度据置減額措置の継続

(1) 商業地等

① 地方税法による調整制度

住宅地以外の宅地及び宅地比準土地である商業地等には、平成30年度地方税制改正により、固定資産税・都市計画税の負担調整措置について、負担水準が以下の場合に調整する措置が継続されています（地法附則18）。

負担水準	課税標準
70％超	価格の70％を課税標準額に
60％以上70％以下	前年度課税標準に据置
60％以下	前年度課税標準＋価格×5％※ ※による額が評価額の60％超の場合は評価額×60％、20％を下回る場合は20％とする。

② 条例による商業地等の減額制度

上記と別に市町村は、平成30年度から32年度までの商業地等に係る条例減額制度として、価格の60％以上、70％未満の範囲で市町村条例により減額割合を定め、超える場合は超える額を減額することができるとされていました（地法附則21）。令和3年度改正により、令和5年度までこの措置が継続されます。

例えば、東京都では、平成30年度から令和2年度まで次のような条例減額制度を設けていますから、改正によりこれらが継続されます。

(イ) 東京都23区内では負担水準の上限を65％とする減額（都税条例附則15の2）。

(ロ) 税額が前年度の1.1倍を超える土地につき、超える部分を減額（都税条例附則15の3、20の3）。

(2) 住宅地等

住宅地の負担水準算定の課税標準は、住宅用地の課税標準の特例（小規模住宅用地6分の1、一般住宅用地3分の1）適用後です。

① 地方税法による調整措置

負担水準が100%に達しない住宅用地については、「前年度課税標準額＋評価額×住宅用地特例割合×５％」により算出した額が課税標準額となります。

ただし、その額が、評価額×住宅用地特例割合の20%を下回る場合には評価額×住宅用地特例割合の20%が課税標準額となります。

② 条例による商業地等の減額制度

上記と別に市町村は、住宅地等に係る条例減額制度として、価格の60%以上、70%未満の範囲で市町村条例により減額割合を定め、超える場合は超える額を減額することができるとされていました（地法附則21の２①）。

減額条例が施行されている市町村は、令和３年度改正により、この措置が令和３年～５年度まで継続されます。

❺ 実務のポイント

① 固定資産税・都市計画税は、令和３年度に限り、固定資産税評価額上昇地でも令和２年度の税額が据え置かれ、評価額が下がった土地は減額措置が施されます。

② 令和３年度から５年度にかけては、価格が下落した宅地や農地は、下落修正が行われます。

しかし、令和２年度以前からの負担調整措置が継続されますから、負担水準が条例限度に達していない土地は、令和４年以後、増額もあり得ます。

③ 令和３年４月に行われる固定資産税評価額の閲覧・縦覧に行き、所有土地の負担水準を確認することです。

④ 事業に打撃を受けている商業地事業者にとっては、税額が据え置かれても救済にはなりにくいでしょう。せめて、コロナ禍対策として施行されている家屋や償却資産の固定資産税の減額申請を行いましょう。

⑤ 令和３年度に据置となるのは、固定資産税の課税標準であり、不動産取得税や登録免許税の令和３年度の価格はあくまで固定資産税評価額ですので、気を付けましょう。

第２章 資産課税 **127**

7 土地の売買に係る登録免許税の軽減措置の延長

Question

　不動産流通に係る登録免許税の軽減措置は、景気の動向や社会情勢により軽減税率の変更が行われてきましたが、令和3年3月31日に期限が切れるものについては、令和3年4月以降どうなるのでしょうか。また、注意すべきところはありますか。

　A　登録免許税の軽減措置については、現行の軽減税率が維持されたまま、期限が令和5年3月31日まで2年間延長されます。ただし、令和3年度は固定資産税評価額の評価替えの年ですので、令和3年3月31日までと4月1日以降では、登録免許税が変わる可能性があります。

ここが変わる

　売買等による土地の所有権移転登記及び信託登記に係る登録免許税の軽減措置等が2年間延長され、令和5年3月31日までとなります。

適用時期

　令和5年3月31日までの間に受ける移転登記及び信託登記に対する登録免許税について適用します。

解　　説

❶　改正の背景

　令和３年度の国土交通省税制改正要望では、日本経済再生の一環として、不動産市場の活性化によるデフレ脱却を目的に、①土地等に係る流通税の特例措置延長、②Jリート及び特定目的会社が取得する不動産に係る流通税の特例措置延長、③不動産特定共同事業において取得される不動産に係る流通税の特例措置の拡充・延長等が挙げられました。

❷　土地等に係る流通税の特例措置延長

　土地等の所有権移転登記及び信託登記に係る登録免許税は、特例措置により、次の税率に軽減されます（措法72）。

	本則税率	軽減税率
土地の所有権移転登記	2％	1.5％
土地所有権の信託登記	0.4％	0.3％

第２章　資産課税　**129**

[土地等に係る流通税の特例措置の延長]

土地等の流動化・有効利用の促進、新型コロナウイルス感染症により打撃を受けた経済の再生・デフレ脱却等を図るため、以下の特例措置を延長する。
　①土地の所有権移転登記及び信託登記に係る登録免許税の特例措置を2年間延長
　②土地等に係る不動産取得税の特例措置を3年間延長

施策の背景

土地取引件数は、依然として低水準。新型コロナウイルス感染症の影響により取得件数はさらに低下。

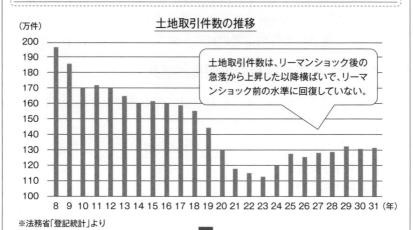

※法務省「登記統計」より

【参考】
令和2年4－9月の取引件数は、昨年比で－5％

経済財政運営と改革の基本方針2020（令和2年7月17日閣議決定）（抜粋）
「我が国経済への影響は甚大であり、(略)我が国経済は、総じてみれば、極めて厳しい状況にある」
「この百年に一度の危機から日本経済を守り抜く。デフレへ後戻りはさせない」

新型コロナウイルス感染症により経済が大きな打撃を受ける中、土地等の取得時の負担を軽減することで需要を喚起することにより、土地等の流動化と有効利用の促進を図るとともに、デフレ脱却・経済再生を確かなものとする。

要望の結果

①土地の所有権移転登記等に係る**登録免許税**の税率の特例措置の適用期限を**2年間**(令和3年4月1日～令和5年3月31日)**延長**する。
②土地等の取得に係る**不動産取得税**の課税標準及び税率の特例措置の適用期限を**3年間**(令和3年4月1日～令和6年3月31日)**延長**する。

	対象	特例	本則	
①登　録 免許税	所有権移転登記	1.5%	2%	2年間延長
	信託登記	0.3%	0.4%	
②不動産 取得税	宅地評価土地の取得に係る 不動産取得税の課税標準の特例	1／2	―	3年間延長
	土地等の取得に係る不動産取得 税の税率の特例	3%	4%	

(国土交通省資料)

❸ Jリート及び特定目的会社が取得する不動産に係る流通税の特例措置延長

　Jリート及び特定目的会社が取得する不動産の登録免許税は、特例措置により、次の税率に軽減されます（措法83の2の2）。

	本則税率	軽減税率
宅地又は建物の所有権移転登記	2%	1.3%

❹ 不動産特定共同事業において取得される不動産に係る流通税の特例措置の拡充・延長等

　不動産特定共同事業において取得される不動産の登録免許税は、特例措置により、次の税率に軽減されます（措法83の3）。

	本則税率	軽減税率
不動産の所有権移転登記	2%	1.3%
不動産の所有権保存登記	0.4%	0.3%

第2章　資産課税　131

❺ 実務のポイント

① 不動産等の登記に係る登録免許税の課税標準は、登記申請が３月31日までの場合は前年の固定資産税評価額を、４月１日以後の場合はその年の固定資産税評価額を使用します（登免令附則③）。同じ年中の登記申請であっても、３月中に登記するか４月以降に登記するかにより税額が変わります。

　令和３年度は、３年に１度の固定資産税評価額の評価替えの年です。固定資産税については、令和２年度税額に据え置く措置が制定されましたが（上記**6**参照）、登録免許税の課税標準についてはこの限りではありません。令和３年度改定により固定資産税評価額が上がる土地については、それに従って登録免許税も上がりますので、ご留意ください。

② 建物の所有権移転登記等に係る登録免許税の軽減措置は、令和２年度改正により令和４年３月31日までの適用となりました。土地と建物で適用時期が異なりますので、今後の改正にご注意ください。

	本則税率	軽減税率
建物の所有権保存登記（措法72の２）	0.4%	0.15%
建物の所有権移転登記（措法73）	2%	0.3%
特定認定長期優良住宅の所有権保存登記等（措法74）	0.4%	0.1%
住宅ローンの抵当権の設定登記（措法75）	0.4%	0.1%

8 相続に係る所有権の移転登記に対する登録免許税の免税措置の延長

Question

母が亡くなり土地の相続登記をする際、先に亡くなった父からの相続では移転登記をしていなかったことがわかりました。この場合、所有権移転にかかる登録免許税は、父から母、母から私と二度の移転分課されるのでしょうか。

A 本則では父親から母親、母親から質問者へと二度の移転に係る登録免許税が二度の移転分課されます。しかし、先代名義の土地の相続登記、つまり父親から母親への所有権移転登記に係る登録免許税については、令和4年3月31日までに移転登記を行えば免税とされますので、税額は母親から質問者への移転一度分で済みます。

ここが変わる

① 適用対象となる登記の範囲に、表題部所有者の相続人が受ける土地の所有権の保存登記が追加されます。
② 適用期限が1年延長され、令和4年3月31日までとなります。

適用時期

令和4年3月31日までの間に受ける移転登記及び保存登記に対する登録免許税について適用します。

第2章 資産課税 **133**

解　説

❶ 所有者不明土地への対策

　相続により取得した土地については、被相続人から相続人へ所有権の移転登記を行うこととされていますが、それを義務化する法律はありません。また、私道や固定資産税評価額が免税点以下の土地など、固定資産税を課されない土地については、被相続人が所有していたことを相続人が知らない場合もあります。こうした理由から、相続した土地について所有権移転登記が行われず、所有者不明となっている土地が増加しています。

　所有者不明土地は、生活環境の悪化の原因、インフラ整備や防災上の重大な支障となるなど、多くの問題を抱えています。そのため、所有者不明土地発生への対策として、平成31年度改正には相続に係る所有権の移転登記の免税措置が、令和2年度改正では所有者不明土地に係る固定資産税の納税義務者を現に所有している者又は使用者に課す制度が制定されました。

　所有者不明土地への対策は今後も検討されていますので、注意していくのがよいでしょう。

134　第2編　令和3年度税制改正の具体的内容

[所有者不明土地の発生を予防するための仕組み]

不動産登記情報の更新を図る方策

▶相続登記の申請の義務化等

- 相続が発生しても、相続登記の申請は義務ではない
- 土地の価値が低ければ、相続登記をしようと思わない
⇒ 相続登記等がされず、所有者不明土地が発生

→

- ✓ 不動産を取得した相続人に、**相続登記・住所変更登記の申請を義務付ける**方向で検討
- ✓ 相続人からの簡易な申出による**氏名・住所のみの報告的な相続人申告登記の新設**などを検討
- ✓ 登記漏れ防止のため、登記官が**被相続人名義の不動産の目録を証明する制度の新設**について検討
- ✓ 登記所が**他の公的機関から死亡情報等**を取得して**不動産登記情報の更新**を図る方策を検討

所有者不明土地の発生を抑制する方策

▶土地所有権の放棄

- 土地所有権を放棄することができるかどうかは、現行法上必ずしも明らかでない

→

- ✓ 土地の管理コストの他者への転嫁や、所有権を放棄するつもりで土地を適切に管理しなくなるモラルハザードが発生するおそれがあるため、**限定された要件を満たす場合にのみ、土地所有権の放棄を認め**、放棄された土地を**国に帰属させる**方向で検討

▶遺産分割の期間制限

- 遺産分割がされずに遺産共有状態が継続し、数次相続が発生した場合に権利関係が複雑化

→

- ✓ **遺産分割がされずに長期間が経過した場合に遺産を合理的に分割する制度**の創設に向けて検討

(法務省資料)

❷ 相続に係る所有権の移転登記の免税

　相続により土地を取得した者が、その土地について所有権移転登記を受ける前に亡くなった場合、その者をその土地の所有権の登記名義人とするために受ける登記については、登録免許税が免税となります（措法84の2の3①）。

[免税措置のイメージ]

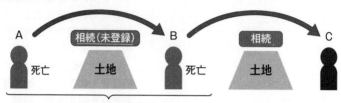

（法務局ホームページ）

❸ 手　　続

　登記申請書に法令の条項の記載をすることで、免税が適用されます。

❹ 実務のポイント

　今回の適用期限延長は1年だけでした。また、法制審議会では、相続による所有権移転登記を義務化する検討も進められています。免税措置が適用可能な土地がありましたら、早めに登記を行うのがよいでしょう。
　また、建物には適用されませんので、注意が必要です。

9 不動産取得税の税率の特例・宅地評価土地の特例の延長

> **Question**
>
> 不動産取得税の課税標準と税率の特例について、令和3年3月31日に期限が切れるそうですが、投資用不動産はそれまでに買った方がよいでしょうか。

 A 不動産取得税の課税標準2分の1軽減と税率3％の特例は、そのまま期限が3年延長されました。

 令和3年度は、3年に1度の固定資産税評価額の評価替えの年です。ここから令和6年3月31日までは、不動産取得税の税額は上がりませんので、投資用不動産の取得については、焦らずによく検討して選択してください。

ここが変わる

 宅地評価土地の取得に対して課する不動産取得税の課税標準及び税率の特例が3年間延長され、令和6年3月31日までとなります。

適用時期

 令和6年3月31日までの間に取得した不動産に係る不動産取得税について適用します。

第2章 資産課税 **137**

解　説

❶　改正の背景

　令和３年度与党改正大綱では、基本的考え方において、「住宅や土地の流動化を促進し、不動産の取引の活性化や有効利用を図るため、住宅及び土地の取得に係る不動産取得税の税率の特例措置等の適用期限を延長する」と、不動産流通にまつわる税の緩和を掲げました。

❷　宅地評価土地の取得に対して課する不動産取得税の課税標準及び税率の特例

　宅地評価土地の取得に対して課する不動産取得税の課税標準及び税率は、特例により、次のとおりになります（課税標準：地法附則11の５、税率：地法附則11の２）。

	本則	特例
課税標準	固定資産税評価額	固定資産税評価額×1／2
税率	4％	3％

❸　実務のポイント

　令和３年度は、３年に１度の固定資産税評価額の評価替えの年です。固定資産税については、令和２年度税額に据え置く措置が制定されましたが（上記❻参照）、不動産取得税の課税標準についてはこの限りではありません。

138　第2編　令和3年度税制改正の具体的内容

第3章

法人課税

1　DX投資促進税制の創設

> **Question**
>
> 　昨今、競争力維持・強化のためにデジタルトランスフォーメーションをスピーディーに進めていくことが求められていることから、一定の税制優遇措置が設けられることとなりましたが、どのような内容でしょうか。

A　青色申告書を提出する法人が、事業適応計画（仮称）を提出し、一定の要件を満たす設備の取得等を行った場合に、特別償却又は税額控除の措置が認められることになります。

ここが変わる

産業競争力強化法の改正を前提に以下の規定が創設されます。
①　国内にある事業の用に供した一定の要件を満たす設備の取得価額のうち30％の特別償却とその取得価額のうち３％の税額控除との選択適用ができることとされます。
②　ソフトウエアの新設・増設又はその事業適応を実施するために必要なソフトウエアの利用に係る費用（繰延資産）の30％の特別償却とそ

第3章　法人課税　**139**

の繰延資産の額の３％の税額控除との選択適用ができることとされました。

いずれの税額控除もグループ外の事業者とデータ連携をする場合の税額控除は５％となります。

なお、控除税額の上限はカーボンニュートラルに向けた投資促進税制の税額控除制度による控除税額との合計で当期法人税額の20％となります。

適用時期

産業競争力強化法の改正法の施行の日から令和５年３月31日までの間に取得等をして、国内にある事業の用に供した資産について適用されます。

解　　説

❶　改正の背景

経済産業省では、DX（デジタルトランスフォーメーション）を実現していく上での現状の課題や対応策について議論し、平成30年９月７日に「DXレポート」を公表しました。その後、DXの実現やその基盤となるITシステムの構築を行っていく上で押さえるべき事項を明確にするため、平成30年12月12日に「DX推進ガイドライン」を取りまとめて公表しました。しかし、一部の先行企業を除き、多くの企業ではDXにまったく取り組んでいないか、取り組み始めたに過ぎない状況です。

産業界のDX推進は、企業の成長戦略そのものであり、一義的には企業個社の問題ですが、ウィズコロナ・ポストコロナ時代の新たな日常に対応した事業再構築を早急に進めていくため、デジタル技術を活用した企業変革（DX）の取組みを強力に推進するための税制が創設されることとなりました。

❷　改正の内容

140　第２編　令和３年度税制改正の具体的内容

(1) **対象となる事業者**

① 青色申告書を提出する法人

② 産業競争力強化法の改正法の「事業適応計画（仮称）」について認定を受けること

＜事業適応計画（仮称）の認定要件＞

① デジタル要件（D）

・他の法人等が有するデータ又は事業者がセンサー等を利用して新たに取得するデータと既存内部データとを合わせて連携すること。

・クラウド技術が活用されていること。

・情報処理推進機構の認定（DX認定）を受けていること。

② 企業変革要件（X）

・全社の意思決定に基づくものであること。

・一定以上の生産向上などが見込まれること。

(2) **対象資産**

○事業適応設備となる下記の資産

・ソフトウエア、繰延資産、機械装置、器具備品

なお、対象資産の取得価額及び対象繰延資産の額の合計額のうち本制度の対象となる金額は300億円を限度とされています。

　　(注) 事業適応設備

事業適応計画に従って実施される事業適応（生産性の向上又は需要の開拓に特に資するものとして主務大臣の確認を受けたものに限る）の用に供するために新設又は増設をするソフトウエア並びにそのソフトウエア又はその事業適応を実施するために必要なソフトウエアとともに事業適応の用に供する機械装置及び器具備品をいい、開発研究用資産を除くこととされています。

(3) **税制優遇措置（選択適用）**

① 特別償却

取得価額×30％

② 税額控除

取得価額×３％

　　(注1) 会社法上の親子会社関係にある会社によって構成されるグループ外の事業者とデータ連携する場合の税額控除は５％となります。

第3章　法人課税　**141**

（注2）カーボンニュートラルに向けた投資促進税制の税額控除制度による控除税額との合計で当期の法人税額の20％を上限とされています。

❸ 実務のポイント

① 大企業については、下記のいずれにも該当しない場合には税額控除が適用できません。

　(イ)　当期所得≦前期所得

　(ロ)　当期の継続雇用者の給与総額＞前期の継続雇用者の給与総額

　(ハ)　当期設備投資額＞減価償却費の30％（令和2年3月31日以前に開始した事業年度については10％）

　　(注)　継続雇用者給与等支給額が継続雇用者比較給与等支給額を超えることとの要件を判定する場合に雇用調整助成金及びこれに類するものを控除しないこととされています。

② 地方税の取扱いについては、下記のとおりです。

　(イ)　特別償却

　　すべての法人の法人住民税、法人事業税に適用されます。

　(ロ)　税額控除

　　中小企業等に係る法人住民税にのみ適用されます。

③ 本改正は所得税にも同様に適用されることとなります。

[DX投資促進税制の創設]

＜認定要件＞

デジタル(D)要件	① データ連携・共有	（他の法人等が有するデータ又は事業者がセンサー等を利用して新たに取得するデータと内部データとを合わせて連携すること）
	② クラウド技術の活用	
	③ 情報処理推進機構が審査する「DX認定」の取得	（レガシー回避・サイバーセキュリティ等の確保）
＆		
企業変革(X)要件	① 全社の意思決定に基づくものであること	（取締役会等の決議文書添付等）
	② 一定以上の生産性向上などが見込まれること等	

＜税制措置の内容＞

対象設備	税額控除	or	特別償却
・ソフトウェア ・繰延資産*1 ・器具備品*2 ・機械装置*2	3％ ----- 5％*3		30％

*1 クラウドシステムへの移行に係る初期費用をいう
*2 ソフトウェア・繰延資産と連携して使用するものに限る
*3 グループ外の他法人ともデータ連携・共有する場合

＜税額控除率について＞

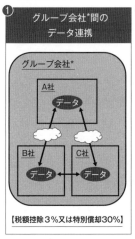

① グループ会社*間のデータ連携

【税額控除3％又は特別償却30％】

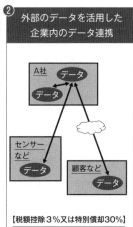

② 外部のデータを活用した企業内のデータ連携

【税額控除3％又は特別償却30％】

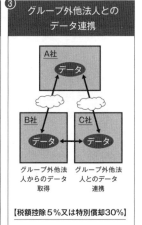

③ グループ外他法人とのデータ連携

【税額控除5％又は特別償却30％】

＊グループ会社とは、会社法上の①親会社、②子会社、③当該①親会社の自社以外の子会社（＝兄弟会社）のいずれかをいう。

（経済産業省資料）

2 研究開発税制の見直し

Question

試験研究を行った場合の税額控除制度について改正が行われましたが、今回の改正はどのような内容となったのでしょうか。

A 今回は一般型（従来の総額型）、中小企業技術基盤強化税制の控除額の計算方法について改正が行われる他、試験研究費の範囲及び特別試験研究費の範囲について改正が行われます。

計算方法の改正については試験研究費が一定以上増加した納税者には控除の拡大を認め、一定以上減少した場合等については控除が縮小される方向性となっています。

範囲の改正については範囲の拡大や縮小、範囲や手続の明確化が行われます。

ここが変わる

① 試験研究費の総額に係る税額控除制度（一般型（従前における総額型））の控除額の計算について改正が行われます。
② 中小企業技術基盤強化税制の控除額の計算について改正が行われます。
③ 特別試験研究費に係る税額控除制度（オープンイノベーション（OI）型）の対象となる特別試験研究費の額の範囲等について改正が行われるとともに、本制度適用に関する確認等の手続を明確化するなどの改善が行われます。
④ 研究開発税制の対象となる試験研究費の範囲について見直し及び明確化が行われます。
　（注） 所得税についてもすべて同様の改正等が行われることとされています。

144 第2編　令和3年度税制改正の具体的内容

[研究開発税制]

- 「Society 5.0」を実現するためには、個別産業でのデータ・AIの活用・実装が重要。ウィズ/アフターコロナの流れは、日本企業にとって、ピンチでありチャンス。コロナ禍において、積極的に研究開発投資を維持・拡大する企業を後押しするとともに、リアルデータ・AIを活用してビジネスモデルを転換する等、DXの推進が不可欠。
- そのため、①控除上限を法人税額の最大50%まで引き上げ、②研究開発費を維持・増加させるための税額控除率の見直しを行うとともに、③クラウドを通じてサービスを提供するソフトウェアに関する研究開発を対象に追加する等、経済のデジタル化への対応を進めるほか、④OI(オープンイノベーション)型の運用改善等を行う。

①控除上限の引上げ(最大45%⇒50%)

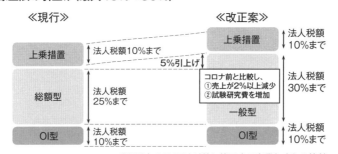

※2020年2月1日より前に終了する事業年度との比較

②控除率の見直し(増加インセンティブを強化)

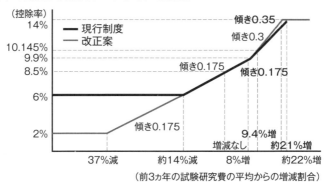

第3章　法人課税　145

③クラウドを通じてサービスを提供するソフトウェアに関する研究開発費を
　税額控除対象に追加

≪税制支援の対象に追加≫

開発者　原本　ソフトウェア　インターネット　アクセス　ユーザー

≪想定事例≫
● 生産現場のデータを収集・解析し、独自のAIにより最適な生産計画を提案するサービス
● ドローン、AIを活用したインフラの自動点検サービス
● 遠隔制御やシェアリング等のモビリティサービス

※あわせて、技術開発が、開発する者の業務改善に資するものであっても、その技術に係る試験研
　究が工学又は自然科学に関する試験研究に該当するときは、その試験研究に要する費用は研究
　開発税制の対象となること等を明確化

(経済産業省資料)

適用時期

　改正内容のうち一部については税制改正大綱において「令和３年４月
１日以後に開始する事業年度から適用を開始する」又は「(令和３年３
月31日までに開始する事業年度が適用期限とされている規定について)
適用期限を２年延長する」旨の記載がありますが、詳細については今後
公表される法令等によりご確認ください。

解　　説

❶　改正の背景

　日本の民間企業は、日本全体の研究開発投資総額の約７割を担ってお
り、イノベーション創出に当たって中核的な機能を果たしているとされ
ています。そのため、日本の経済成長力、国際競争力の維持・強化を図っ
ていくためには、民間企業の創意工夫ある自主的な研究開発投資を促進
していく必要があります。

しかしながら、現状日本の研究開発投資は伸び悩んでおり、大きな危機感を持たざるを得ない状況となっています。
　研究開発投資は企業にとって短期的に利益を得ることができない投資であり、優先順位が低くなりがちです。そのため、何らかの施策によりバックアップを行うことによって、企業の研究開発投資の促進を図ることが必要となります。
　特に近年は情報技術が社会全体の細部にまでより浸透しつつある時期であり、DX（デジタルトランスフォーメーション）を強力に推進する企業を後押しすることが重要となります。
　しかし、現行の研究開発税制にはさまざまな制度的課題が存在していることから、日本企業の競争力を維持・拡充していくためにも早急な是正が必要であり、今回の改正に至っています。

[リーマンショック後に日本の研究開発投資は長く回復せず]

- リーマンショック後、諸外国と比較して日本企業の研究開発投資は回復に長期間を要した。
- 日米比較では、2012～2018年の間に、IT・ハイテク産業の営業利益に大きな開きが発生。

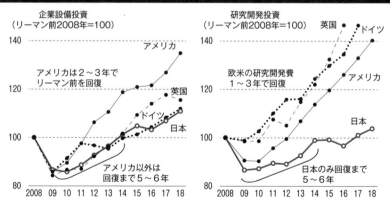

（出典）2020年4月27日　経済財政諮問会議　資料4-2　有識者議員提出資料

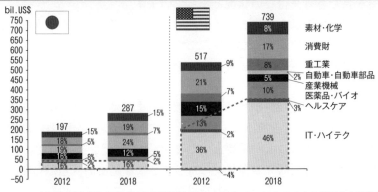

（出典）経済産業省委託調査事業「国内外のイノベーションシステムを巡る動向調査」

【出所】2020年6月17日 第26回 産業構造審議会総会 資料2 新型コロナウイルスの影響を踏まえた経済産業政策の在り方について

（経済産業省資料）

❷ 本制度の概要（法人に係る取扱い）

　改正内容を確認する前に、まずは本制度の基本的な枠組みについて確認します。この枠組みについては今回の改正が行われる前も行われた後も変わることはありません。

　試験研究を行った場合の税額控除制度は、「試験研究費の総額に係る税額控除制度（一般型）」、「中小企業技術基盤強化税制」及び「特別試験研究費に係る税額控除制度（OI型）」からなっています。

　このうち、「試験研究費の総額に係る税額控除制度（一般型）」と「中小企業技術基盤強化税制」は、いずれか一方のみを選択して適用することとされています。

　「中小企業技術基盤強化税制」は中小企業者等にのみ適用が認められること及び「試験研究費の総額に係る税額控除制度（一般型）」と「中小企業技術基盤強化税制」を比較すると「中小企業技術基盤強化税制」の方が有利なことから、中小企業者等は「中小企業技術基盤強化税制」の適用を選択することとなり、中小企業者等以外の法人については「試験研究費の総額に係る税額控除制度（一般型）」の適用を受けることとなります。

「特別試験研究費に係る税額控除制度（OI型）」は、「試験研究費の総額に係る税額控除制度（一般型）」又は「中小企業技術基盤強化税制」とともに適用を受けることができます（ただし、「試験研究費の総額に係る税額控除制度（一般型）」又は「中小企業技術基盤強化税制」の適用を受ける試験研究費については、「特別試験研究費に係る税額控除制度（OI型）」の適用を受けることはできない）。

中小企業者等以外	→	試験研究費の総額に係る税額控除制度（一般型）※試験研究費に対して適用あり	+	特別試験研究費に係る税額控除制度（OI型）※特別試験研究費に対して適用あり
中小企業者等	→	中小企業技術基盤強化税制※試験研究費に対して適用あり	+	特別試験研究費に係る税額控除制度（OI型）※特別試験研究費に対して適用あり

また、本制度の対象となる試験研究費と特別試験研究費の関係は、以下のとおりとなります。

【試験研究費（研究開発税制の対象となる試験研究費）】
　下記の費用のうち一定のもの
　・製品の製造、技術の改良や考案、発明に係る試験研究のために要する費用
　・対価を得て提供する新たな役務の開発に係る試験研究のために要する費用

　　　【特別試験研究費】
　　　下記の費用のうち一定のもの
　　　・試験研究費のうち、国の試験研究機関、大学等
　　　　と共同して行う試験研究に係る試験研究費
　　　・試験研究費のうち、国の試験研究機関、大学等
　　　　に委託する試験研究に係る試験研究費
　　　・その他一定の試験研究に係る試験研究費

第3章　法人課税　149

上記のとおり、試験研究費のうち一定のものが特別試験研究費に該当することとなります。

　「試験研究費の総額に係る税額控除制度（一般型）」及び「中小企業技術基盤強化税制」は試験研究費に対して適用があり、「特別試験研究費に係る税額控除制度（OI型）」は特別試験研究費のうち「試験研究費の総額に係る税額控除制度（一般型）」又は「中小企業技術基盤強化税制」の対象としなかったものについて適用があります。

❸　改正の内容

⑴　試験研究費の総額に係る税額控除制度（一般型）の改正

①　改正の内容

　売上が減少しているにもかかわらず試験研究費が増加している法人に対する控除限度額を引き上げる措置が講じられています。

　また、税額控除率の計算についてもいくつか改正が行われており、特に増減試験研究費割合が一定以下の法人に対する税額控除率の下限が６％から２％に引き下げられています。試験研究費の増加割合が大きい法人に対してはより多くの税額控除を認める一方、試験研究費が減少した法人等に対しては以前よりも税額控除を減少させる方向となっております。

　具体的な改正の内容は、以下のとおりです。

　㋑　税額控除率を次のとおり見直し、その下限を２％（現行：６％）に引き下げた上、その上限を14％（原則：10％）とする特例の適用期限が２年延長されます。

　　ⓐ　増減試験研究費割合が9.4％超

　　　10.145％＋（増減試験研究費割合－9.4％）×0.35

　　ⓑ　増減試験研究費割合が9.4％以下

　　　10.145％－（9.4％－増減試験研究費割合）×0.175

　㋺　令和３年４月１日から令和５年３月31日までの間に開始する各事業年度のうち基準年度比売上金額減少割合が２％以上であり、かつ、試験研究費の額が基準年度試験研究費の額を超える事業年度（研究開発を行う一定のベンチャー企業の控除税額の上限の特例の適用を受ける事業年度を除く）の控除税額の上限に当期の法人税額の

150　第２編　令和３年度税制改正の具体的内容

5％が上乗せされます。

(注1) 上記の「基準年度比売上金額減少割合」とは、当期の売上金額が令和2年2月1日前に最後に終了した事業年度の売上金額に満たない場合のその満たない部分の金額のその最後に終了した事業年度の売上金額に対する割合をいいます。

(注2) 上記の「基準年度試験研究費の額」とは、令和2年2月1日前に最後に終了した事業年度の試験研究費の額をいいます。

(ハ) 試験研究費の額が平均売上金額の10％を超える場合における税額控除率の特例及び控除税額の上限の上乗せ特例の適用期限が2年延長されます。

[一般型（旧総額型）インセンティブ強化]

- 現下のコロナ禍でも、積極的に研究開発投資を維持・拡大する企業を後押しするため、研究開発税制の控除上限を法人税額の最大50％まで引き上げる(一般型・中小企業技術基盤強化税制25％→30％)とともに、控除率の増加インセンティブを強化。
- また、時限措置(控除率の上限引上げ、控除上限の上乗せ措置)について、適用期限を2年間延長。

●控除上限の引上げ(25%⇒30%)

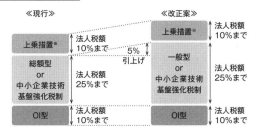

コロナ前(2020年1月より前に終了する事業年度)と比較し、
a. 売上が2％以上減少しているにも関わらず、
b. 試験研究費を増加させる場合、一般型・中小企業技術基盤強化税制の控除上限を5%引上げ

第3章 法人課税 151

●控除率の見直し(増加インセンティブを強化)
※控除率の上限について、一般型10%→14%、中小企業技術基盤強化税制12%→17%とする特例について**適用期限を令和4年度末まで2年間延長**

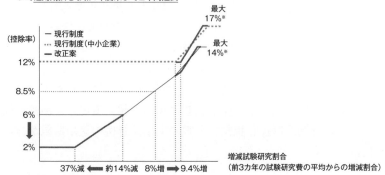

(1) 売上高試験研究費割合10%超の場合の控除上限・控除率の上乗措置について、**適用期限を令和4年度末まで2年間延長**
(2) 中小企業者等の増減試験研究費割合が8%超の場合の控除上限の上乗措置について、「増減試験研究割合が9.4%超」の場合に見直し、**適用期限を令和4年度末まで2年間延長**
(3) 研究開発ベンチャーの控除上限の特例を適用する場合は対象外

(経済産業省資料)

② 実務のポイント(改正前後の比較)

本制度は複数の算式により構成されているため、改正事項だけ確認しても理解が容易ではありません。そのため、改正前の算式と改正後の算式を比較しながら理解することが望ましいです。

以下において、改正前の算式と改正後の算式を記載します。

項目		内容
基本となる計算式	改正前後共通	試験研究費の額×税額控除率=税額控除限度額
基本となる計算式のうち税額控除率部分の計算	改正前	税額控除率は増減試験研究費の割合等に応じて、それぞれ以下のとおりとなる。 1. 増減試験研究費割合が8%超の場合 　9.9%+(増減試験研究費割合-8%)×0.3=税額控除率

		※税額控除率の上限は10％。ただし、令和３年３月31日までに開始する事業年度の上限は14％。 ２．増減試験研究費割合が８％以下の場合 9.9％－（８％－増減試験研究費割合）×0.175＝税額控除率 ※税額控除率の下限は６％。 ３．設立事業年度又は比較試験研究費の額が零である場合 税額控除率＝8.5％
	改正後	※下線部分が改正事項。 　税額控除率は増減試験研究費の割合等に応じてそれぞれ以下のとおりとなる。 １．増減試験研究費割合が<u>9.4％</u>超の場合 <u>10.145％</u>＋（増減試験研究費割合－<u>9.4％</u>）×<u>0.35</u>＝税額控除率 ※税額控除率の上限は10％。ただし、<u>令和５年３月31日</u>までに開始する事業年度の上限は14％。 ２．増減試験研究費割合が9.4％以下の場合 <u>10.145％</u>－（9.4％－増減試験研究費割合）×0.175＝税額控除率 ※税額控除率の下限は<u>２％</u>。 ３．設立事業年度又は比較試験研究費の額が零である場合 税額控除率＝8.5％ （３の取扱いについては税制改正大綱に記載なし）
	改正前後共通	【用語の説明】 ◆増減試験研究費割合 　①　当期の試験研究費の額－比較試験研究費の額 　②　比較試験研究費の額 　③　①÷②＝増減試験研究費割合 ◆比較試験研究費の額 　①　その事業年度開始の日前３年以内に開始した各事業年度の試験研究費の額の合計額 　（その事業年度の月数とその事業年度開始の日前３年以内に開始した各事業年度の月数が異なる場合には一定の調整計算あり）

第３章　法人課税　153

		② その事業年度開始の日前３年以内に開始した各事業年度の数 ③ ①÷②＝比較試験研究費の額
税額控除限度額の上限	改正前	税額控除限度額は上記「基本となる計算式」のとおりに計算されるが、この税額控除限度額には以下の区分に応じてそれぞれ上限が設けられている。 １．原則（下記２に該当しない場合） 　法人税額の25％相当額が上限。 ２．設立後10年以内の法人のうち一定の法人に係る特例 　（研究開発を行う一定のベンチャー企業の特例） 　法人税額の40％相当額が上限。
	改正後	※下線部分が改正事項（新設規定）。 　税額控除限度額は上記「基本となる計算式」のとおりに計算されるが、この税額控除限度額には以下の区分に応じてそれぞれ上限が設けられている。 １．原則（下記２に該当しない場合） 　法人税額の25％相当額が上限。 　ただし、令和３年４月１日から令和５年３月31日までの間に開始する各事業年度のうち以下の要件をすべて満たす事業年度においては、法人税額の30％相当額が上限。 ・基準年度比売上減少金額割合が２％以上であること ・試験研究費の額が基準年度試験研究費の額を超えること 【用語の説明】 ◆基準年度比売上減少金額割合 　① 令和２年２月１日前に最後に終了した事業年度の売上金額から当期の売上金額を差し引いた金額 　② 令和２年２月１日前に最後に終了した事業年度の売上金額 　③ ①÷②＝基準年度比売上減少割合

154　第２編　令和３年度税制改正の具体的内容

		◆基準年度試験研究費の額 　　令和２年２月１日前に最後に終了した事業年度の試験研究費の額 ２．設立後10年以内の法人のうち一定の法人に係る特例 （研究開発を行う一定のベンチャー企業の特例） 法人税額の40％相当額が上限。
試験研究費の額が平均売上金額の10％を超える場合における上乗せ特例	改正前	平成31年４月１日から令和３年３月31日までの間に開始する各事業年度において、試験研究費割合が10％を超える場合には、税額控除率及び税額控除限度額についてそれぞれ以下のとおりとなる。 １．税額控除率 　①　この特例適用前の税額控除率 　②　特例による上乗せ部分 　　　この特例適用前の税額控除率×控除割増率 　③　①＋②＝この特例適用後の税額控除率（上限は14％） ２．税額控除限度額の上限（法人税額の25％相当額又は40％相当額） 　①　この特例適用前の控除限度額の上限 　②　特例による上乗せ部分 　　　法人税額×　（試験研究費割合－10％）×２ 　　　※四角囲み部分の上限は10％ 　③　①＋②＝控除限度額の上限 【用語の説明】 ◆試験研究費割合 　①　当期の試験研究費の額 　②　平均売上金額（その事業年度及びその事業年度開始の日前３年以内に開始した各事業年度の売上金額の平均額） 　③　①÷②＝試験研究費割合 ◆控除割増率 　（試験研究費割合－10％）×0.5＝控除割増率 　※控除割増率の上限は10％
	改正後	内容はそのままで適用期限が２年延長されている。

法人課税

第３章　法人課税　155

⑵　中小企業技術基盤強化税制の改正

①　改正の内容

　一般型と同様に、売上が減少しているにもかかわらず試験研究費が増加している法人に対する控除限度額を引き上げる措置が講じられています。

　また、税額控除率の上乗せ措置についても改正が行われており、上乗せ措置の適用のための要件である試験研究費の増加割合に関するハードルが上昇するとともに、上乗せ額の計算式についても改正が行われています。

　具体的な改正の内容は、以下のとおりです。

　㈠　令和3年4月1日から令和5年3月31日までの間に開始する各事業年度のうち基準年度比売上金額減少割合が2％以上であり、かつ、試験研究費の額が基準年度試験研究費の額を超える事業年度の控除税額の上限に当期の法人税額の5％が上乗せされます。

　㈡　増減試験研究費割合が8％を超える場合の特例を増減試験研究費割合が9.4％を超える場合に次のとおりとする特例に見直した上、その適用期限が2年延長されます。

　　ⓐ　税額控除率（12％）に、増減試験研究費割合から9.4％を控除した割合に0.35を乗じて計算した割合が加算されます。

　　ⓑ　控除税額の上限に当期の法人税額の10％が上乗せされます。

　㈢　試験研究費の額が平均売上金額の10％を超える場合における税額控除率の特例及び試験研究費の額が平均売上金額の10％を超える場合（上記㈡の適用がある場合を除く）における控除税額の上限の上乗せ特例の適用期限が2年延長されます。

　　（注）　税額控除率は、17％を上限とする（現行と同じ）。

[中小企業技術基盤強化税制の拡充・延長]

- 従来の控除上限上乗せ措置を延長するとともに、コロナの影響により売上が2%減少しながらも研究開発を拡大する場合には、更に5%の控除上限を上乗せ。
- 控除率の上乗せについては、増減試験研究費割合が8%超の場合から9.4%超の場合に見直すとともに傾きを大きくすることで、積極的な研究開発を促進。

改正概要 【適用期限（時限措置）：令和4年度末まで】

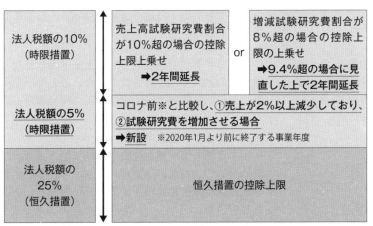

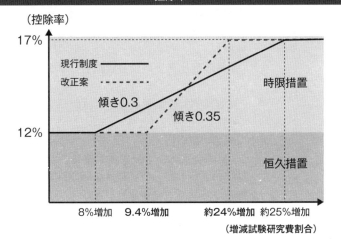

（経済産業省資料）

② 実務のポイント（改正前後の比較）

　本制度は複数の算式により構成されているため、改正事項だけ確認しても理解が容易ではありません。そのため、改正前の算式と改正後の算式を比較しながら理解することが望ましいです。

　以下において、改正前の算式と改正後の算式を記載します。

項目		内容
基本となる計算式	改正前後共通	試験研究費の額×税額控除率（12％）＝中小企業者等税額控除限度額
中小企業者等税額控除限度額の上限	改正前	中小企業者等税額控除限度額は上記「基本となる計算式」のとおりに計算されますが、この中小企業者等税額控除限度額は法人税額の25％相当額が上限となっている。
	改正後	※下線部分が改正事項 　中小企業者等税額控除限度額は上記「基本となる計算式」のとおりに計算されるが、この中小企業者等税額控除限度額は法人税額の25％相当額が上限となっている。 　ただし、令和３年４月１日から令和５年３月31日までの間に開始する各事業年度のうち以下の要件をすべて満たす事業年度においては、中小企業者等税額控除限度額の上限に法人税額の５％相当額を上乗せする。 ・基準年度比売上減少金額割合が２％以上であること ・試験研究費の額が基準年度試験研究費の額を超えること 【用語の説明】 　「基準年度比売上減少金額割合」及び「基準年度試験研究費の額」の意義は試験研究費の総額に係る税額控除制度（一般型）と同じ。

158　第２編　令和３年度税制改正の具体的内容

増減試験研究費割合が8％超の場合の上乗せ措置	改正前	平成31年4月1日から令和3年3月31日までに開始する各事業年度（設立事業年度を除く）において、増減試験研究費割合が8％を超える場合には、税額控除率及び中小企業者等税額控除限度額についてそれぞれ以下のとおりとなる。 1．税額控除率 　①　この特例適用前の税額控除率（12％） 　②　特例による上乗せ部分 　　（増減試験研究費割合－8％）×0.3 　③　①＋②＝特例適用後の税額控除率 　　※特例適用後の税額控除率の上限は17％。 2．中小企業者等税額控除限度額の上限 　法人税額の35％相当額が上限。
	改正後	※下線部分が改正事項 　令和3年4月1日から令和5年3月31日までに開始する各事業年度（設立事業年度を除く）において、増減試験研究費割合が9.4％を超える場合には、税額控除率及び中小企業者等税額控除限度額の上限についてそれぞれ以下のとおりとなる。 1．税額控除率 　①　この特例適用前の税額控除率（12％） 　②　特例による上乗せ部分 　　（増減試験研究費割合－9.4％）×0.35 　③　①＋②＝特例適用後の税額控除率 　　※特例適用後の税額控除率の上限は17％。 2．中小企業者等税額控除限度額の上限 　中小企業者等税額控除限度額の上限に法人税額の10％相当額を上乗せする。
	改正前後共通	【用語の説明】 「増減試験研究費割合」及び「比較試験研究費の額」の意義は試験研究費の総額に係る税額控除制度（一般型）と同じ。

第3章　法人課税　159

| 試験研究費の額が平均売上金額の10％を超える場合における上乗せ特例 | 改正前 | 平成31年４月１日から令和３年３月31日までの間に開始する各事業年度において、試験研究費割合が10％を超える場合には、税額控除率及び中小企業者等税額控除限度額についてそれぞれ以下のとおりとなる。
１．下記２及び３以外の場合
　①　税額控除率
　　12％＋12％×控除割増率
　②　中小企業者等税額控除限度額の上限
　　法人税額×
　　（25％＋ \|（試験研究費割合－10％）×２\| ）
　　※四角囲み部分の上限は10％
２．増減試験研究費割合が８％超の場合で、かつ、増減試験研究費割合が８％超の場合の上乗せ措置（中小企業者等税額控除限度額の部分）の適用を受ける場合
　①　税額控除率
　　㋑　この特例適用前の税額控除率（12％）
　　㋺　特例による上乗せ部分
　　　（増減試験研究費割合－８％）×0.3×控除割増率
　　㋩　㋑＋㋺＝特例適用後の税額控除率
　　　※特例適用後の税額控除率の上限は17％。
　②　中小企業者等税額控除額の上限
　　法人税額×35％相当額
３．増減試験研究費割合が８％超の場合で、かつ、増減試験研究費割合が８％超の場合の上乗せ措置（中小企業者等税額控除限度額の部分）の適用を受けない場合
　①　税額控除率
　　㋑　この特例適用前の税額控除率（12％）
　　㋺　特例による上乗せ部分
　　　（増減試験研究費割合－８％）×0.3×控除割増率
　　㋩　㋑＋㋺＝特例適用後の税額控除率
　　　※特例適用後の税額控除率の上限は17％。 |

	② 中小企業者税額控除限度額の上限 法人税額× （25％＋$\boxed{（試験研究費割合－10\%）\times 2}$ ） ※四角囲み部分の上限は10％ 【用語の説明】 ◆試験研究費割合及び控除割増率の意義は、試験研 究費の総額に係る税額控除制度（一般型）と同じ。
改正後	内容はそのままで適用期限が2年延長されている。

(3) 特別試験研究費に係る税額控除制度（オープンイノベーション（OI）型）の改正

① 改正の内容

　特別試験研究費の範囲の拡大（下記(イ)及び(ロ)）、手続の改善（下記(ハ)）及び特別試験研究費の範囲の限定（下記(ニ)及び(ホ)）に関する改正が行われています。

　具体的な改正の内容は、以下のとおりです。

(イ)　対象となる特別試験研究費の額に、国立研究開発法人の外部化法人との共同研究及び国立研究開発法人の外部化法人への委託研究に要する費用の額を加え、その税額控除率は25％とされます。

（注1）　共同研究及び委託研究の範囲は、出資後10年以内に限定しないことを除き、研究開発型ベンチャー企業との共同研究及び研究開発型ベンチャー企業への委託研究と同様とします。

（注2）　関係法令の改正を前提に、国立大学、大学共同利用機関及び公立大学の外部化法人との共同研究並びに国立大学、大学共同利用機関及び公立大学の外部化法人への委託研究についても同様とします。

(ロ)　特別試験研究費の対象となる特別研究機関等との共同研究及び特別研究機関等への委託研究について、特別研究機関等の範囲に人文系の研究機関が加えられます。

(ハ)　その事業年度における特別試験研究費の額であることの共同研究の相手方の確認について、第三者が作成した報告書等によって確認することが可能であることを明確化する等の運用の改善が行われま

［OI（オープンイノベーション）型運用改善］

① 過度な「監査」手続きの回避（過度な費用負担の排除）
「監査」に関する規定が曖昧で誤解を招き、結果として、「会計監査」と同程度の過度な確認が実務上行われており、コストも嵩んでいる
⇒過度な監査業務を回避すべく、監査の方法を具体化（ガイドライン改訂）
（人件費、原材料費及び経費、減価償却費それぞれを確認するためにどのような書類が必要かを明記するなど）

② 相手方の「確認」手続の合理化
現行制度では、共同研究の相手方の「確認」手続と、税理士/会計士等の第三者による「監査」とが一部重複
⇒まず企業が税理士等の第三者による「監査」を受け、共同研究の相手方は「監査」で作成された報告書を基に「確認」する、という手続を明確化（ガイドライン改訂）

●OI型活用の流れと監査手法の明確化と相手方確認プロセスの合理化

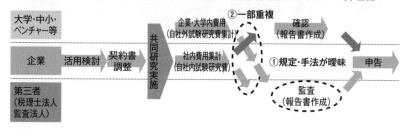

※併せて、
①国公立大学・国立研究開発法人の外部化法人との共同研究等に係る控除率を引上げ（20%→25%）
②大企業と大学等との共同研究・委託研究について、契約時の総見込額が50万円超のものに限定
③中小企業者等への委託研究（20%）について、「単なる外注」を対象から除外

（経済産業省資料）

す。
(ニ) 特別試験研究費の対象となる大学等との共同研究及び大学等への委託研究について、契約上の試験研究費の総見込額が50万円を超えるものに限定されます。
　(注) 中小企業者（適用除外事業者に該当するものを除く）及び農業協同組合等については現行どおりとする。
(ホ) 特別試験研究費の対象となる特定中小企業者等への委託研究について、次の要件を満たすものに限定されます。

ⓐ 受託者の委託に基づき行う業務がその受託者において試験研究に該当するものであること。

ⓑ 委託に係る委任契約等（契約又は協定で、委任又は準委任の契約その他これに準ずるものに該当するものをいう）において、その委託して行う試験研究の目的とする成果をその委託に係る委任契約等に基づき委託法人が取得するものとされていること。

② 実務のポイント

研究開発税制は全般的に複雑な制度ですが、この特別試験研究費に係る税額控除制度はその対象となる特別試験研究費の範囲や手続等が特に複雑なため、経済産業省が公表するガイドライン等を参考にしながら、慎重に対応することが必要となります。

(4) 研究開発税制の対象となる試験研究費の範囲の改正

① 改正の内容

研究開発税制の対象となる試験研究費の範囲について追加、除外、明確化の改正が行われることとなります。

具体的な改正の内容は、以下のとおりです。

(イ) 試験研究費のうち、研究開発費として損金経理をした金額で非試験研究用資産の取得価額に含まれるものが範囲に加えられます。

（注1） 上記の「非試験研究用資産」とは、棚卸資産、固定資産及び繰延資産で、事業供用の時に試験研究の用に供さないものをいいます。

（注2） 上記に伴い、売上原価並びに取得価額に研究開発費として損金経理をした金額が含まれる非試験研究用資産の償却費、譲渡損及び除却損を研究開発税制の対象となる試験研究費から除外するとともに、取得価額に研究開発費として損金経理をした金額が含まれる非試験研究用資産について研究開発税制と特別償却等に関する制度との選択適用とします。

(ロ) リバースエンジニアリング（新たな知見を得るため又は利用可能な知見の新たな応用を考案するために行う試験研究に該当しないもの）が範囲から除外されます。

(ハ) 開発中の技術をその開発をする者において試行する場合において、その技術がその者の業務改善に資するものであっても、その技術に係る試験研究が工学又は自然科学に関する試験研究に該当する

第3章 法人課税 **163**

ときは、その試験研究に要する費用は研究開発税制の対象となること等、研究開発税制の対象となる試験研究費の範囲について明確化が行われます。

［デジタル化対応］

- DX促進のためには、クラウドを活用してソフトウェアを提供する仕組みの構築が不可欠。
- そのため、支援対象外となっているこれらのソフトウェアに関する研究開発を支援対象に追加。
- あわせて、業務改善目的の研究開発も、税制支援の対象であることを明確化。
※研究開発の範囲に関する国際的な基準を踏まえ、新たな知見を得るため／新たな知見の応用を考案するために行うに該当しないものについては、改めて、研究開発税制の対象範囲外であることを明記。

●クラウドを通じてサービス提供を行うソフトウェアに関する研究開発を支援対象に追加
　◆パッケージソフトウェア

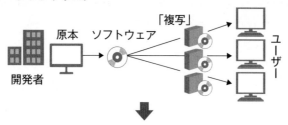

　◆クラウドを通じてサービス提供を行うソフトウェア

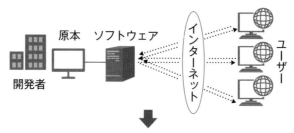

会計上、期末時点で研究開発費として費用処理された（＝損金経理）金額で、資産※の取得価額に含まれるものを対象に追加
※試験研究の用に供する資産の扱いはこれまでと同様

●業務改善目的の研究開発が支援対象であること等の明確化

開発中の技術がその<u>開発する者の業務改善に資するもの</u>であっても、その技術に係る試験研究が工学又は自然科学に関する試験研究※に該当するときは、その試験研究に要する費用は研究開発税制の対象となること等を明確化
※インフラ企業が、AIによるプラントの自動運転（自社の業務改善）を実現するために行う、アルゴリズムやデータプラットフォーム構築等の研究開発など。

（経済産業省資料）

② 実務のポイント

上記①(イ)の改正については一見しただけでは内容が分かりにくいものとなっていますので、理解のためにこの改正の背景について確認を行います。

この改正の主な目的は自社利用目的ソフトウエアに係る研究開発費の取扱いを是正することであり、この改正内容における「非試験研究用資産の取得価額に含まれるもの」も、自社利用目的ソフトウエアに係る研究開発費が該当します。

自社利用目的ソフトウエアに係る研究開発費は、税法上その自社利用目的ソフトウエアの利用により将来の収益獲得又は費用削減にならないことが明らかなものに限り取得価額に算入しない（つまり、損金又は必要経費に算入する）ことができるものとされており、それ以外のものはソフトウエアの取得価額に算入する（資産計上を要する）こととされています。

一方、市場販売目的ソフトウエアの場合には、製品マスターが完成するまでに要した費用は研究開発費として損金又は必要経費に算入することができるものとされています。

そして、研究開発税制の対象となる試験研究費は、損金の額又は必要経費に算入される試験研究費のうち一定のものとされていることから、市場販売目的ソフトウエアに係る研究開発費であれば研究開発税制の対象となる可能性があるのに対して、自社利用ソフトウエアに係る研究開発費については、将来の収益獲得又は費用削減にならないことが明らか

第3章 法人課税 **165**

なもの以外は損金の額又は必要経費に算入されず研究開発税制の対象にはならない、という不均衡が生じていました。

また、これとは別に、その利用により将来の収益獲得又は費用削減が認められるか否か不明な自社利用目的ソフトウエアに係る研究開発費について、下表のとおり会計上の処理と税務上の処理に不一致が生じていました。

[ソフトウエア制作費の会計・税務処理（イメージ）]

ソフトウエアの制作目的	自社利用目的（※）（ソフトウエアの利用により将来の収益獲得又は費用削減が明らかと認められるか）			市場販売目的（製品マスターの制作費）		
				研究開発の終了時点	研究開発終了後	
	認められない	不明	認められる		製品マスターの制作原価	機能の改良・強化を行う制作活動のための費用
会計処理	費用	費用	資産	費用	資産	資産（著しい改良は研究開発費）
税務処理		資産				

○法人税基本通達7-3-15の3(抄)
（ソフトウエアの取得価額に算入しないことができる費用）
7-3-15の3　次に掲げるような費用の額は、ソフトウエアの取得価額に算入しないことができる。
(2)　研究開発費の額（自社利用のソフトウエアについては、その利用により将来の収益獲得又は費用削減にならないことが明らかなものに限る。）

※　例えば、自社のサーバーにあるソフトウエアをクラウドを通じて顧客に提供する場合などが該当する。

（自由民主党税制調査会資料）

今回の改正ではこれらのうち自社利用ソフトウエアと市場販売目的ソフトウエアに対する取扱いの不均衡を是正し、税制の中立・公平な支援を目指すことが目的とされており、この改正により自社利用ソフトウエアに係る研究開発費についても損金経理を行うことを要件として研究開発税制の対象となる可能性が生じることとなります。

ここで一つポイントとなるのは、この改正の取扱いには損金経理要件が付されている、という点となります。これまで会計処理を税務処理にあわせて資産計上としていた場合において研究開発税制の適用を受けようとするときは、会計処理の変更を行うことが必要となります。

166　第2編　令和3年度税制改正の具体的内容

また、詳細な取扱いについてはまだ不明なため、今後公表されるであ
ろう法令、通達及び情報等を十分に確認、理解することが実務上重要な
ポイントとなります。

3 賃上げ及び投資の促進に係る税制の見直し

Question

　賃上げ及び投資の促進に係る税制の見直しが行われるようですが、どのような見直しが行われるのでしょうか。

　A 賃上げ及び投資の促進に係る税制から人材確保等促進税制への見直しが行われます。設備投資に関する要件が廃止され、新規雇用者の給与等の増加に主眼をおいて適用要件の判定及び税額控除の計算を行うことになります。

ここが変わる

① 賃上げに関する要件のうち継続雇用者の比較に関するものが、新規雇用者の比較によるものに変わり、増加率についても前期比3%の増加から2%の増加へと要件が変わります。
② 設備投資に関する要件が廃止になります。
③ 税額控除の計算方法について、雇用者給与等支給額の増加額の15%について税額控除されていましたが、控除対象新規雇用者給与等支給額の15%について税額控除されることになります。
④ 給与等の支給額から控除する「給与等に充てるため他の者から支払を受ける金額」について、その範囲が明確化され、雇用調整助成金及びこれに類するものの額を控除しないこととされます。

適用時期

　令和3年4月1日から令和5年3月31日までの間に開始する事業年度に適用されます。

168 第2編　令和3年度税制改正の具体的内容

解　説

❶　改正の趣旨等

　コロナ禍における労働者を取り巻く環境が大きく変化する中で、新たな人材の獲得及び人材育成の強化を促しつつ、第二の就職氷河期を生み出さないようにする観点から、新規雇用者の給与等支給額及び教育訓練費の増加に着目した税制へと見直しが行われます。

❷　改正の内容

　青色申告書を提出する法人が、令和3年4月1日から令和5年3月31日までの間に開始する各事業年度において、国内新規雇用者に対して給与等を支給する場合において、新規雇用者給与等支給額の新規雇用者比較給与等支給額に対する増加割合が2％以上であるときは、控除対象新規雇用者給与等支給額の15％について税額控除ができる制度となります。

　なお、教育訓練費の額の比較教育訓練費の額に対する増加割合が20％以上であるときは、控除対象新規雇用者給与等支給額の20％の税額控除ができることとされます。

　控除税額は、改正前と同様に当期の法人税額の20％が上限とされます（所得税についても同様）。

第3章　法人課税　169

	改正前	改正後
賃金に関する要件	雇用者給与等支給額 ＞　比較雇用者給与等支給額	雇用者給与等支給額 ＞　比較雇用者給与等支給額
	継続雇用者給与等支給額 ≧　継続雇用者比較給与等支 　　給額 　　　×103%	新規雇用者給与等支給額 ≧　新規雇用者比較給与等支 　　給額 　　　×102%
設備投資に関する要件	国内設備投資額 ≧　当期減価償却費総額の 　　95%	廃止
税額控除額	（雇用者給与等支給額 －比較雇用者給与等支給額） ×15%※	控除対象新規雇用者給与等支 給額×15%※
	※教育訓練費増加要件を満た 　す場合は20% ≪教育訓練費増加要件≫ 　教育訓練費の額≧比較教育 　訓練費の額×120%	※教育訓練費増加要件を満た 　す場合は20% ≪教育訓練費増加要件≫ 　教育訓練費の額≧比較教育 　訓練費の額×120%
	控除税額は法人税額の20%を 限度とする	控除税額は法人税額の20%を 限度とする

① 新規雇用者給与等支給額

　国内の事業所において新たに雇用した雇用保険法の一般被保険者（支配関係がある法人から異動した者及び海外から異動した者を除く）に対してその雇用した日から１年以内に支給する給与等の支給額をいいます。

② 新規雇用者比較給与等支給額

　前期の新規雇用者給与等支給額をいいます。

③ 控除対象新規雇用者給与等支給額

　国内の事業所において新たに雇用した者（支配関係がある法人から異動した者及び海外から異動した者を除く）に対してその雇用した日から１年以内に支給する給与等の支給額をいいます。

　ただし、雇用者給与等支給額から比較雇用者給与等支給額を控除した金額を上限とするとともに、地方活力向上地域等において雇用者の数が

増加した場合の税額控除制度の適用がある場合には、所要の調整を行うものとされています。

④　給与等に充てるため他の者から支払を受ける金額

　給与等の支給額から控除する「給与等に充てるため他の者から支払を受ける金額」について、その範囲が明確化されるとともに、新規雇用者給与等支給額及び新規雇用者比較給与等支給額からは雇用調整助成金及びこれに類するものの額を控除しないこととされます。

⑤　設立事業年度の取扱い

　設立事業年度は対象外となります。

⑥　比較教育訓練費の額

　前期の教育訓練費の額となります。

❸　実務のポイント

①　設備投資の要件や継続雇用者の集計がなくなるため、実務上の簡便化が図られています。

②　既に雇用している従業員の給与等を増加させるだけでなく、新規雇用者の給与等を増加させることが必要になります。

③　適用要件における「新規雇用者給与等支給額」と税額控除計算における「控除対象新規雇用者給与等支給額」の範囲は異なりますので、留意する必要があります。

④　外形標準課税の付加価値割の計算上、控除対象新規雇用者給与等支給額を課税標準から控除します。

[人材確保等促進税制への見直し・延長]

- ウィズコロナ・ポストコロナを見据えた企業の経営改革の実現のため、**新卒・中途採用による外部人材の獲得や人材育成への投資**を促進する制度とした上で、延長する。

改正概要　【適用期限：令和4年度末まで】

現行制度
(中堅・大企業向け賃上げ税制)

【通常要件①】
継続雇用者給与等支給額が前年度より3%以上増加

かつ

【通常要件②】
国内設備投資額が減価償却費の95%以上

【措置内容】
✓ 雇用者給与等支給額の増加額の15%を税額控除

【上乗せ要件】
教育訓練費が過去2年度平均より20%以上増加

【措置内容】
✓ 控除率を5%上乗せ
(控除上限は、法人税額の20%)

※税額控除の対象となる給与等支給額は、雇用保険の一般被保険者に限られない

《改正案》
(人材確保等促進税制)　　　＜太字が主な改正箇所＞

【通常要件】
新規雇用者(新卒・中途)給与等支給額が前年度より**2%**以上増加

【措置内容】
✓ **新規雇用者給与等支給額**(※)の15%を税額控除
※ 雇用者給与等支給額の増加額が上限

【上乗せ要件】
教育訓練費が**前年度**より20%以上増加

【措置内容】
✓ 控除率を5%上乗せ
(控除上限は、法人税額の20%)

※税額控除の対象となる給与等支給額は、雇用保険の一般被保険者に限られない

(経済産業省資料)

[新卒・中途採用による外部人材の獲得や人材育成への投資が重要]

- ウィズコロナ・ポストコロナに向け、**経営改革の実現のためには、新卒・中途採用による外部人材の獲得と、従業員の学び直し**が必要。また、従業員シェアなど、**出向受入れ企業の後押し**も重要。
- 特に、**新卒採用はリーマンショック時に次ぐ厳しい状況。第二の就職氷河期を絶対に作ってはならない**。事業の担い手を確保するためにも、**新卒採用の拡大**を図ることが重要。

企業の取組事例

【運送会社A社】
✓ 自社の物流インフラと膨大なデータ群を活用した事業と経営の構造改革を進めるため、**デジタル人材に特化した経験者採用枠**を創設。2021年には、**300人規模の新・デジタル組織を立ち上げ予定**。

【電機メーカーB社】
✓ デザイン思考養成のためのアイデア着想等の研修を含め、100以上の研修プログラムを体系化。**専門人材の育成と基礎的教育の拡充**により、2021年度にデジタル人財を**3万人規模**に拡充予定。

【家電量販店C社】
✓ 新型コロナウイルス感染症拡大の影響を受けている企業からの**人材の受け入れ**や、**業績改善までの一時的な従業員の就労環境の提供**を行う制度を新たに創設。現在、航空会社等から**合計200名以上**の受け入れを実施。

【出所】各社プレスリリース情報等を基に、経済産業省作成。

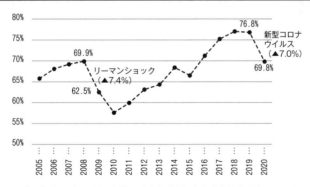

10月1日時点での大学生の就職内定率の推移

【出所】文部科学省・厚生労働省「令和2年度大学等卒業予定者の就職内定状況調査（令和2年10月1日現在）」を基に、経済産業省作成

（経済産業省資料）

4 繰越欠損金の控除上限の特例の創設

Question

　大企業の繰越欠損金の控除上限に改正が加わりましたが、どのような内容でしょうか。

　　Ａ　青色申告書を提出する法人が事業再構築等に取り組むなど一定の要件を満たす場合には、欠損金の控除上限の特例が設けられることとなりました。

ここが変わる

　大企業の繰越欠損金について、DX、カーボンニュートラル投資促進税制や事業再構築・再編に係る投資に応じた範囲において最大100％までの控除が可能となりました。

適用時期

　令和2年4月1日から令和3年4月1日までの期間内を含む事業年度において生じた青色欠損金額について適用します。

　なお、一定の場合には,令和2年2月1日から同年3月31日までの間に終了する事業年度及びその翌事業年度となります。

解　説

❶　改正の背景

　コロナ禍の厳しい経営環境の中で、赤字企業でもポストコロナに向けて、事業再構築等に取り組んでいくことが必要です。

174　第2編　令和3年度税制改正の具体的内容

現行の大企業に対する繰越欠損金の控除上限は、成長志向の法人税改革の中で引き下げられてきたものですが、コロナ禍という未曽有の事態を踏まえた臨時異例のものとして、控除上限をDX、カーボンニュートラル等、事業再構築・再編に係る投資に応じた範囲内で最大100％に引き上げることとされました。

❷　改正の内容

(1)　対象事業者

対象事業者は、産業競争力強化法の改正法の施行日から同日以後１年を経過する日までの間に同法の事業適応計画（仮称）の認定を受け、同計画に従って事業適応（仮称）を実施する青色申告書を提出する法人です。

（注）　事業適応

経済社会情勢の著しい変化に対応して行うものとして一定の基準に該当するものに限ります。

(2)　適用要件

適用要件は、その事業適応計画（仮称）に従って同法の事業適応（仮称）を実施するものの適用事業年度において特例対象欠損金額があることです。

（注１）　適用事業年度

次のいずれにも該当する事業年度をいいます。

① 基準事業年度開始の日以後５年以内に開始した事業年度。繰越期間は最長５年となります。

② 事業適応計画（仮称）の実施時期を含む事業年度であること。

③ 令和８年４月１日以前に開始する事業年度であること。

（注２）　基準事業年度

特例対象欠損金額が生じた事業年度のうちその開始の日が最も早い事業年度後の事業年度で所得の金額が生じた最初の事業年度。

（注３）　特例対象欠損金額

令和２年４月１日から令和３年４月１日までの期間内の日を含む事業年度において生じた青色欠損金額。

なお、一定の場合には、令和２年２月１日から同年３月31日までの

第３章　法人課税　175

間に終了する事業年度及びその翌事業年度となります。

（注4）　事業適応計画

　　　　ポストコロナに向けた取組みや、取組みを進める上で必要となる投資、ROAを5％ポイント以上引き上げるなどの目標を記載し、事業所管大臣に認定を受ける必要があります。

⑶　**税優遇措置**

　特例対象欠損金額について欠損金の繰越控除前の所得の金額の範囲内で損金算入ができます。

　なお、その所得の金額の50％を超える部分については累積投資残額に達するまでの金額に限ります。

（注）　累積投資残額

　　　　事業適応計画に従って行った投資の額から既に本特例により欠損金の繰越控除前の所得の金額の50％を超えて損金算入した欠損金額に相当する金額を控除した金額。

❸　実務のポイント

①　本制度は中堅・大企業向けの制度となります。中小企業は現行で100％まで控除が可能。

②　設備の単純な維持、更新投資は対象外となります。

[コロナ禍で経営改革に取り組む企業向け「繰越欠損金の控除上限」の特例]

- コロナ禍の厳しい経営環境の中で、赤字企業でもポストコロナに向けて、事業再構築等に取り組んでいくことが必要。こうした経営改革に果敢に挑む企業に対し、繰越欠損金の控除上限（現行50％※）の引き上げ措置を講ずる。
  ※中小企業は現行でも100％まで控除可能。本制度は中堅・大企業向けの制度
- 具体的には、産業競争力強化法に新たな計画認定制度を創設。事業再構築等に向けた投資内容を含む事業計画を事業所管大臣が認定。認定を受けた企業について、コロナ禍に生じた欠損金を対象に、最長5事業年度の間、控除上限を投資の実行金額の範囲内で最大100％に引き上げる。

[改正内容]

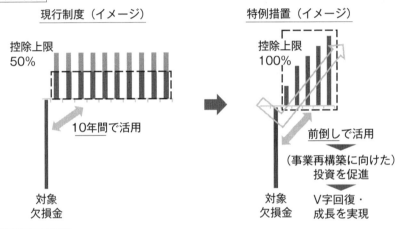

[手続きの概要]

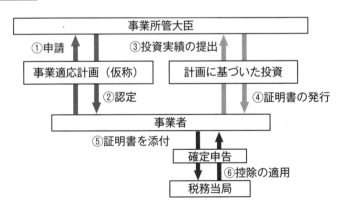

（経済産業省資料）

[繰越欠損金の控除上限の引き上げ特例の詳細]

計画認定について
- 企業は、ポストコロナに向けた取組（事業の再構築等）や、取組を進める上で必要となる投資※を記載した事業計画を策定。また、計画にはROAを5%ポイント以上引き上げる等の目標も記載。
- 事業所管大臣が計画を認定。認定された計画は公表。
  ※革新的な維持・更新投資は対象外

特例の対象となる欠損金
- 原則として、2020年度・2021年度に生じた欠損金が対象。（2019年度の欠損金もコロナ禍の影響を受けたと認められる場合には対象。いずれにせよ、最大2事業年度。）

控除上限を引き上げる期間
- 繰越期間は最長5年間

特例による控除上限の引き上げ額
- 認定された事業計画に基づいて実施した投資について、事業所管大臣が確認。企業は確認された投資額の範囲内で、特例を受けることが可能（最大100%）。

[投資額と控除上限の関係のイメージ図]

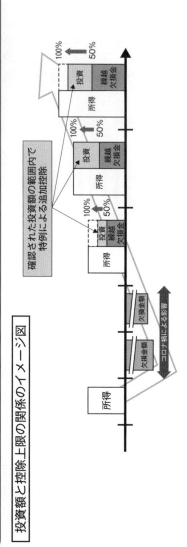

（経済産業省資料）

5 株式対価M&Aを促進するための措置の創設

Question

自社株式を対価とするM&Aについて、株式の譲渡に対する課税の繰延制度が新たに創設されるそうですが、どのような内容でしょうか。

A 会社法改正で創設された株式交付制度を用いて、買収会社が自社の株式を買収対価としてM&Aを行う場合に、対象会社株主の株式譲渡損益の課税を繰り延べる新たな制度が創設されました。

ここが変わる

令和3年3月1日に施行予定の改正会社法により、自社株式等を対価とするM&Aについて新たに株式交付制度が創設されました。これを踏まえ、事業再編の円滑化を後押しするための税制措置が講じられ、株式交付制度により買収対象会社の株主が買収対象会社の株式を譲渡し、買収会社の株式等の交付を受けた場合には、その譲渡した株式の譲渡損益に対する課税が繰り延べられます。

また、実効的な制度とするため、事前認定を不要とし、現金を対価の一部に用いるものも対象とする（総額の20％まで）とともに、恒久的な制度として創設されます。

適用時期

改正会社法の施行が前提となりますので、今後公表される法令等によりご確認ください。

第3章 法人課税 **179**

解　説

❶　改正の経緯

　M&Aによる買収対象会社の株主への買収対価について、現金対価か自社株式対価であるかは中立的な選択肢であるものの、日本では会社法上の現物出資規制及び有利発行規制の適用を受けることや、買収対象会社の株主に対して、株式譲渡益に対する課税が生じ、自社株式の交付を受けるのみで金銭を受領していないにもかかわらず納税しなければならないことから、これらが制約要因となって自社株式を対価とするM&Aはほとんど行われず、日本では大規模な買収が機動的に行えない状況にありました。

　一方で、日本企業の収益力の向上には、大規模なM&A等を通じたオープンイノベーションを促進することが求められ、企業が変化に対応し、持続的に成長をするためにM&Aにより外部の資源を軌道的に取り込むことが重要であることから、自社株式を対価としたM&Aの活用を促す必要があります。そのため、平成30年に産業競争力強化法及び租税特別措置法が改正され、産業競争力強化法による特別事業再編計画の認定を受けて行う自社株式を対価とするM&Aについては、会社法上の特例として上記の規制の適用を受けず、また、税制上の特例として株式譲渡損益に対する課税の繰延措置が令和3年3月31日までの時限措置によって講じられました。

　また、令和元年12月に成立し、令和3年3月1日に施行が予定されている改正会社法では、自社株式等を対価とするM&Aについて、新たに「株式交付制度」が創設され、産業競争力強化法の特別事業再編計画の認定を受けずに現物出資等の規制が適用されないことになり、より機動的な事業再構築が期待されています。

　これを踏まえ、税制においても、株式交付制度による自社株式等を対価とするM&Aについて、買収対象会社の株主の株式譲渡損益に対する課税を繰り延べるための新たな制度を創設し、事前認定を不要にするなどの実効的、かつ恒久的な制度とする措置が講じられました。

180　第2編　令和3年度税制改正の具体的内容

[株式対価M&Aの意義]

- 日本企業の収益性の向上を目指し、①迅速かつ大規模なM&Aの促進や、②新たな産業・企業の育成を進める上で、買収会社が自社の株式を買収対価としてM&Aを実施する、株式対価M&Aは有用な手段。

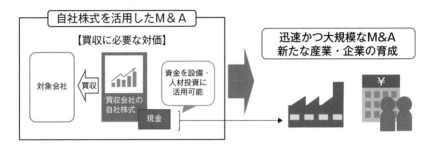

株式対価M&Aの意義

事業再編 機会の拡大	◆ 手元資金や借入可能額を上回る**大規模な事業再編**が実現可能。 ◆ 株式市場で評価されている**新興企業**に効果的。
M&A以外の 資金需要への対応	◆ 事業再編を行いつつ、**資金を攻めの投資**(設備投資・人材投資等)に活用可能。
売り手との シナジー	対象会社株主が買収企業の株を持つ結果、 ◆ 対象会社株主が事業再編による**シナジー**を享受できる。 ◆ 対象会社株主にも、**企業価値向上**へのインセンティブが生じ、**売り手と買い手の協働による企業価値向上**が期待される。

(経済産業省資料)

【買い手（買収会社）における意義】

①M&Aの拡大
以下のような場合でもM&Aが可能となる。
・ベンチャー企業等のようにM&Aに係る手元資金に充分な余裕がない場合
・M&Aのために大規模な借入を行うことで、財務基盤の悪化・信用格付けの低下等につながる恐れがある場合

②他の資金需要への対応
・手元資金を他の使途（設備投資、賃上げ、他のM&A等）に回せるようになる。

【売り手（対象会社株主）における意義】

①売り手がM&Aのシナジーを享受
・売り手が買収企業の株を持つ結果、M&Aによる両社資源の統合によるシナジー（相乗効果）を享受できることで、より収益性の高い企業への投資が可能となる。

②M&A後の企業価値向上への協働
・売り手にも株主の立場からM&A後の企業価値向上へのインセンティブが生じ、売り手と買い手の協働による企業価値向上が期待される。

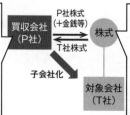

【事業者の声】
・過去にM&Aを実施した際に、株式対価を検討したが最終的に現金で実施した。株式対価をあきらめた理由は、株主企業への課税が生じるため。株主の立場で考えたときに、手元に株式しか入ってきていないのに税引き後利益が下振れする点は、自分たちの株主に説明が困難であり、それなりのプレミアムが乗っていたとしてもＴＯＢには応じられない。(IT関連サービス業)
・対象会社株主に課税が発生することは買収者側としてはかなり重大な影響があると考えているので、株主課税が発生するという対象会社株主にマイナス影響を与えるような選択肢は外さざるを得ないというのが実態。(法律事務所)

（経済産業省資料）

❷ 改正会社法による株式交付制度の概要

　株式交付制度とは、買収会社（株式交付親会社）が対象会社（株式交付子会社）を子会社とするために、対象会社の株式を譲り受け、対象会社の株主に対価として、買収会社の株式を交付することをいいます。なお、本制度の目的は新たに子会社とすることに限定されているため、既に子会社となっている会社の株式を追加で取得する場合には適用できません。

　株式交付制度の利用に際しては、買収会社である株式交付親会社において株式交付計画を策定する必要があります。株式交付計画書には、子会社の株主から譲り受ける株式数の下限や、対価として交付する親会社の株式数、株式対価の算定方法のほか、株式に加えて株式以外の金銭等

を交付する場合（混合対価）にはその内容などを記載します。

また、買収会社においては、株式交換等と同様に、株主総会の決議や債権者異議手続等が必要となります。

［会社法改正による「株式交付制度」の創設］

- 令和元年12月に成立した改正会社法（令和3年春施行予定）において、事業再編の円滑化を促進することを目的として、新たに「株式交付制度」が創設され、株式対価M&Aが会社法上の再編類型の1つとして位置付けられた。
- これにより、これまで株式対価M&Aを行う上で障害の1つとなっていた「株式発行に対する規制」が撤廃され、手続が合理化。

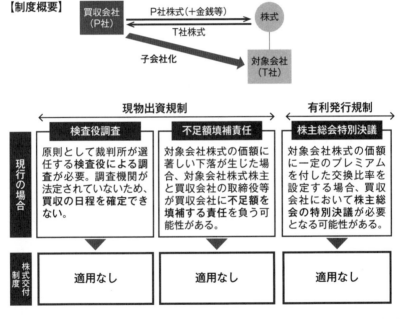

（経済産業省資料）

❸ 制度の概要

(1) 株主の譲渡損益課税の繰延べ

自社株式等を対価として行われるM&Aについて、改正会社法による

株式交付制度により、買収対象会社の株主である法人及び個人が買収対象会社の株式を譲渡し、その対価として買収会社の株式等（以下「株式交付親会社の株式等」という）の交付を受けた場合には、その譲渡した株式の譲渡損益に対する課税が繰り延べられます。

なお、法人株主が外国法人である場合には、外国法人の恒久的施設において管理する株式に対応して株式交付親会社の株式の交付を受けた部分に限定して課税の繰延べが適用されます。

(2) 混合対価の場合の取扱い

対価について株式交付親会社株式以外に金銭等の交付を受けた場合には、その対価として交付を受けた資産の価額のうち株式交付親会社の株式の価額が80％以上である場合に限り本制度の適用があり、株式交付親会社の株式以外の資産の交付を受けた場合には、株式交付親会社株式に対応する部分の譲渡損益に対する課税が繰り延べられます。

(3) 適用を受けるための手続

本制度の適用については、株式交付親会社の確定申告書に、株式交付計画書及び株式交付に係る明細書を添付するとともに、その明細書に株式交付により交付した資産の数又は価額の算定の根拠を明らかにする事項を記載した書類を添付する必要があります。

［株式対価M＆Aの概要］

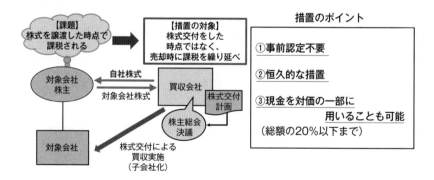

（経済産業省資料）

❹ 実務のポイント

　改正会社法による株式交付制度の創設により、買収会社は自社株式をM＆Aの対価とすることで円滑に被買収会社を子会社とすることができるようになり、税制上も株式交付制度を用いた株式対価による株主の譲渡損益課税が繰り延べられることにより、今後は、自社株式を対価とした大規模なM＆Aや成長性の高い企業によるM＆Aなど、大胆な事業再編が促進され、攻めの経営と投資の強化により企業のさらなる成長が期待されます。

　なお、会社法では、自社株式対価M＆Aの類型として、平成30年に創設された産業競争力強化法による特別事業再編計画の認定を受けて行う制度もありますが、税制上の措置である、産業競争力強化法による特別事業再編を行う法人の株式を対価とする株式等の譲渡に係る所得の計算の特例については、適用期限である令和３年３月31日をもって廃止され、この制度による課税の繰延べはできませんので注意が必要です。

第３章　法人課税　185

6　国際金融都市に向けた税制上の措置

> **Question**
>
> 　非上場の投資運用会社ですが、役員に対して業績連動給与を支払った場合の法人税の取扱いについて教えてください。

　A　特定投資運用業を主業とする非上場の非同族会社等の役員に対する業績連動給与については、投資家への事前承認要件を満たし、報酬委員会等で業績連動給与決定後、遅滞なく金融庁ホームページ等に公表すること等を要件に損金算入することができます。

ここが変わる

　特定投資運用業を主業とする非上場の非同族会社等の役員に対する業績連動給与については、投資家等のステークホルダーの監視下に置かれているという特殊性に鑑み、その算定方式や算定の根拠となる業績等を金融庁ホームページ等に公表すること等を要件として、損金算入を可能とする特例が設けられます。

適用時期

　令和3年4月1日から令和8年3月31日までの間に開始する各事業年度（金融商品取引法の改正法の施行日以後に終了する事業年度に限る）において、その業務執行役員に対して業績連動給与を支給する場合について適用します。

解　　説

❶　改正の背景

　日本に世界の金融ハブをつくる「国際金融都市構想」を掲げ、その発展のためには海外で資産運用を行う企業や人材を呼び込む必要があります。

　一方で、資産運用会社は非上場企業が多く、有価証券報告書の提出がないことから、役員に対して業績連動給与を支払った場合、損金算入できないという課題があります。

　このような要因を解消するため、投資運用業を主業とする者が、その役員に対する業績連動給与について一定の要件を満たせば、損金算入できるよう特例措置が設けられることになります。

❷　改正前の制度

◆業績連動給与対象法人

　同族会社以外の内国法人（同族会社にあっては同族会社以外の法人と完全支配関係があるものに限る）で、業績連動給与の算定の内容が、金融商品取引法に規定する有価証券報告書に記載等し、開示されている、いわゆる上場企業に限り対象となります。

❸　改正の内容

　金融商品取引法の改正を前提に、特定投資運用業者に該当する青色申告書を提出する法人の業績連動給与の損金算入要件について、その法人が業務執行役員に対して業績連動給与を支給する場合、事前に投資家に対してその業績連動給与に係る報告等をし、その業績連動給与の内容が報酬委員会の決定又は手続終了の日以後遅滞なく、金融商品取引法の事業報告書にその算定方式や算定の根拠となる業績等を金融庁長官によりインターネットに公表されたものは、有価証券報告書等とみなして損金算入要件を満たすこととされ、対象法人に追加されます。

⑴　対象法人

対象法人は、青色申告書を提出する非上場の非同族会社等である特定投資運用業者です。

(注)「特定投資運用業者」とは、その事業年度の収益の額の合計額のうちに占める次の業務に係る収益の額の合計額の割合が75％以上である法人（有価証券報告書提出会社及びその完全子法人を除く）をいいます。

① 金融商品取引業者等の投資運用業

② 特例業務届出者の適格機関投資家等特例業務

③ 海外投資家等特例業務届出者（仮称）の海外投資家等特例業務（仮称）

④ 届出をして移行期間特例業務（仮称）を行う者の移行期間特例業務

(2) 支給対象者

支給対象者は、業務執行役員（代表取締役、業務執行取締役、執行役、経営に従事している者）となります。

(3) 業績連動給与の指標

業績連動給与とは、会社の業績に役員の給与額を連動させる制度のことで、その支給額等の算定方法において用いることができる「指標」は、その運用財産の運用として行った取引により生ずる利益に関する指標を基礎とした客観的なものに限ります。

(4) 適用要件

① 投資家の事前承認要件

次のいずれかの要件を満たしている場合をいいます。

㋑ その運用財産に係るファンド契約書等においてその業績連動給与を支給する旨及びその算定方法を記載していること。

㋺ 本制度の適用を受けようとする事業年度開始前にその運用財産に係る投資事業有限責任組合の組合員の集会等においてその業績連動給与を支給する旨及びその算定方法についての報告が行われ、かつ、その議事録にその報告につき組合員等から異議があった旨の記載又は記録がないこと。

② 手続等

㋑ 職務執行機関開始の日の属する会計期間開始の日の３月経過日ま

でに、報酬委員会等適正な手続を経て、業務連動給与に係る算定方法の内容を決定します。
  ㈹　㈱の適正手続終了の日以後遅滞なく、金融商品取引法の事業報告書に算定方法の内容を金融庁ホームページ等で公表します。
③　経理要件
損金経理しなければなりません。

[国際金融ハブ取引に係る税制措置]

	現　状
法人税 （運用会社に課税）	役員の業績連動給与 上場会社：損金算入可能 非上場会社：損金算入不可

	対応策
	投資運用業を主業とする非上場の非同族会社等について、業績連動給与の算定方法等を金融庁ウェブサイトへ掲載する等の場合には、損金算入を認める。

（金融庁資料）

❹　実務のポイント

①　金融商品取引法の改正法が前提となっていますので、その内容については、今後公表される法令等によりご確認ください。
②　投資家への事前承認要件を満たさなければなりません。
③　報酬委員会等で業績連動給与決定後、遅滞なく金融庁ホームページ等に公表しなければなりません。
④　金融商品取引法の事業報告書に記載する、その算定方式や算定の根拠となる業績等の記載内容については、今後公表される法令等によりご確認ください。
⑤　業績連動給与について損金経理をしなければなりません。

7 カーボンニュートラルに向けた投資促進税制の創設

Question

2050年の温暖化ガス排出量実質ゼロの実現に向けて、政府は脱炭素化に向けた「グリーン投資」に踏み切る企業を対象に、税制上の優遇措置を設けるカーボンニュートラル投資促進税制が創設されると聞きましたが、どのような内容の税制ですか。

A 国から認定を受けた「中長期環境適応計画（仮称）」に基づき、脱炭素につながる設備投資を行った場合に、当該設備の取得価額の50%の特別償却あるいは5%（一定の要件を満たせば10%）の税額控除の選択適用ができる税制が創設されます。

ここが変わる

産業競争力強化法の改正法による中長期環境適応計画（仮称）の認定を受けた法人が、脱炭素化効果の高い先進的な設備（化合物パワー半導体等の生産設備への投資、生産プロセスの脱炭素化を進める投資）を取得等して、国内にある事業の用に供した場合には、特別償却（取得価額の50%）又は税額控除（取得価額の5％、一定の場合は10%）との選択適用ができます。

適用時期

産業競争力強化法の改正法の施行の日から令和6年3月31日までの間に「中長期環境適応生産性向上設備（仮称）」又は「中長期環境適応需要開拓製品生産設備（仮称）」の取得等をして、国内にある事業の用に供した場合に適用されます。

190 第2編 令和3年度税制改正の具体的内容

解　説

❶　創設の背景

　気候変動問題については、経済社会システムの変革を通じて環境・エネルギー上の諸課題に対応し、環境と成長の好循環を実現することが重要です。

　2050年までに温室効果ガスの排出を実質ゼロにする「2050年カーボンニュートラル」という高い目標に向けて、産業競争力強化法において規定される予定の「中長期環境適応計画」（仮称）に基づき導入される、生産プロセスの脱炭素化に寄与する設備や、脱炭素化を加速する製品を早期に市場投入することで我が国事業者による新たな需要の開拓に寄与することが見込まれる製品を生産する設備に対して、税制上支援する措置が創設されます。

❷　制度の概要

　産業競争力強化法の改正法の改正を前提に、「中長期環境適応計画（仮称）」について認定を受けた青色申告書を提出する法人が、「中長期環境適応計画（仮称）」に記載された産業競争力強化法の中長期環境適応生産設備（仮称）又は中長期環境適応需要開拓製品生産設備（仮称）の取得等をして、国内にある事業の用に供した場合には、特別償却又は税額控除との選択適用ができます。

❸　適用要件

⑴　対象法人

　対象法人は、産業競争力強化法の改正法の「中長期環境適応計画（仮称）」について認定を受けた青色申告書を提出する法人となります。

⑵　対象資産

　対象資産は下記のとおりです。

① 中長期環境適応生産性向上設備（仮称）

　生産工程の効率化による温室効果ガスの削減その他の中長期環境適

応（仮称）に用いられる機械装置、器具備品、建物附属設備、構築物

② 中長期環境適応需要開拓製品生産設備（仮称）

　温室効果ガスの削減に資する事業活動に特に寄与する製品、その他の我が国事業者による新たな需要開拓に寄与することが見込まれる製品として主務大臣が定める製品の生産に専ら使用される機械装置

⑶ **取得価額**

上記対象資産の取得価額の合計額のうち500億円が限度となります。

⑷ **税制措置**

下記①又は②の選択適用ができます。

① 特別償却

取得価額×50％

② 税額控除

　㈵ 通常

　　取得価額× 5 ％

　㈪ 温室効果ガス削減に著しく資するもの

　　取得価額×10％

　　(注) 税額控除額は、デジタルトランスフォーメーション投資促進税制の控除税額との合計で当期の法人税額の20％を上限とします。

❹ 実務のポイント

① 産業競争力強化法の改正法の施行日及び制定内容については、今後公表される法令等によりご確認ください。

② 中長期環境適応生産性向上設備は、導入により事業所等の炭素生産性（付加価値額／エネルギー起源CO 2 排出量）を「 3 年以内に 7 ％又は10％以上向上」させる設備で、機械装置、器具備品、建物附属設備、構築物ですが、今後公表される法令等によりご確認ください。

③ 中長期環境適応需要開拓製品生産設備は、新型リチウムイオン電池やパワー半導体等のうち特に優れた性能を有するものを生産するために必要不可欠な機械装置ですが、今後公表される法令等によりご確認ください。

④ 税額控除10％の対象となる温室効果ガスの削減に著しく資するものの具体的な要件及び内容については、今後公表される法令等によりご

確認ください。

⑤　法人税の「特別償却」を選択した場合には、地方税においてすべての法人に係る法人住民税及び法人事業税について適用される一方で、「税額控除」を選択した場合には、中小企業者等^(注)のみ法人住民税について適用されます。

　　(注)　中小企業者等とは、資本金の額又は出資金の額が１億円以下の法人（発行済株式又は出資の２分の１以上を同一の大規模法人に所有されている法人及び発行済株式又は出資の３分の２以上を大規模法人に所有されている法人を除く）及び資本又は出資を有しない法人のうち常時使用する従業員の数が1,000人以下の法人をいう。

⑥　下記(イ)～(ハ)のいずれにも該当しない大企業については、カーボンニュートラルに向けた投資促進税制の税額控除は適用しません。

　(イ)　当期所得≦前期所得

　(ロ)　当期の継続雇用者の給与総額＞前期の継続雇用者の給与総額

　(ハ)　当期設備投資額＞減価償却費の30％（令和２年３月31日以前に開始した事業年度については10％）

第３章　法人課税　**193**

［カーボンニュートラルに向けた投資促進税制の創設］
○ 「2050年カーボンニュートラル」という高い目標を達成するために、産業競争力強化法を改正し、同法に定める中長期環境適応計画（仮称）に従って導入される①脱炭素化を加速する製品を生産する設備や②生産プロセスを大幅に省エネ化・脱炭素化するための最新の設備の導入投資等について、税額控除又は特別償却ができる措置を創設する。（3年間の時限措置）

中長期環境適応計画（仮称）

【計画の経済産業大臣の認定】
1．脱炭素化を加速する製品を生産する設備（中長期環境適応需要開拓製品生産設備）
　① 中長期環境適応需要開拓製品※の生産を行うために不可欠な機械装置であること
　② 専ら中長期環境適応需要開拓製品の生産に使用されること
　（※）燃料電池・パワー半導体等のうち、特に優れた性能を有するもの
2．生産プロセスを大幅に省エネ化・脱炭素化するための最新の設備（中長期環境適応生産性向上設備）
・事業所等の単位で炭素排出量1単位当たりの付加価値額（経済活動炭素生産性）の目標が、「3年以内に7%又は10%以上向上」を満たす計画であること
（主な支援措置）

課税の特例（特別償却、税額控除）、金融支援

課税の特例の内容

● 中長期環境適応計画（仮称）に基づく脱炭素化効果の大きい設備投資について、以下の措置を講じる。

1．中長期環境適応需要開拓製品生産設備

対象設備	税額控除	特別償却
機械装置	10%	50%

2．中長期環境適応生産性向上設備

対象設備*	税額控除	特別償却
機械装置	5%	50%
器具備品 建物附属設備 構築物	【目標が10%以上向上の場合】 10%	

（*）導入される設備が事業所の経済活動炭素生産性を1%向上させることを満たす必要。
※設備投資総額の上限：500億円
（注）税額控除の控除上限は、デジタルトランスフォーメーション投資促進税制と合わせて当期の法人税額の20%を上限。

（自由民主党税制調査会資料）

[カーボンニュートラルに向けた投資促進税制の創設]

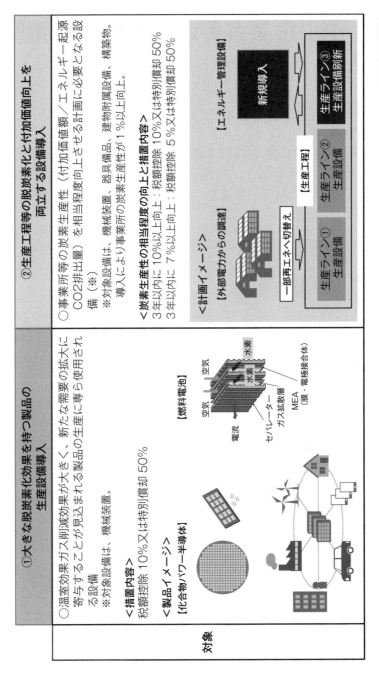

対象	①大きな脱炭素化効果を持つ製品の生産設備導入	②生産工程等の脱炭素化と付加価値向上を両立する設備導入
	○温室効果ガス削減効果が大きく、新たな需要の拡大に寄与することが見込まれる製品の生産に専ら使用される設備 ※対象設備は、機械装置。 <措置内容> 税額控除10％又は特別償却50％ <製品イメージ> [化合物パワー半導体] [燃料電池]	○事業所等の炭素生産性（付加価値額／エネルギー起源CO2排出量）を相当程度向上させる計画に必要となる設備 ※対象設備は、機械装置、器具備品、建物附属設備、構築物。 導入により事業所の炭素生産性が1％以上向上。 <炭素生産性の相当程度の向上と措置内容> 3年以内に10％以上向上：税額控除10％又は特別償却50％ 3年以内に7％以上向上：税額控除5％又は特別償却50％ <計画イメージ>[外部電力からの調達]

（経済産業省資料）

8 中小企業者等の法人税率の特例の延長

Question

租税特別措置法に規定された中小企業者等の法人税の軽減税率の特例は適用期限が「令和３年３月31日までに開始される各事業年度」とされていますが、延長はされるのでしょうか。

A 今回の改正により２年間延長されることとなりました。

ここが変わる

現行の制度が引き続き存続したまま、その適用期限が延長されます。

適用時期

令和５年３月31日までに開始する各事業年度において適用されます。

解　説

❶ 改正の背景

　中小企業は日本経済の基盤であり、地域経済の柱として多くの雇用を担う存在ですが、昨今の中小企業の業績は新型コロナウイルス感染症の影響により足下で急激に悪化しており、経済状況は予断を許さない状況となっています。

　また、海外経済の不確実性や人手不足、労働生産性の伸び悩み、後継者難等を背景とした経済の先行きの不透明さが続く状況の中で、新型コロナウイルス感染症の中小企業に与えるマイナスの影響がさらなる資金

繰りの悪化や利益の圧縮にも繋がり、ひいては日本全体の経済に大きな影響を与えるおそれがあります。

このような状況下においては、引き続き中小企業の財務基盤の安定・強化等のために軽減税率の維持が必要であるという考えに基づき、今回の期限延長に至っています。

❷ 改正の内容

中小企業者等^(注1)の法人税の軽減税率の特例^(注2)の適用期限が2年延長されることとされました。

（注1） この特例の対象となる法人は下記のとおりとなります。

    ① 普通法人のうち各事業年度終了の時における資本金の額もしくは出資金の額が1億円以下であるもの又は資本もしくは出資を有しないもの。

      ただし、各事業年度終了の時において下記に該当するものは除きます。

      ・大法人（資本金の額又は出資金の額が5億円以上である法人又は相互会社等）との間にその大法人による完全支配関係がある法人

      ・完全支配関係がある複数の大法人に発行済株式等の全部を保有される法人

      ・相互会社、投資法人、特定目的会社、受託法人

    ② 協同組合等

    ③ 一般社団法人等

    ④ 人格のない社団等

（注2） 法人税法の規定による本則の税率は19％ですが、租税特別措置法の規定により税率が15％に軽減されています。なお、軽減されるのは各事業年度の所得の金額のうち年800万円以下の部分に限られます。

（注3） 資本金の額又は出資金の額が1億円以下である普通法人もしくは特定の医療法人が適用除外事業者^(注4)に該当する場合には、この軽減税率の特例の適用はありません。

（注4） 適用除外事業者

      その事業年度開始の日前3年以内に終了した各事業年度の平均所

得金額が15億円を超える法人をいいます。

[中小企業者等の法人税の軽減税率の延長]

- **中小企業者等の法人税率**は、年800万円以下の所得金額について19%に軽減（本則）。
- 租税特別措置において、更に15%まで軽減されているが、適用期限を**2年間延長**する。

改正概要 【本則：期限の定めなし】
【租税特別措置法：適用期限 令和４年度末まで】

対象	本則税率		租特税率
大法人 （資本金１億円超の法人）	所得区分なし	23.2%	－
中小法人 （資本金１億円以下の法人）	年800万円超の所得金額	23.2%	－
	年800万円以下の所得金額	19%	15%

（経済産業省資料）

198　第２編　令和３年度税制改正の具体的内容

9 中小企業投資促進税制の見直し

Question

中小企業設備投資税制の見直しが行われるようですが、どのような見直しが行われるのでしょうか。

A 「中小企業投資促進税制」に「商業・サービス業・農林水産業活性化税制」も取り込む形で制度を一本化した上で、適用期限を2年延長します。

ここが変わる

対象となる指定事業の見直しを行った上、適用期間を2年延長します。

適用時期

令和3年4月1日から令和5年3月31日までの間に事業の用に供した資産に適用されます。

解 説

❶ 改正の趣旨等

地域経済の中核を担う中小企業を取り巻く状況は、ますます厳しさを増しており、ポストコロナを見据えて生産性の向上や経営基盤の強化を支援する必要があります。

このため、中小企業投資促進税制を2年延長するとともに、商業・サービス業・農林水産業活性化税制について、対象業種を中小企業投資促進税制に統合します。

第3章 法人課税 **199**

❷ 改正内容

中小企業投資促進税制は、中小企業における生産性向上等を図るため、一定の設備投資を行った場合に、特別償却（30％）又は税額控除（7％）^(注)のいずれかの適用を認める措置です。

　(注) 税額控除は資本金3,000万円以下の中小企業者等に限ります。

対象となる業種として、不動産業・物品賃貸業、商店街振興組合等を追加した上で、適用期限を2年間延長します（所得税においても同様とします）。

① 対象となる指定事業に次の事業を追加します。
　㈣ 不動産業
　㈤ 物品賃貸業
　㈥ 料亭、バー、キャバレー、ナイトクラブその他これらに類する事業（生活衛生同業組合の組合員が行うものに限る）
② 対象となる法人に商店街振興組合を追加します。
③ 対象資産から匿名組合契約等の目的である事業の用に供するものを除きます。
④ 特定中小企業者等が経営改善設備を取得した場合の特別償却又は税額控除制度（商業・サービス業・農林水産業活性化税制）は、適用期限をもって廃止されます（所得税についても同様とする）。

❸ 実務のポイント

① 対象となる指定事業が追加されますので、適用対象事業者の判定が必要になります。
② それぞれの税制措置の適用に当たっては、取得した資産ごとに「対象となる法人」、「対象となる資産の種類及び金額」、「必要となる手続」を確認する必要があります。

[中小企業投資促進税制の延長]

改正概要 【適用期限：令和４年度末まで】　　※太字は今回の追加業種等

対象者	・中小企業者等（資本金額１億円以下の法人、農業協同組合、**商店街振興組合**等） ・従業員数1,000人以下の個人事業主
対象業種	製造業、建設業、農業、林業、漁業、水産養殖業、鉱業、卸売業、道路貨物運送業、倉庫業、港湾運送業、ガス業、小売業、料理店業その他の飲食店業（**料亭、バー、キャバレー、ナイトクラブその他これらに類する事業については生活衛生同業組合の組合員が行うものに限る。**）、一般旅客自動車運送業、海洋運輸業及び沿海運輸業、内航船舶賃貸業、旅行業、こん包業、郵便業、通信業、損害保険代理業及びサービス業（映画業以外の娯楽業を除く）、**不動産業、物品賃貸業** ※性風俗関連特殊営業に該当するものは除く
対象設備	・機械及び装置【１台160万円以上】
	・測定工具及び検査工具【１台120万以上、１台30万円以上かつ複数合計120万円以上】
	・一定のソフトウェア【一のソフトウェアが70万円以上、複数合計70万円以上】 ※複写して販売するための原本、開発研究用のもの、サーバー用OSのうち一定のものなどは除く
	・貨物自動車（車両総重量3.5トン以上）
	・内航船舶（取得価格の75％が対象）
措置内容	個人事業主 資本金3,000万円以下の中小企業 　　　　　　　　　　　　　　30％特別償却 又は ７％税額控除
	資本金3,000万円超の中小企業　　　　　　　　30％特別償却

※対象資産から匿名組合契約等の目的である事業の用に供するものを除外

（経済産業省資料）

第３章　法人課税　201

[中小企業設備投資税制の延長等]

改正概要【適用期限：令和4年度末まで】

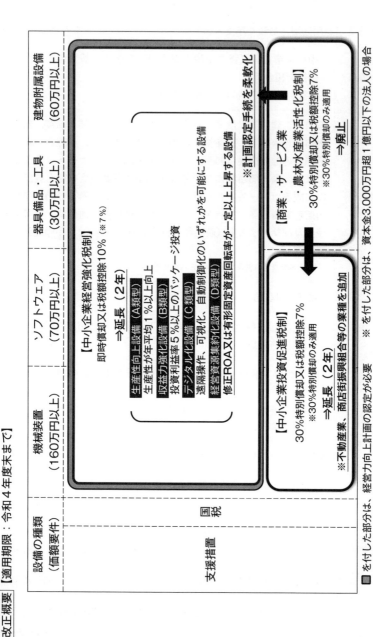

(経済産業省資料)

10 中小企業経営強化税制の見直し

> **Question**
>
> 中小企業経営強化税制の見直しが行われるようですが、どのような見直しが行われるのでしょうか。

A 中小企業経営強化税制について、適用期限を２年延長します。また、本税制の利便性を向上させるため、適用の前提となる計画認定手続を柔軟化します（例、工業会の証明書の取得と同時並行で、計画認定に係る審査を行うことにより、手続を迅速化）。

ここが変わる

M&Aの効果を高める設備として「経営資源集約化設備（D類型）」を追加した上で、適用期限を２年間延長します。

適用時期

令和３年４月１日から令和５年３月31日までの間に事業の用に供した資産に適用されます。

解 説

❶ 改正の趣旨等

中小企業の経営資源の集約化による事業の再構築等により、生産性を向上させ、足腰を強くする仕組みを構築することが重要です。このため、経営資源の集約化によって生産性向上等を目指す計画に必要な事項を記載して認定を受けた中小企業は新たな類型として中小企業経営強化税制

第３章 法人課税 **203**

適用を可能とし、M＆A後の積極的な投資を促すこととします。

❷ 改正内容

中小企業経営強化税制は、中小企業の稼ぐ力を向上させる取組みを支援するため、中小企業等経営強化法の認定を受けた計画に基づく投資について、即時償却又は税額控除（10％）[注]のいずれかの適用を認める措置です。

（**注**）　資本金3,000万円超の中小企業者等の税額控除率は７％。

M＆Aの効果を高める設備として「経営資源集約化設備（D類型）」を追加した上で、適用期限を２年間延長します（所得税についても同様とする）。

○経営資源集約化設備（D類型）

関係法令の改正を前提に特定経営力向上設備等の対象に計画終了年度に修正ROA又は有形固定資産回転率が一定以上上昇する経営力向上計画（経営資源集約化措置（仮称）が記載されたものに限る）を実施するために必要不可欠な設備。

❸ 実務のポイント

① 　経営資源集約化措置（仮称）の内容を確認する必要があります。

② 　それぞれの税制措置の適用に当たっては、取得した資産ごとに「対象となる法人」、「対象となる資産の種類及び金額」、「必要となる手続」を確認する必要があります。

[中小企業経営強化税制の延長]

改正概要 【適用期限：令和4年度末まで】

類型	生産性向上設備 （A類型）	収益力強化設備 （B類型）	デジタル化設備 （C類型）
要件	生産性が旧モデル比平均1％以上向上する設備	投資収益率が年平均5％以上の投資計画に係る設備	遠隔操作、可視化、自動制御化のいずれかを可能にする設備
確認者	工業会等	経済産業局	経済産業局
対象設備	◆機械装置（160万円以上/10年以内） ◆測定工具及び検査工具 （30万円以上/5年以内） ◆器具備品（30万円以上/6年以内） ◆建物附属設備（60万円以上/14年以内） ◆ソフトウェア（情報収集機能及び分析・指示機能を有するもの） （70万円以上/5年以内）	◆機械装置（160万円以上） ◆工具（30万円以上） ◆器具備品（30万円以上） ◆建物附属設備（60万円以上） ◆ソフトウェア（70万円以上）	◆機械装置（160万円以上） ◆工具（30万円以上） ◆器具備品（30万円以上） ◆建物附属設備（60万円以上） ◆ソフトウェア（70万円以上）
その他要件	生産等設備を構成するものであること（事務用器具備品・本店・寄宿舎等に係る建物付属設備、福利厚生施設に係るものは該当しません。） ／国内への投資であること／中古資産・貸付資産でないこと等		

経営資源集約化設備（D類型）
要件：修正ROA又は有形固定資産回転率が一定以上上昇する設備

⇒<u>新たな類型として追加</u>

（経済産業省資料）

11 地域未来投資促進税制の延長及び見直し

Question

平成29年度税制改正により創設された「地域未来投資促進税制」の適用が延長されるようですが、どのような内容でしょうか。

A 令和２年度までだった適用期間を２年間延長するとともに、適用要件の一部変更及び追加が行われます。

ここが変わる

課税特例の要件のうち、先進性に係る要件について、投資収益率・労働生産性に係る要件へ改められるとともに、製品等のサプライチェーンの強靱化に資する事業等の類型が追加されることになります。

適用時期

令和３年４月１日から令和５年３月31日までの間に事業の用に供した資産について適用されます。

解　説

❶ 制度延長の背景

我が国の地域経済は、人口減少が本格化する中で、東京圏とその他の地域との間には１人当たり県民所得等に差が存在しているなど、依然として厳しい状況にあるのが現状です。このような状況の下、我が国経済を持続的に成長させるためには、地域経済を牽引する事業を創出し、当

該事業が地域経済を牽引することを通じて、地域全体の稼ぐ力を高めることが重要となります。地域未来投資促進法に基づく地域経済牽引事業は、その承認の要件として、高い付加価値額の創出や、雇用者数の増加等を通じた地域への経済的効果を求めており、地域経済を牽引する効果が大きいものと考えられています。このため、平成29年度以降、地域経済牽引事業に対して課税の特例を措置し、地域経済を牽引する事業の創出を促進してきました。本税制措置に対する企業のニーズは大きい中、引き続き、本税制措置により地域経済牽引事業を支援し、地域の成長発展の基盤強化が求められています。

　また、各地域においては、新型コロナウイルス感染症（以下「感染症」という）の影響により、今後の事業実施の見通しが不透明な状況となっており、投資計画の見直しを余儀なくされる事業者も増加しています。とりわけ、雇用の下支え等の地域への経済的効果を有する地域経済牽引事業への投資の縮小・中止は、地域全体の景気低迷を招くおそれがあるため、感染症の影響から地域経済を回復させていくためには、地域経済牽引事業への積極的な投資を強力に推進していくことが求められています。

　以上を踏まえると、本税制措置の適用期限を延長することにより、引き続き、地域経済牽引事業に対する支援を行うことが必要となります。その際、本税制措置の政策効果をさらに高めるためには、感染症の影響による厳しい資金状況の下で投資額に比して大きな収益を上げる事業や、人口減少社会において限られた労働資本で高い付加価値を生み出す事業に重点化して支援を行うことが妥当であるため、現行の課税特例の要件のうち、事業の先進性に係る要件については、事業の効率性を測る客観的かつ明確な指標として、投資収益率・労働生産性により判定されることになりました。

　さらに、感染症の拡大により、我が国産業におけるサプライチェーンの脆弱性が顕在化したため、緊急時においても重要な物資の供給を可能とする産業構造の構築が求められています。これを踏まえ、課税特例の要件として、サプライチェーンの強靭化に資する事業等の類型が追加されることになりました。

[地域経済を巡る状況]

- 地域未来投資促進法に基づき、令和2年8月末までに2,448件の地域経済牽引事業計画が承認され、様々な分野で地域経済を牽引する事業が実施されている。このうち、1,602件が本税制の適用を受けるために主務大臣の確認を受けている。
- 一方、新型コロナウイルス感染症の拡大により、企業の設備投資への意欲は減退。また、製造業等のサプライチェーンの脆弱性が顕在化。こうした状況への対応が重要。

事業計画の 主な対象分野	対象事業のイメージ
ものづくり	産業集積を活用した製品開発、バイオ・新素材分野の実用化　等
農林水産・地域商社	農林水産品の海外市場獲得、地域産品のブランド化　等
第4次産業革命	IoT・AI・IT産業集積の構築、データ利活用による高収益化　等
観光・スポーツ	スタジアム・アリーナ整備、訪日観光客の消費喚起　等
環境・エネルギー	再生可能エネルギーを利用した発電、省エネルギー技術開発　等
ヘルスケア・教育	ロボット介護機器開発、健康管理サポートサービス　等

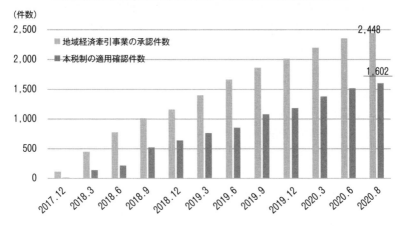

＜地域経済牽引事業の承認件数・本税制の適用確認件数＞

＜全国の中小製造業の設備投資額計画値（合計）＞

(出典)(株)日本政策金融公庫「中小製造業設備投資動向調査」

＜製造業等のサプライチェーンへの影響＞

○ 製造業等の工場から寄せられた声
✓ 感染症の拡大により、海外からの部品の納入に遅れが発生した。
✓ 感染症の拡大による海外工場の停止を踏まえ、
　一部製品の生産を東南アジアから国内に移管することになった。

(出典)日本銀行「地域経済報告(さくらレポート)」を要約。

⇒有事（災害・感染症等）の際も生産を継続できるように
　サプライチェーンの強靱化を促進する必要。

(経済産業省資料)

❷ 改正前の制度

従前の適用関係に関しては、次のとおりです。

(1) 対象法人

青色申告書を提出する法人で、地域経済牽引事業の促進による地域の成長発展の基盤強化に関する法律に規定する一定の法人が対象となります。

(2) 適用要件

① 策定する地域経済牽引事業計画について、都道府県の承認を受けること。

② 承認後に先進性等に関する主務大臣による確認を受けるための申請書を提出及び当該確認を受けること。

③ 上記承認・確認を受けた計画に基づき資産（機械装置、器具備品、建物、附属設備、構築物）を取得し事業の用に供すること。

(3) **特別償却及び税額控除**

① 特別償却

・機械装置、器具備品

基準取得価額 × 40％

（上乗せ要件を満たす場合は、50％）

・建物、附属設備、構築物

基準取得価額 × 20％

② 税額控除

・機械装置、器具備品

基準取得価額 × 4％

（上乗せ要件を満たす場合は、5％）

・建物、附属設備、構築物

基準取得価額 × 2％

（注） 特別償却は、限度額まで償却費を計上しなかった場合、その償却不足額を翌事業年度に繰り越すことができます。税額控除は、その事業年度の法人税額又は所得税額の20％までが上限となります。

［地域未来投資促進税制］

- 新型コロナウイルス感染症の影響からの地域経済の回復を図るためにも、**引き続き地域経済を牽引する事業に対する支援が必要**。このため、**地域未来投資促進税制の適用期限を2年間延長**。
- その際、課税特例の要件の客観化・明確化を図りつつ、効率的な事業（高い投資収益率・労働生産性）に支援対象を**重点化**。さらに、**サプライチェーンの強靭化に資する事業等の類型を追加**。

現行制度 【適用期限：令和2年度末まで】

地域経済牽引事業計画（都道府県の承認）

都道府県・市町村が作成する基本計画への適合
＜地域経済牽引事業の要件＞
①地域の特性の活用 ②高い付加価値の創出 ③地域の事業者に対する経済的効果

課税の特例措置（国の確認）

＜課税特例の要件＞
①先進性を有すること（※生産活動の基盤に著しい被害を受けた地域を除く）
②総投資額が2,000万円以上であること
③前事業年度の減価償却費の10%を超える投資額であること
④対象事業の売上高伸び率（%）が、ゼロを上回り、かつ過去5事業年度の対象事業の市場の伸び率（%）＋5%以上

＜上乗せ要件＞（平成31年4月1日以降に承認を受けた事業が対象）
⑤直近事業年度の付加価値額増加率が8%以上

課税の特例の内容・対象

対象設備		特別償却	税額控除
機械装置・器具備品		40%	4%
	上乗せ要件を満たす場合	50%	5%
建物・附属設備・構築物		20%	2%

※対象資産の取得価額の合計額のうち、本税制の支援対象となる金額は80億円を限度
※特別償却は、限度額まで償却費を計上しなかった場合、その償却不足額を翌事業年度に繰り越すことができる。
※税額控除は、その事業年度の法人税額又は所得税額の20%までが上限となる。

法人課税

第3章　法人課税　211

要望内容

○適用期限を２年間延長する。（令和４年度末まで）
○課税特例の要件のうち、先進性に係る要件について、投資収益率・労働生産性に係る要件に改める。
○課税特例の要件として、製品等のサプライチェーンの強靭化に資する事業等の類型を追加する。

(経済産業省資料)

❸　改正の内容

令和３年度改正による変更点は、次のとおりです。

⑴　課税特例の要件の客観化・明確化

従前の適用要件のうち、事業の先進性の確認に当たっては、評価委員が判断していたところ、投資収益率又は労働生産性の伸び率が一定水準以上であることが見込まれることの確認が要件となりました。

⑵　サプライチェーンの強靭化に資する事業等の類型を追加

課税特例の要件として、サプライチェーンの強靭化に資する事業等の類型が追加されました。

この類型の場合は、上記⑴の確認に代えて、海外に生産拠点が集中している一定の製品の製造をすること及びその地域経済牽引事業計画が実施される都道府県の行政区域内でその製品の承認地域経済牽引事業者の取引額の一定水準以上の増加が見込まれることの確認が必要となります。

⑶　承認地域経済牽引事業の実施場所が特定非常災害により生産活動の基盤に著しい被害を受けた地区である場合に先進性に係る要件を満たすこととする特例

その承認地域経済牽引事業に係る地域経済牽引事業計画の承認を受けた日がその特定非常災害発生日から１年（改正前：５年又は３年）を経過していない場合とし、対象となる区域を特定非常災害により生産活動の基盤に著しい被害を受けた地区のうちその特定非常災害に基因して事業又は居住の用に供することができなくなった建物等の敷地等の区域とすることとしました。

212　第２編　令和３年度税制改正の具体的内容

[地域未来投資促進税制の拡充・延長]

● 新型コロナウイルス感染症の影響からの地域経済の回復を図るためにも、**引き続き地域経済を牽引する事業に対する支援**が必要。このため、**適用期限を2年間延長**する。
● より投資効果の高い事業創出を促すため課税特例の要件の**客観化・明確化**を図るとともに、地域の経済活動が停止するリスクを回避するため地域経済のサプライチェーン強靭化に資する事業を新たに支援。

改正概要 【適用期限：令和4年度末まで】

地域経済牽引事業計画（都道府県の承認）

都道府県・市町村が作成する基本計画への適合
<地域経済牽引事業の要件>
①地域特性の活用 ②高い付加価値の創出 ③地域の事業者に対する経済的効果

課税の特例措置（国の確認）

<課税特例の要件>　　　　　　　　　　　　　　要件の客観化・明確化
①先進性を有すること
 （※特定非常災害により被災した区域を除く）
②総投資額が2,000万円以上であること
③前事業年度の減価償却費の10%を超える投資額であること
④対象事業の売上高伸び率(%)が、ゼロを上回り、かつ
　過去5事業年度の対象事業の市場の伸び率(%)＋5%以上

<上乗せ要件>（平成31年4月以降に承認を受けた事業が対象）
⑤直近事業年度の付加価値額増加率が8%以上
⑥投資収益率かつ労働生産性の伸びが一定水準以上

<通常類型>
①投資収益率又は労働生産性の伸びが一定水準以上

<サプライチェーン類型>
①(1)海外に生産拠点が集中している一定の製品を製造
①(2)域内（※）の取引額の増加率が一定水準以上
　（※）地域経済牽引事業を実施する都道府県内

法人課税

第3章　法人課税　213

課税の特例の内容・対象		
対象設備	特別償却	税額控除
機械装置・器具備品	40%	4%
上乗せ要件を満たす場合	50%	5%
建物・附属設備・構築物	20%	2%

※対象資産の取得価額の合計額のうち、本税制の支援対象となる金額は80億円を限度

※特別償却は、限度額まで償却費を計上しなかった場合、その償却不足額を翌事業年度に繰り越すことができる。

※税額控除は、その事業年度の法人税額又は所得税額の20%までが上限となる。

（経済産業省資料）

❹ 実務のポイント

① 個人（所得税）においても同様の改正が行われることになります。

② 主務大臣の確認を受けた承認地域経済牽引事業計画の実施期間内には、同一の都道府県知事又は主務大臣の承認を受けた他の地域経済牽引事業計画について主務大臣の確認を受けられなくなります。

　また、承認地域経済牽引事業計画の実施期間終了後に、同一の都道府県知事又は主務大臣の承認を受けた他の地域経済牽引事業計画について主務大臣の確認を受けようとする場合には、主務大臣は、現行の要件の確認に加えて、その確認に係る地域経済牽引事業計画前の地域経済牽引事業計画に係る投資収益率及び労働生産性の伸び率の実績を確認することになります。

12 中小企業防災・減災投資促進税制の延長及び見直し

Question

令和元年7月に施行された「中小企業防災・減災投資促進税制」の適用が延長されるようですが、どのような内容でしょうか。

A 令和2年度までだった適用期間を2年間延長するとともに、防災・減災のための設備投資に対する特別償却の対象が拡充されます。

ここが変わる

対象資産に感染症対策のために取得等をするサーモグラフィや無停電電源装置（UPS）が追加される一方、これまで対象設備であった火災報知器、スプリンクラー、消火設備、排煙設備及び防火シャッターは対象外となります。

適用時期

令和3年4月1日から令和5年3月31日までの間に認定を受けた事業継続力強化計画等の対象資産で、認定を受けた日から1年以内に取得等をして事業の用に供した資産について適用されます。

解　説

❶ 創設の背景

近年、全国各地で自然災害が頻発しており、多くの中小企業が被災し

第3章　法人課税　**215**

ています。とりわけ今年は、今般の新型コロナウイルス感染症拡大のリスクも顕在化しており、こうした自然災害等のリスクは、個々の事業者だけでなく、我が国のサプライチェーン全体にも大きな影響を及ぼす恐れがあり、中小企業の自然災害等への事前の対策への取組が求められてきました。

　しかしながら、従来から自然災害等への備えとして、BCP（事業継続計画）の普及啓発を行っている一方、「ノウハウがない」、「どのように策定してよいか分からない」との声が多くの中小企業の経営者から聞かれており、BCPの策定が進まなかった背景がありました。そこで経済産業省では、令和元年7月に「中小企業の事業活動の継続に資するための中小企業等経営強化法等の一部を改正する法律（令和元年法律第21号）」を施行し、中小企業等経営強化法において、中小企業が策定した防災・減災対策に係る実行性のある取組を「事業継続力強化計画」として経済産業大臣が認定する制度を創設しました。当該制度は令和2年7月末日までで、約11,700件の計画を認定しています。

　事業継続力強化計画は、中小企業が自社の自然災害等のリスクを認識し、防災・減災対策の第一歩目として取り組むために必要な項目を盛り込んだもので、従来のBCPと比較して、より実行性のある取組とするため、簡潔な計画となっており、地域のサプライチェーンの中核を担う企業をはじめ、多くの中小企業に取り組むことにより、自然災害等の発生時における中小企業の事業の継続が可能となることを目的としています。

　また、今後も襲来が予想される地震、台風、豪雨等の自然災害に加え、今般の新型コロナウイルス感染症の影響により、足下の経済は大きく痛んでいる状況であり、中小企業が自然災害等への事前の備えを行うことは喫緊の課題となっています。こうした状況を踏まえ、中小企業の自然災害等に対する実行性のある取組を支援することが求めらており、中小企業による防災・減災への取組を後押しするために、自社の立地条件等に則した防災・減災に資する設備投資を促すことが重要であることから、引き続き、本税制により支援が必要となっています。加えて、近年毎年のように発生している台風や豪雨等による大規模な洪水や自然災害から二次的に発生する停電、今般の新型コロナウイルス感染症拡大の影

216　第2編　令和3年度税制改正の具体的内容

響等を踏まえ、頻発する自然災害や感染症禍での事業継続に対する事前対策を強化するため、本税制の対象設備の拡充が必要とされています。

[事業継続力強化計画認定制度の概要]

- 中小企業が行う防災・減災の事前対策に関する計画を、中小企業等経営強化法に基づき経済産業大臣が認定。令和2年7月末日現在で、約11,700件の事業継続力強化計画を認定。
- 認定を受けた中小企業は、税制優遇や補助金の加点などの支援策を活用可能。

【計画認定のスキーム】

中小企業・小規模事業者
連携して計画を実施する場合：
大企業や経済団体等の連携者

①計画を策定し申請　②認定

経済産業大臣
(地方経済産業局)

認定対象事業者
- 防災・減災に取り組む中小企業・小規模事業者

事業継続力強化計画の記載項目
- 事業継続力強化に取り組む目的の明確化。
- ハザードマップ等を活用した、自社拠点の自然災害リスク認識と被害想定策定。
- 発災時の初動対応手順（安否確認、被害の確認・発信手順等）策定。
- ヒト、モノ、カネ、情報を災害から守るための具体的な対策。
  ※ 自社にとって必要で、取組を始めることができる項目について記載。
- 計画の推進体制（経営層のコミットメント）。
- 訓練実施、計画の見直し等、取組の実効性を確保する取組。
- （連携をして取り組む場合）連携の体制と取組、取組に向けた関係者の合意。

認定を受けた企業に対する支援策
- 低利融資、信用保証枠の拡大等の金融支援
- 防災・減災設備に対する税制措置
- 補助金（ものづくり補助金等）の優先採択
- 連携をいただける企業や地方自治体等からの支援措置

- 中小企業庁HPでの認定を受けた企業の公表
- 認定企業にご活用いただけるロゴマーク（会社案内や名刺で認定のPRが可能）

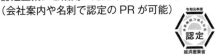

（経済産業省資料）

[中小企業防災・減災投資促進税制の利用状況]

○ 令和元年度(7ヶ月間)において約210件、令和2年4月～6月(3ヶ月間)において既に約120件の計画が税制措置の活用を予定しており、防災・減災設備投資のニーズが高まっている。
○ 新型コロナウイルス感染症の影響を受ける中小企業の自然災害等による被害を最小限に抑えるためにも、防災・減災対策に資する設備投資を促進することが重要。

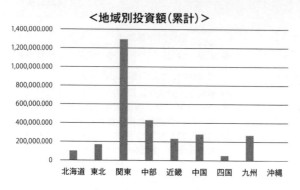

[出所] 令和2年7月29日時点で、経済産業局が発行した令和元年度における認定通知書に基づき中企庁が作成。過年度申請・確認及び計画の変更があるため、今後も増減の可能性がある。

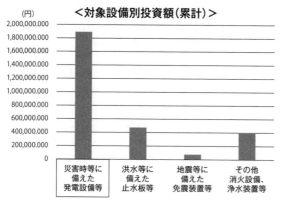

【活用事例】
・豪雨が発生した際に、近隣河川の氾濫等に備え、止水板を導入。
・地震や台風等により停電した時のために、非常用自家発電設備を導入。
・地震に備えて、重要設備を固定するための免震ラックを導入。

＜止水板＞
(経済産業省資料)

❷ 改正前の制度

従前の適用関係に関しては、次のとおりです。

(1) 対象法人

青色申告書を提出する中小企業者等で、自然災害等に対する防災・減災対策をとりまとめた「(連携)事業継続力強化計画」の認定を受けた法人が対象となります。

(2) 適用要件

適用要件は、設備の取得前に事業継続力強化計画等の認定を受け、認定を受けた日から1年以内に取得等をし、事業の用に供することです。

(3) 対象資産

① 機械及び装置(100万円以上)

自家発電設備、排水ポンプ、制震・免震装置、浄水装置、揚水ポンプ(これらと同等に、自然災害の発生が事業活動に与える影響の軽減に資する機能を有するものを含む)

② 器具及び備品(30万円以上)

すべての設備

③ 建物附属設備(60万円以上)

自家発電設備、キュービクル式高圧受電設備、変圧器、配電設備、電力供給自動制御システム、照明設備、貯水タンク、浄水装置、排水ポンプ、揚水ポンプ、火災報知器、スプリンクラー、消火設備、排煙設備、格納式避難設備、止水板、制震・免震装置、防水シャッター、防火シャッター(これらと同等に、自然災害の発生が事業活動に与える影響の軽減に資する機能を有するものを含む)

(4) 特別償却及び税額控除

① 特別償却率

20%

② 税額控除

適用不可

第3章 法人課税 **219**

[中小企業防災・減災投資促進税制の拡充及び延長]

- 近年、全国各地で自然災害が頻発し多くの中小企業が被災するとともに、今般の新型コロナウイルス感染症リスクの顕在化の中、中小企業が自然災害等への事前の備えを行うことは重要。
- 中小企業の自然災害等への事前対策を後押しするため、中小企業の実行性のある防災・減災対策のための設備投資を促進する税制措置について、対象設備を拡充した上で適用期限を2年間延長する。

現行制度　【適用期限：令和2年度末まで】

○対 象 者：自然災害等に対する防災・減災対策をとりまとめた「（連携）事業継続力強化計画」の認定を受けた中小企業者等
○支援措置：特別償却20%
○対象設備：以下の通り

減価償却資産の種類 （取得価額要件）	対象となるものの用途又は細目
機械及び装置 （100万円以上）	自家発電設備、排水ポンプ、制震・免震装置、浄水装置、揚水ポンプ （これらと同等に、自然災害の発生が事業活動に与える影響の軽減に資する機能を有するものを含む。）
器具及び備品 （30万円以上）	全ての設備
建物附属設備 （60万円以上）	自家発電設備、キュービクル式高圧受電設備、変圧器、配電設備、電力供給自動制御システム、照明設備、貯水タンク、浄水装置、排水ポンプ、揚水ポンプ、火災報知器、スプリンクラー、消火設備、排煙設備、格納式避難設備、止水板、制震・免震装置、防水シャッター、防火シャッター （これらと同等に、自然災害の発生が事業活動に与える影響の軽減に資する機能を有するものを含む。）

要望内容

○昨今の水害など激化する災害等及び感染症への事前対策を強化するため、重要設備のかさ上げに用いる架台や、停電時の電力供給装置等を追加する。
○適用期限を2年間延長する。（令和4年度末まで）

(経済産業省資料)

❸ 改正の内容

令和3年度改正による変更点は、次のとおりです。

(1) 特別償却の対象が拡充

以下の資産について、従前の対象資産に加え特別償却の対象範囲が拡充されました（機械装置の対象資産は拡充なし）。

① 器具及び備品（30万円以上）

感染症対策のために取得等をするサーモグラフィ

② 建物附属設備（60万円以上）

無停電電源装置（UPS）

（注1） 架台については、本税制の対象設備をかさ上げするために取得等をするもののみ対象となります。

（注2） 資本的支出により取得等する資産も対象となります。

（注3） これまで対象設備であった火災報知器、スプリンクラー、消火設備、排煙設備及び防火シャッターは対象外となり、資産の取得等に充てるための補助金等の交付を受けて取得等をするものも対象外となります。

(2) 特別償却率

令和5年4月1日以後に取得等をする資産の特別償却率は18％（現行：20％）に引き下げられることになります。

❹ 実務のポイント

① 個人（所得税）においても同様の改正が行われることになります。

② 中小企業投資促進税制等のように、特別償却と税額控除の選択適用ではなく、本税制では特別償却のみの適用です。

［中小企業防災・減災投資促進税制の拡充・延長］

● 　近年、全国各地で頻発する自然災害、長期化する新型コロナウイルス感染症の影響の中、中小企業が自然災害等への事前の備えを行うことは重要。
● 　中小企業による自然災害等に対する事前対策の強化に向けた設備投資を後押しするため、対象設備を追加した上で、適用期限を2年間延長する。

改正概要 　【適用期限：令和4年度末まで】

○対 象 者：令和5年3月31日までの2年間に自然災害等に対する防災・減災対策をとりまとめた 「事業継続力強化計画」等の認定を受けた中小企業者等

○支援措置：特別償却20％（投資を前倒す観点から3年目（令和5年4月1日以降）に取得等をする資産は18％）

○対象資産：「事業継続力強化計画」等の認定を受けた日から1年以内に取得等をする以下の設備

減価償却資産の種類 （取得価額要件）	対象となるものの用途又は細目
機械及び装置 （100万円以上）	自家発電設備、排水ポンプ、制震・免震装置、浄水装置、揚水ポンプ （これらと同等に、自然災害の発生が事業活動に与える影響の軽減に資する機能を有するものを含む。）
器具及び備品 （30万円以上）	自然災害等の発生が事業活動に与える影響の軽減に資する機能を有する全ての設備、感染症対策のために取得等をするサーモグラフィ
建物附属設備 （60万円以上）	自家発電設備、キュービクル式高圧受電設備、変圧器、配電設備、電力供給自動制御システム、照明設備、貯水タンク、浄水装置、排水ポンプ、揚水ポンプ、格納式避難設備、止水板、制震・免震装置、防水シャッター、無停電電源装置（UPS） （これらと同等に、自然災害の発生が事業活動に与える影響の軽減に資する機能を有するものを含む。）

※1 架台については、本税制の対象設備をかさ上げするために取得等をするもののみ対象となる。

※2 これまで対象設備であった火災報知器、スプリンクラー、消火設備、排煙設備及び防火シャッターは対象外となる。

（経済産業省資料）

13 中小企業における所得拡大促進税制の見直し

Question

中小企業における所得拡大促進税制の見直しがされるようですが、どのような見直しがされるのでしょうか。

A 適用要件について、継続雇用者給与等支給額による比較がなくなり、雇用者給与等支給額による比較のみとなり、その適用期限が2年間延長されることになります。

ここが変わる

① 継続雇用者給与等支給額による比較がなくなり、雇用者給与等支給額による比較のみとなります。

② 給与等の支給額から控除する「給与等に充てるため他の者から支払を受ける金額」について、その範囲が明確化され、適用要件の判定において、雇用調整助成金及びこれに類するものの額を控除しないこととされます。

適用時期

令和3年4月1日から令和5年3月31日までの間に開始する事業年度において適用されます。

解　説

❶　改正の趣旨等

　経済の好循環のためには、企業が生み出した付加価値の従業員給与への還元を促すことが引き続き必要であり、雇用の維持・確保への懸念がある中においては、特に中小企業全体として雇用を守りつつ、賃上げによる所得拡大を促すことが重要です。このため、賃上げだけでなく、雇用を増加させる企業を下支えする観点から、従来の要件を見直した上で2年延長されることになります。

❷　改正の内容

　中小企業における所得拡大促進税制について、次の見直しを行った上で、その適用期限が2年延長されます（所得税についても同様）。

① 　賃金要件の緩和
　　継続雇用者給与等支給額の継続雇用者比較給与等支給額に対する増加割合が1.5％以上であることとの要件を、雇用者給与等支給額の比較雇用者給与等支給額に対する増加割合が1.5％以上であることとの要件が見直されます。

② 　税額控除率が25％となる要件（上乗せ要件）
　　継続雇用者給与等支給額の継続雇用者比較給与等支給額に対する増加割合が2.5％以上であることとの要件を、雇用者給与等支給額の比較雇用者給与等支給額に対する増加割合が2.5％以上であることとの要件に見直しがされます。

③ 　給与等の支給額から控除する「給与等に充てるため他の者から支払を受ける金額」について、その範囲を明確化するとともに、次の見直しがされます。

　㈤ 　上記①及び②の要件を判定する場合には、雇用調整助成金及びこれに類するものの額を控除しないこととされます。

　㈥ 　税額控除率を乗ずる基礎となる雇用者給与等支給額から比較雇用者給与等支給額を控除した金額は、雇用調整助成金及びこれに類す

224　第2編　令和3年度税制改正の具体的内容

るものの額を控除して計算した金額を上限とされます。

	改正前	改正後
賃金に関する要件	雇用者給与等支給額　＞比較雇用者給与等支給額 継続雇用者給与等支給額≧　継続雇用者比較給与等支給額×101.5%	雇用者給与等支給額　≧比較雇用者給与等支給額×101.5%
税額控除額	（雇用者給与等支給額－比較雇用者給与等支給額）×15%※	（雇用者給与等支給額－比較雇用者給与等支給額）×15%※
	※教育訓練費増加要件を満たす場合は25% ≪教育訓練費増加要件≫ 次の①と②の要件を満たす場合 ①　継続雇用者給与等支給額≧継続雇用者比較給与等支給額×102.5% ②　下記のいずれかを満たす場合 ㈤　教育訓練費の額≧比較教育訓練費の額×110% ㊀　事業年度終了の日までに中小企業等経営強化法の規定による経営力向上計画の認定を受けて、同計画に従い経営力向上が確実に行われたものとしての証明がされていること	※教育訓練費増加要件を満たす場合は25% ≪教育訓練費増加要件≫ 次の①と②の要件を満たす場合 ①　雇用者給与等支給額≧比較雇用者給与等支給額×102.5% ②　下記のいずれかを満たす場合 ㈤　教育訓練費の額≧比較教育訓練費の額×110% ㊀　事業年度終了の日までに中小企業等経営強化法の規定による経営力向上計画の認定を受けて、同計画に従い経営力向上が確実に行われたものとしての証明がされていること
	控除税額は法人税額の20%を限度とする	控除税額は法人税額の20%を限度とする

法人課税

第3章　法人課税　225

❸ 実務のポイント

① 実務上煩雑とされていた継続雇用者の集計がなくなり、集計計算に係る労力が緩和されます。

② 雇用調整助成金の取扱いについては、賃金要件の判定における雇用者給与等支給額からは控除されませんが、税額控除額の計算の基礎金額には、雇用調整助成金は控除して計算することになるため留意する必要があります。

③ 法人住民税の計算についても、上記の改正がされた上で、2年間延長されます。

[所得拡大促進税制の見直し・延長]

● 経済の好循環・持続的な成長には、所得の増加を通じた内需拡大が重要。他方、新型コロナウイルスの影響により雇用環境が悪化する中では、雇用を守り、個人消費の原資となる所得の下支えが必要。

● このため、雇用を増やすことにより所得拡大を図る企業も評価できるよう、適用要件を一部見直し・簡素化したうえで、適用期限を2年間延長する。

改正概要　【適用期限：令和4年度末まで】

《現行制度》

【通常要件①】　継続雇用者給与等支給額が前年度比で1.5%以上

かつ

【通常要件②】　給与等支給総額（企業全体の給与）が前年度以上

【措置内容】
給与等支給総額の増加額の15%を税額控除

- -

【上乗せ要件】
継続雇用者給与等支給額が
前年度比で2.5%以上であり、次のいずれかを満たすこと

Ⅰ．教育訓練費が対前年度比10%以上増加

Ⅱ．中小企業等経営強化法に基づく経営力向上計画の認定を受けており、経営力向上が確実になされていること

【措置内容】
給与等支給総額の増加額の25%を税額控除　　　　控除上限は、法人税額の20%

《改正案》

【通常要件】
給与等支給総額(企業全体の給与)が前年度比で1.5%以上

【措置内容】
✓ 給与等支給総額の増加額の15%を税額控除

【上乗せ要件】
給与等支給総額(企業全体の給与)が
前年度比2.5%以上であり、次のいずれかを満たすこと
Ⅰ. 教育訓練費が対前年度比10%以上増加
Ⅱ. 中小企業等経営強化法に基づく経営力向上計画の認定を受けており、経営力向上が確実になされていること

【措置内容】
✓ 給与等支給総額の増加額の25%を税額控除

控除上限は、法人税額の20%

(経済産業省資料)

[コロナ下での業況感・雇用環境]

○ 新型コロナウイルス感染症により、中小企業の業況感や雇用環境は悪化しており、所得の下支えのためには、雇用確保も重要。

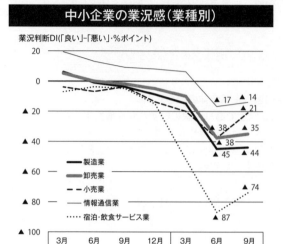

(出典)日本銀行「全国短期経済観測調査」を基に作成

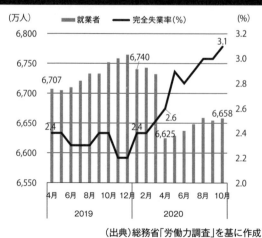

(出典)総務省「労働力調査」を基に作成

(経済産業省資料)

14 中小企業事業再編投資損失準備金制度の創設

Question

当社は、他社の買収を検討しています。しかしながら、コロナウイルス感染症の拡大により買収事業の将来のリスクを考慮し、実行計画が定まりません。令和３年度改正では、企業買収後のリスクに備えた税制が創設されると聞きました。どのような制度になるのでしょうか。

> **A** 新型コロナウイルス感染症の影響が長期化する中、前向きな取組を行う意欲のある中小企業について経営資源の集約化等を支援するため、M&Aによるリスクに備え、一定の損失準備金積立額を損金算入できるようになります。

ここが変わる

中小企業等経営強化法の改正を前提に、青色申告書を提出する中小企業者のうち中小企業等経営強化法の経営力向上計画の認定を受けたものが、他の法人の株式等の取得をし、取得事業年度終了の日まで引き続き保有している場合において、株式等の取得価額の70％を限度として中小企業事業再編投資損失準備金を損金算入できることとなります。

適用時期

中小企業等経営強化法の改正法の施行の日から令和６年３月31日までの間に同法の経営力向上計画の認定を受けたものが行う株式の取得について適用されます。

第３章 法人課税 **229**

解　説

❶　改正の経緯

　ウィズコロナ／ポストコロナ社会においては、「新たな日常」に対応していくことが必要となり、このためには単に設備投資や研究開発等を進めるだけでは足りず、業態転換も含めて大胆なビジネスモデルの変革を進めることで生産性を向上させることが重要となります。特に、地域経済・雇用を担う中小企業については、経営資源の集約化による新規事業拡大や多角化など、地域における雇用の確保等につながるM&Aに向けた積極的な経営判断を後押しする必要があります。

　M&Aにおいては、簿外債務・偶発債務や将来の業績悪化による減損といったリスクがあり、これらのリスクについて、買い手はデューデリジェンスによって事前にリスクを可能な限り特定するとともに、それでも把握できないリスクを表明保証によって売り手に転嫁することでリスク回避を行います。しかし、中小企業のM&Aの場合には、買い手のデューデリジェンスコスト負担や、表明保証が売り手の保有資産によって担保できる範囲に限界があることから、リスクを十分に回避することが困難な状況にあります。加えて、足下では新型コロナウイルス感染症が収束しておらず、将来の事業リスクを見込むことが通常よりも困難な状況にあります。

　このため、ウィズコロナ／ポストコロナ社会に向けて、地域経済・雇用を担おうとする中小企業による経済資源の集約化等を支援することを目的として創設されました。

[M&A実施後にリスクが顕在化して損失が生じた事例イメージ]

A社（建築・土木業）
- M&A後に売り手企業が過去に施工した建築物の中に欠陥工事が発覚。旧代表者に弁償資力はなく、最終的には買い手企業Aが負担。
- また、売り手企業は公共事業に係る経営事項審査をパスするため、粉飾決算を繰り返しており、回収できない売掛金等が多数判明。

簡易的なDDしか実施しなかったことにより M&A後、多額の簿外債務を負うことに
<事業者からの声>

売買金額も少額で、DDを重要視していなかった。
ある程度精緻なDDが必要であったと後悔。

B社（システムエンジニアリング業）
- 売り手企業の元役員が事業譲渡に反対し、妨害行為をしていた結果、M&A後に社員が流出。
- また、M&A後に、ライセンスの更新が必要なソフトの存在が明らかとなり、当初予期していなかった更新料等に多額の費用を負担。

DDでは回避できなかったリスクにより M&A後、多額の損失を計上
<事業者からの声>

専門家にDDを依頼したものの、DDでは把握できなかったリスク等で大変苦労した。

C社（飲食業）
- M&A以前に退職していた売り手企業の複数の元従業員が、未払残業代を請求。
- 当初予定していなかった多額のコストが発生。
- 更に、コロナ禍の影響で足下の売上が大きく落ち込んでおり、苦しい状況に陥っている。

M&A以前に退職していた元従業員から 未払残業代の請求
<事業者からの声>

M&Aには予測できないリスクがあることを身をもって実感した。

（中小企業庁「中小企業の経営資源集約化等に関する検討会」資料）

❷ 制度の概要

中小企業事業再編投資損失準備金制度の概要は、以下のとおりです。

(1) 対象となる中小企業者

青色申告書を提出する中小企業者（中小企業等経営強化法の中小企業者等であって租税特別措置法の中小企業者（適用除外事業者に該当するものを除く）に該当するもの）に限ります。

(2) 手　続

中小企業等経営強化法の改正法の施行の日から令和6年3月31日までの間に中小企業等経営強化法の経営力向上計画（経営資源集約化措置（仮称）が記載されたものに限る）の認定を受けることが必要です。

(3) 対象となるM&A

認定に係る経営力向上計画に従って他の法人の株式等の取得(購入による取得に限る)をし、かつ、これをその取得の日を含む事業年度終了の日まで引き続き有している場合が対象となります。ただし、取得する株式等の取得価額が10億円を超える場合は除かれます。

(4) 中小企業事業再編投資損失準備金の繰入れ

その株式等の取得価額の70%以下の金額を中小企業事業再編投資損失準備金として積み立てたときは、その積み立てた金額はその事業年度の損金に算入することができます。

(5) 中小企業事業再編投資損失準備金の取崩し

上記(4)により積み立てた準備金は、その株式等の全部又は一部を有しなくなった場合、その株式等の帳簿価額を減額した場合等において取り崩すほか、その積み立てた事業年度終了の日の翌日から5年を経過した日を含む事業年度から5年間でその経過した準備金残高の均等額を取り崩して益金に算入されます。

［準備金の積立（リスクの軽減）］

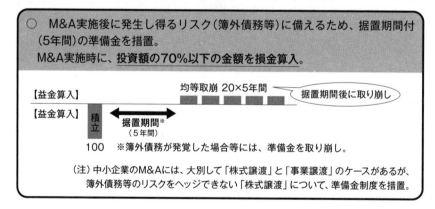

（経済産業省資料）

❸ 実務のポイント

本制度の創設により、M&Aによる株式取得費用の70%までを準備金

として損金に算入できることで、投資初年度の税負担が抑えられること
でM&Aリスクを備えられ、中小企業の経営資源の集約化の推進が見込
まれるとともに、地域における雇用の確保やサプライチェーンの維持等
につながる効果が期待されます。

　本制度の適用を受けるためには、中小企業等経営強化法の経営力向上
計画の認定を受けることが必要となります。そのため、M&Aの検討段
階において、認定スケジュール及び準備金の取崩しによる益金算入の影
響も織り込んだ計画策定が重要となります。

法人課税

第3章　法人課税　**233**

15 中小企業者等の貸倒引当金の特例に おける法定繰入率の見直し

Question

中小企業者等の特例である法定繰入率に基づく貸倒引当金の
計算について、見直しが行われるようですが、どのような内容
なのでしょうか。

A 一括評価金銭債権に係る貸倒引当金の設定に関して、法定繰入
率の引下げが行われます。

ここが変わる

中小企業者等で割賦販売小売業並びに包括信用購入あっせん業及び個
別信用購入あっせん業が適用することができる法定繰入率について、引
き下げられます。

適用時期

適用時期は税制改正大綱に明記されていないため、今後の情報を確認
する必要があります。

解　説

❶ 制度の概要

金銭債権のうち一括評価金銭債権に係る貸倒引当金の設定について
は、原則として実績繰入率に基づく計算を行うこととされています。た
だし、中小法人又は公益法人等もしくは協同組合等で一定の要件を満た

234　第2編　令和3年度税制改正の具体的内容

すもの（以下「中小企業者等」という）については、特例として、実績
繰入率に基づく計算に代えて、法定繰入率に基づく計算により貸倒引当
金の繰入限度額を算出することが認められています（法法52、66、措法
57の9、措令33の7）。

(1) **対象法人**

① 事業年度末における資本金が1億円以下の普通法人で、下記の法人
以外のもの

・大法人（資本金が5億円以上の法人、相互会社又は受託法人）によ
る完全支配関係がある普通法人

・完全支配関係がある複数の大法人に発行済株式等の全部を保有され
ている普通法人

・平成31年4月1日以後に開始する事業年度からは、適用開始の日前
3年以内に終了した各事業年度の所得の金額の平均額が15億円を超
える法人

・保険業法に規定する相互会社

・保険業法に規定する外国相互会社

② 公益法人等又は協同組合等

(2) **繰入限度額の計算方法**

　　＜算　式＞

　　繰入限度額＝（ⓐ－ⓑ）×法定繰入率 ^(注)

　　ⓐ　期末一括評価金銭債権の帳簿価額

　　ⓑ　実質的に債権とみられない金額

　　　(注) 法定繰入率

卸売業及び小売業（飲食店業及び料理店業を含む）	製　造　業	金融業及び保険業	割賦販売小売業並びに包括信用購入あっせん業及び個別信用購入あっせん業	そ　の　他
10／1,000	8／1,000	3／1,000	13／1,000	6／1,000

第3章　法人課税　235

❷ 改正の内容

算式で用いる法定繰入率について、割賦販売小売業並びに包括信用購入あっせん業及び個別信用購入あっせん業が適用することができる法定繰入率が、現行1,000分の13から1,000分の7へ引き下げられます。

卸売業及び小売業（飲食店業及び料理店業を含む）	製　造　業	金融業及び保険業	割賦販売小売業並びに包括信用購入あっせん業及び個別信用購入あっせん業	そ　の　他
10／1,000	8／1,000	3／1,000	13／1,000	6／1,000

卸売業及び小売業（飲食店業及び料理店業を含む）	製　造　業	金融業及び保険業	割賦販売小売業並びに包括信用購入あっせん業及び個別信用購入あっせん業	そ　の　他
10／1,000	8／1,000	3／1,000	7／1,000	6／1,000

❸ 実務のポイント

割賦販売小売業並びに包括信用購入あっせん業及び個別信用購入あっせん業を行う法人においては、算出される貸倒引当金繰入限度額が縮小されます。

16 みなし寄附金制度の適正化

Question

公益法人等に適用されるみなし寄附金について、見直しが行われるようですが、どのような内容なのでしょうか。

A 収益事業を行っている公益法人等に適用されるみなし寄附金の額について、仮装隠蔽の経理により支出した金額が除外されます。

ここが変わる

みなし寄附金の対象となる寄附金の額から、収益事業以外の事業のために支出した金額のうち事実を隠蔽し又は仮装して経理することによる支出した金額が除外されます。

適用時期

適用時期は税制改正大綱に明記されていないため、今後の情報を確認する必要があります。

解　説

❶ 制度の概要

みなし寄附金制度は、公益法人等（法人税法別表第二に掲げる法人をいう）がその収益事業に属する資産のうちからその収益事業以外のために支出した金額を、その収益事業に係る寄附金の額とみなす制度です。なお、公益社団法人又は公益財団法人にあっては、その収益事業に属する資産のうちからその収益事業以外の事業で公益に関する事業として一

第3章　法人課税　**237**

定の要件を満たした事業（いわゆる公益目的事業）のために支出した金額に限られます。

[みなし寄附金制度の概要]

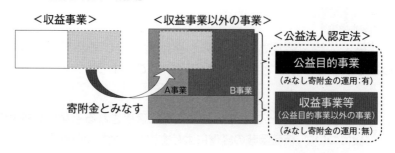

（国税庁「新たな公益法人関係税制の手引き」）

❷ 改正の内容

　みなし寄附金の対象となっている金額から、事実を隠蔽し又は仮装して経理することにより支出した金額が除外されます。
　「事実を隠蔽し又は仮装して経理」の具体例は大綱において示されていませんが、国税通則法68条1項（重加算税）に係る事務運営指針において、隠蔽又は仮装に該当する場合とは、例えば次のような不正事実がある場合としています。
・いわゆる二重帳簿を作成していること
・帳簿書類の隠ぺい、虚偽記載等があること
・特定の損金算入又は税額控除の要件とされている証明書その他の書類を改ざんし、又は虚偽の申請に基づく書類交付を受けていること
・簿外資産に係る利息収入、賃貸料収入等の果実を計上していないこと
・簿外資産をもって役員賞与その他の費用を支出していること
　これらのような事実に基づき経理することにより支出した金額は、その収益事業へのみなし寄附金の金額から除外されることになります。

❸ 実務のポイント

　公益法人等に対して、より適正な経理処理が求められます。

17 投資法人等に係る課税の特例における要件の適正化

Question

投資法人等に係る課税の特例の要件について、適正化のための見直しを行われるようですが、どのような内容なのでしょうか。

A 特定資産の保有割合の判定において、ファイナンスリース取引に係る金銭債権については、取引の目的資産として判定します。

ここが変わる

投資法人等に係る課税の特例を受けるための要件である、事業年度終了時に50％を超えて保有することを要する特定資産の対象となる金銭債権について、ファイナンスリース取引に係る金銭債権は、そのファイナンスリース取引の目的となっている資産として、要件の判定を行うこととなります。

適用時期

適用時期は税制改正大綱に明記されていないため、今後の情報を確認する必要があります。

解　説

❶　改正前の制度の概要

この制度は、導管性要件等の要件を満たした投資法人又は特定投資信託の受託法人（以下「投資法人等」という）に対して、投資法人等と投

第3章　法人課税　**239**

資主との間の二重課税を排除するため、利益の配当等又は収益の分配の額を、投資法人等の損金に算入することを認める制度です。

投資信託及び投資法人に関する法律（以下「投資法人法」という）に規定する投資法人、又は、投資法人法に規定する投資信託のうち法人課税信託に該当するもの（以下「特定投資信託」という）に係る受託法人のうち、一定の要件を満たすもの（以下「投資法人等」という）が、次の事業年度要件を満たす場合には、その事業年度に係るその投資法人等が支払う配当等又は収益の分配の額（以下「配当等の額」という）を、所得の金額を限度として損金の額に算入することができます（措法67の15、68の3の3）。

＜事業年度要件＞

次に掲げる要件その他一定の要件を満たす必要があります（措法67の15①二、68の3の3①二）。

① 当該事業年度終了の時において同族会社に該当していないこと

② 当該事業年度に係る配当等の額の支払額が、当該事業年度の配当可能所得等の金額の90％相当額を超えていること

③ 投資法人が他の法人の株式もしくは出資（以下「株式等」という）を有している場合又は特定投資信託の信託財産に他の法人の株式等が含まれる場合、又は投資法人等が匿名組合契約等に基づく出資をしている場合には、それらの株式等の割合が、他の会社を支配しないものとして定める一定の要件を満たしていること

④ 当該事業年度終了の時において有する投資法人法に規定する特定資産のうち有価証券、不動産その他一定の資産の帳簿価額が、その時において有する資産の総額の50％を超えていること

⑤ 投資法人等が借入れを行っている場合には、その借入れが適格機関投資家からのものであること

❷ 改正の内容

今回の税制改正では、上記❶の事業年度要件のうち、④の特定資産の割合に関する要件が改正されます。

具体的には、事業年度終了の時において50％を超えて有する必要がある資産について、ファイナンスリース取引に係る金銭債権がある場合に

は、そのファイナンスリース取引の目的となっている資産として、判定することになります。

なお、保有が求められる資産の範囲は、以下の資産とされています（措法67の15①二ト、68の3の3①二ハ、投資法人法2①）。

＜資産の範囲＞
① 有価証券
② デリバティブ取引（暗号資産及び暗号資産関連金融指標に係るものを除く）に係る権利
③ 不動産
④ 不動産の賃借権
⑤ 地上権
⑥ 約束手形
⑦ 金銭債権
⑧ 匿名組合出資持分（当事者の一方が相手方の行う金銭債権、再生可能エネルギー発電設備又は公共施設等運営権に掲げる資産の運用のために出資を行い、相手方がその出資された財産を主として当該資産に対する投資として運用し、当該運用から生ずる利益の分配を行うことを約する契約に係る出資の持分をいう）
⑨ 商品
⑩ 商品投資等取引に係る権利
（注）　ただし、上記①の有価証券のうち匿名組合契約等に基づく権利及び上記⑧の匿名組合出資持分にあっては、主として対象資産（上記①の有価証券のうち匿名組合契約等に基づく権利以外のもの及び上記②のデリバティブ取引に係る権利～上記⑦の金銭債権までの資産をいう）に対する投資として運用することを約する契約に係るものに限ります。

❸　実務のポイント

事業年度終了の時において50％を超えて有する必要がある特定資産の範囲に金銭債権が含まれていますが、ファイナンスリース取引に係る金銭債権については、そのリース取引がどのような資産を対象とした契約なのかによって判定することになるため、その対象資産の種類によっては、範囲から除外されてしまう可能性が生じます。

第3章　法人課税　241

消費課税

1 国際郵便による輸出免税における証明書類の保存要件の見直し

Question

20万円以下の郵便による資産の輸出について、消費税の輸出免税の適用を受けるために、今後はどのような書類の保存が必要となりますか。

A 輸出の事実を証明する書類として、発送伝票の控え等の保存が必要となります。

ここが変わる

20万円以下の郵便による資産の輸出について、消費税の輸出免税の適用を受けるためには、輸出の事実を証明する書類として、日本郵便株式会社より交付を受けた郵便物の引受証及び発送伝票の控え等を保存しなければなりません。

適用時期

令和3年10月1日以後に行われる資産の譲渡等について適用されます。

解　説

❶ 改正の背景

　現行では20万円以下の郵便による資産の輸出について、輸出免税の適用を受けるためには、その輸出の事実を証明する書類として、一定の事項が記載された「帳簿」又は受取人から交付された「物品受領書等の書類」のどちらかの保存が要件とされています。そのため、実際には輸出者の作成する「帳簿」の保存のみで輸出免税の適用が可能となっていました。

　したがって、輸出免税の適正化を図る観点から、輸出の事実を客観的に証明する書類として発送伝票の控え等の保存を輸出免税の適用要件とすることとなりました。

❷ 改正の内容

　簡易手続により輸出が可能となっている20万円以下の郵便による資産の輸出について、消費税の輸出免税の適用を受けるためには、輸出の事実を証明する書類として、日本郵便株式会社より交付を受けた当該郵便物の引受証及び発送伝票の控え等を保存しなければなりません。

［国際郵便による輸出免税における証明書類の保存要件の見直し］

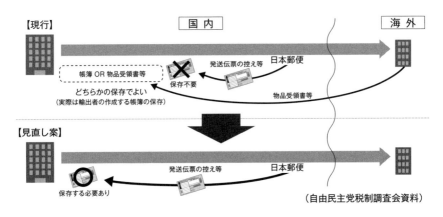

（自由民主党税制調査会資料）

❸ 実務のポイント

　改正前は、20万円以下の郵便による資産の輸出について、輸出免税の適用のために個別に帳簿の保存義務が課されていました。今回の改正により、輸出免税の適用要件として発送伝票の控え等の保存のみが課されることとなりましたが、消費税法の別規定（消法58）において帳簿の保存義務が課されていますので、今後も帳簿の保存は必要となります。

2 課税売上割合に準ずる割合の適用開始時期の見直し

Question

課税売上割合に準ずる割合の適用開始時期が見直されたとのことですが、どのような内容でしょうか。

A 課税売上割合に準ずる割合の適用開始時期が、承認を受けた課税期間から申請を行った課税期間に見直されました。

ここが変わる

課税売上割合に準ずる割合を用いて消費税の仕入控除税額を計算しようとする課税期間の末日までに承認申請書を提出し、同日の翌日以後1月を経過する日までに税務署長の承認を受けた場合には、その承認申請書を提出した課税期間から課税売上割合に準ずる割合を用いて計算することができるようになります。

適用時期

適用時期は税制改正大綱に明記されていないため、今後の情報を確認する必要があります。

解　説

❶ 改正前の制度

課税事業者が課税売上げに係る消費税の額から控除する仕入控除税額を個別対応方式によって計算する場合には、課税売上げと非課税売上げに共通して要する課税仕入れ等に係る消費税については、原則として、

第4章　消費課税　**245**

課税売上割合を用いて計算します。

　しかし、例えば単発で土地の譲渡があった課税期間については、課税売上割合を用いて計算した仕入控除税額がその事業者の事業の実態を反映しないこととなります。したがって、課税売上割合により仕入控除税額を計算するよりも、課税売上割合に準ずる割合によって計算する方が合理的である場合には、課税売上割合に代えて課税売上割合に準ずる割合によって仕入控除税額を計算することが認められています。

　課税売上割合に準ずる割合を用いて仕入控除税額を計算しようとするときには、「課税売上割合に準ずる割合の適用承認申請書」を課税売上割合に準ずる割合により計算しようとする課税期間中に提出し、その課税期間の末日までに税務署長の承認を受ける必要があります（消法30③）。

❷　改正の背景

　課税期間の末日間際に「課税売上割合に準ずる割合の適用承認申請書」を提出したとしても、税務署長の承認には一定の期間が必要であり、その課税時間の末日までに承認を受けることができない場合があります。

　したがって、課税期間の末日間際にたまたま土地の譲渡があったことにより課税売上割合に準ずる割合を用いる必要が生じた場合において、その課税期間において承認が間に合わず、課税売上割合に準ずる割合を用いることができないケースが生じており、対応が求められてきました。

❸　改正の内容

　課税売上割合に準ずる割合を用いて仕入控除税額を計算しようとする課税期間の末日までに承認申請書を提出し、同日の翌日以後1月を経過する日までに税務署長の承認を受けた場合には、その承認申請書を提出した日の属する課税期間から課税売上割合に準ずる割合を用いることができます。

［3月決算法人が3月末日に「承認申請書」を提出した場合］

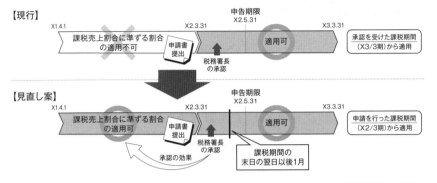

（自由民主党税制調査会資料）

❹ 実務のポイント

　当該改正の適用時期については現状明らかではありませんので、今後の改正動向に注意してください。

　また、課税売上割合に準ずる割合の適用要件は、課税期間の末日までに承認申請書を提出し、かつ、同日の翌日以後1月を経過する日までに税務署長の承認を受けることとなっています。承認審査には一定の期間が必要となっておりますので、承認申請書は余裕をもって提出する必要があります。

3 金地金の仕入税額控除に係る本人確認書類の見直し

Question

金地金について仕入税額控除を行う場合の、仕入れの相手方の本人確認書類が見直されたと聞きました。どのような見直しでしょうか。

A 本人確認書類として認められている「在留カードの写し」や日本国内に住所を有しない者の「パスポートの写し」等が、本人確認書類の対象外となります。

ここが変わる

金地金について仕入税額控除を行う場合には、仕入れの相手方の本人確認書類の保存が要件とされています。

現行の法令において本人確認書類として認められている書類のうち、「在留カードの写し」や日本国内に住所を有しない者の「旅券の写し」及び外国政府発行の本人確認書類等の「その他これらに類するもの」はその対象から除外されます。

適用時期

令和3年10月1日以後に国内において事業者が行う課税仕入れについて適用されます。

解　　説

❶　改正の背景

　昨今、税務調査において、金地金の密輸者と買取事業者が通謀していると考えられるような事案がみられています。密輸した金地金の買取りが強く疑われる事案では、「在留カードの写し」や国内に住所を有しない者の「旅券の写し」「その他これらに類するもの」が利用される傾向であり、金地金の密輸抑制を図る観点から、これらの書類を本人確認書類から除外することとなりました。

❷　改正前の制度

　金又は白金の地金の課税仕入れに係る仕入税額控除を行う場合には、仕入れの相手方の本人確認書類の保存が必要です（消法 30 ⑪）。
　仕入れの相手方が個人である場合の本人確認書類は、以下の書類で、その者の氏名及び住所又は居所の記載のあるものに限ります（消規 15 の 4 ①一・二）。
①　国内に住所を有する者
　　マイナンバーカードの写し、住民票の写し、戸籍の附票の写し、健康保険証の写し、国民年金手帳等の写し、運転免許証等の写し、旅券の写し、在留カード等の写し、国税等の領収証書の写し、その他これらに類するもの
②　国内に住所を有しない者
　　戸籍の附票の写し、健康保険証の写し、国民年金手帳等の写し、運転免許証等の写し、旅券の写し、在留カード等の写し、国税等の領収証書の写し、その他これらに類するもの

❸　改正の内容

　金又は白金の地金の課税仕入れに係る仕入税額控除の要件として保存することとされている仕入れの相手方の本人確認書類のうち、以下の書類はその対象から除外されます。

第 4 章　消費課税　249

① 国内に住所を有する者
　在留カードの写し
② 国内に住所を有しない者
　旅券の写し、在留カードの写し、その他これらに類するもの

［金地金の仕入税額控除に係る本人確認書類の見直し］

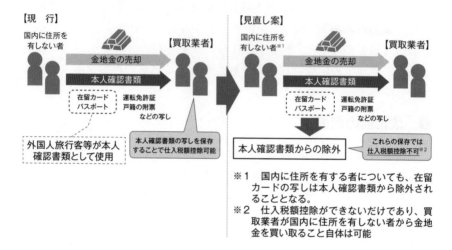

（自由民主党税制調査会資料）

❹ 実務のポイント

　改正後に在留カードの写しなど本人確認書類の対象から除外された書類を保存した場合、金地金の買取り自体は無効にはなりませんが、仕入税額控除を受けることはできないこととなります。

第5章

国際課税

1　国際金融都市に向けた税制上の措置

Question

　令和3年度改正では、外国組合員に対する課税の特例について、どのような見直しが行われるのでしょうか。

　　A　外国組合員（投資組合契約を締結している組合員である非居住者又は外国法人）が日本に参入しやすくするための税制上の措置が講じられます。

ここが変わる

①　投資組合財産に対する持分割合の要件についての見直しが行われます。
②　特例適用申告書等の提出手続についての見直しが行われます。

適用時期

　適用時期は税制改正大綱に明記されていないため、今後の情報を確認する必要があります。

第5章　国際課税　**251**

解　説

❶　改正の背景

　昨今の香港の情勢を受けて地政学リスクへの意識が高まったこと等により、グローバルに展開する金融機関は、ハブ機能をいくつかの拠点に分散・連携させる動きを加速させる可能性があります。

　これら金融事業者・高度金融人材の受入れを加速させることが、日本をアジアの国際金融ハブとして確立するために重要となります。

❷　外国組合員に対する課税の特例の概要

　投資組合契約を締結している組合員である非居住者又は外国法人で、その投資組合契約に基づいて恒久的施設を通じて事業を行うもののうち、次に掲げる要件を満たすものが有する国内源泉所得でその恒久的施設に帰せられるものについては、所得税を課さないこととされています（措法 41 の 21 ①）。

・その投資組合契約によって成立する投資組合の有限責任組合員であること
・その投資組合契約に基づいて行う事業に係る業務の執行として規定する一定の行為を行わないこと
・その投資組合契約に係る組合財産に対する持分割合として、規定により計算した割合が 25％未満であること
・その投資組合契約によって成立する投資組合の無限責任組合員と特殊の関係のある者でないこと
・その投資組合契約に基づいて恒久的施設を通じて事業を行っていないと仮定した場合、国内源泉所得を有しないこととなること

❸　改正の内容

⑴　持分割合の要件

　特例が適用される投資組合契約を締結している外国組合員が、組合契約（その特例適用投資組合契約を除く）を締結している場合におけるそ

252　第2編　令和3年度税制改正の具体的内容

の特例適用投資組合契約に係る組合財産（投資組合財産）に対する持分割合の要件について、その特例適用投資組合契約を直接に締結している組合に係る組合契約（特定組合契約といい、以下に掲げる要件を満たすものに限る）に係る組合財産として、その投資組合財産に対する持分を有する者（その外国組合員及びその外国組合員と特殊の関係のある者（外国組合員等）を除く）の持分割合を除外して判定することとされます。

① その特定組合契約に係る組合財産に対するその外国組合員等（その特定組合契約を直接に締結している組合に係る組合契約に係る組合財産に対する、その外国組合員等の持分割合が25％以上である等の場合には、その組合契約に係る組合財産に対する持分を有する者（その外国組合員等を除く）を含む）の持分割合の合計が25％未満であること

② その特定組合契約に係る組合財産としてその投資組合財産に対する持分を有する者が、その特例適用投資組合契約に基づいて行う事業に係る重要な業務の執行に関する行為を行わないこと

(2) **特例適用申告書等の提出手続**

特例適用申告書等の提出手続について、次の措置が講じられます。

① 特例適用申告書等及び特例適用投資組合契約等の契約書の写し等の配分の取扱者に対する書面による提出に代えて、配分の取扱者に対してこれらの書類に記載すべき事項の電磁的方法による提供を行うことができることとされます。

この場合において、その提供があったときは、これらの書類の提出があったものとみなされます。

② 配分の取扱者が特例適用申告書等の写しを作成し、その特例適用申告書等の写しを保存することに代えて、その特例適用申告書等に記載すべき事項を記録した電磁的記録を作成し、その電磁的記録を保存することができることとされます。

(3) **そ の 他**

① 特例適用申告書及び特例適用投資組合契約等の契約書の写し等を5年ごとに提出することとされます。

② その他所要の措置が講じられます。

第5章 国際課税 **253**

❹ 実務のポイント

　今回の改正により、世界的に展開している金融機関の日本への参入が増加するものと考えられます。

2　クロスボーダー取引に係る利子等の課税の特例等における非課税適用申告書等の電子提出等

> **Question**
>
> 令和３年度改正では、振替国債等の利子の課税の特例等について、どのような見直しが行われるのでしょうか。

A 振替国債等の利子の課税の特例等に係るクロスボーダー取引における、課税の特例制度の適用手続が簡素化されます。

ここが変わる

振替国債等の利子の課税の特例等に係る申請書類等の提出方法等として、電磁的な方法が認められます。

適用時期

適用時期は税制改正大綱に明記されていないため、今後の情報を確認する必要があります。

解　　説

❶　改正の背景

新型コロナウイルス感染症の拡大により、諸外国では外出禁止令等が相次ぎました。

そのため、クロスボーダー取引における課税の特例制度の適用に際して必要とされる本人確認書類の取得や現地金融機関における受付事務が

第５章　国際課税　255

困難となったことに加え、国際郵便窓口の閉鎖によって申請書類の到着遅延が発生し、クロスボーダー取引による国債の保有・売買の円滑化を図るためにも、電磁的な提出を認める必要が生じました。

❷ 改正の内容

⑴ 振替国債等の利子の課税の特例等

振替国債等の利子の課税の特例等について、次の措置が講じられます。

① 次に掲げる書類の特定振替機関等に対する書面による提出に代えて、特定振替機関等に対してその書類に記載すべき事項の電磁的方法による提供を行うことができることとされます。

この場合において、その提供があったときは、その書類の提出があったものとみなされます。

㈠ 振替国債等の利子の課税の特例における次に掲げる書類

ⓐ 非課税適用申告書等

ⓑ 組合等届出書等及び組合契約書等の写し

ⓒ 適格外国仲介業者の承認申請書

㈡ 振替社債等の利子等の課税の特例又は振替割引債の差益金額等の課税の特例における次に掲げる書類

ⓐ 上記㈠ⓐからⓒまでに掲げる書類

ⓑ 適格口座管理機関の承認申請書

㈢ 民間国外債等の利子の課税の特例における非課税適用申告書

② 上記①㈠ⓒ又は㈡ⓑに掲げる書類に記載すべき事項の電磁的方法による提供を行う者は、その書類に係る添付書類の特定振替機関に対する書面による提出に代えて、その書類に記載すべき事項の電磁的方法による提供に併せて特定振替機関に対してその添付書類に記載すべき事項をスキャナによる読取り等により作成した電磁的記録（一定の解像度及び階調の要件を満たすものに限る）の提供を行うことができることとされます。

この場合において、その提供があったときは、その添付書類の提出があったものとみなされます。

③ 民間国外債等の利子の支払をする者が上記①㈢に掲げる書類の写しを作成し、その書類の写しを保存することに代えて、その書類に記載

すべき事項を記録した電磁的記録を作成し、その電磁的記録を保存することができることとされます。

⑵ **外国金融機関等の店頭デリバティブ取引の証拠金に係る利子の課税の特例**

外国金融機関等の店頭デリバティブ取引の証拠金に係る利子の課税の特例について、次の措置を講じた上、その適用期限が3年延長されます。

① 非課税適用申告書等の国内金融機関等又は金融商品取引清算機関に対する書面による提出について、上記⑴①と同様の措置が講じられます。

② 国内金融機関等又は金融商品取引清算機関による上記①の書類の写しの作成及びその書類の写しの保存について、上記⑴③と同様の措置が講じられます。

⑶ **外国金融機関等の債券現先取引等に係る利子等の課税の特例**

外国金融機関等の債券現先取引等に係る利子等の課税の特例について、次の措置を講じた上、特定外国法人が特定金融機関等との間で行う債券現先取引に係る利子等の非課税措置の適用期限が2年延長されます。

① 非課税適用申告書等の特定金融機関等に対する書面による提出について、上記⑴①と同様の措置が講じられます。

② 特定金融機関等による上記①の書類の写しの作成及びその書類の写しの保存について、上記⑴③と同様の措置が講じられます。

⑷ **条約届出書等の提出手続**

条約届出書等の提出手続について、次の措置が講じられます。

① 源泉徴収義務者等に対する書面による提出に代えて、源泉徴収義務者等で一定の要件を満たすものに対して条約届出書等に記載すべき事項の電磁的方法による提供を行うことができることとされます。

この場合において、その提供があったときは、その条約届出書等の提出があったものとみなされます。

 (注) 条約届出書等（社債、株式等の振替に関する法律の対象となる振替株式等の配当等に係る一定の条約届出書等を除く）の提出を行う者が、その条約届出書等に記載すべき事項の電磁的方法による提供を行う場合には、その者の氏名又は名称を明らかにする措置を講じ

なければなりません。

②　条約届出書等に記載すべき事項の電磁的方法による提供を行う者は、その条約届出書等に係る添付書類の源泉徴収義務者等に対する書面による提出に代えて、その条約届出書等に記載すべき事項の電磁的方法による提供に併せて源泉徴収義務者等に対してその添付書類に記載すべき事項を記録した電磁的記録（その添付書類が居住者証明書等である場合には、スキャナによる読取り等により作成した電磁的記録で一定の解像度及び階調の要件を満たすものに限る）の提供を行うことができることとされます。

　この場合において、その提供があったときは、その添付書類の提出があったものとみなされます。

⑸　そ の 他

その他所要の措置が講じられます。

❸　実務のポイント

今回の改正により、非居住者等による国債の保有・売買を促進し、多様で厚みのある投資家層を形成し、同時に国債発行による国の資金調達コストを抑制することにより、国債市場の流動性・効率性の維持・向上が図られることが考えられます。

3 過大支払利子税制の見直し

Question

令和3年度改正では、過大支払利子税制について、どのような見直しが行われるのでしょうか。

A 保険負債利子の取扱いの明確化等が行われます。

ここが変わる

① 対象外支払利子等の額に、一定の保険負債利子が含まれることとされます。
② 対象純支払利子等の額の計算において、法人が受ける公社債投資信託の収益の分配の額に係る受取利子等相当額が、受取利子等の額に追加されます。

適用時期

令和3年3月31日以後に終了する事業年度分の法人税について適用されます。

解　説

❶ 改正の背景

保険会社が計上する保険負債利子のうち、一部については受取人が我が国で課税されるか否かの判断ができないものや、その計算が非常に煩雑になるものなど、過大支払利子税制における措置が必要となっていました。

第5章　国際課税　**259**

❷ 過大支払利子税制の概要

(1) 概　要

　法人の関連者に対する純支払利子等の額が調整所得金額の 20％を超える場合には、その超える部分の金額は、当期の損金の額に算入されません（措法 66 の 5 の 2 ①）。

(2) 関 連 者

　その法人との間に直接・間接の持分割合 50％以上の関係にある者及び実質支配・被支配関係にある者並びにこれらの者による債務保証を受けた第三者等をいいます（措法 66 の 5 の 2 ②）。

(3) 関連者に対する純支払利子等の額

　関連者に対する支払利子等（関連者支払利子等）の額の合計額から、これに対応するものとして計算した受取利子等の額を控除した残額をいいます（措法 66 の 5 の 2 ②）。

(4) 調整所得金額

　当期の所得金額に、関連者純支払利子等、減価償却費等及び受取配当等の益金不算入額等を加算し並びに貸倒損失等の特別の損益について加減算する等の調整を行った金額をいいます（措法 66 の 5 の 2 ①）。

(5) 適用除外基準

　その事業年度における関連者純支払利子等の額が 2,000 万円以下の場合や、関連者支払利子等の額の合計額が総支払利子等の額の 20％以下である場合には、本制度は適用しません（措法 66 の 5 の 2 ③）。

(6) 繰越損金不算入額

　当期の関連者純支払利子等の額が調整所得金額の 20％に満たない場合において、前 7 年以内に開始した事業年度に本制度の適用により損金不算入とされた金額（繰越損金不算入額）があるときは、その関連者純支払利子等の額と調整所得金額の 20％に相当する金額との差額を限度として、当期の損金の額に算入するものとします（措法 66 の 5 の 3）。

[過大支払利子税制の概要]
○企業の所得の計算上、支払利子が損金に算入されることを利用して、過大な支払利子を損金に計上することで、税負担を圧縮することが可能。
○過大支払利子税制は、所得金額に比して過大な利子を支払うことを通じた租税回避を防止するため、対象純支払利子等の額(注1)のうち調整所得金額の一定割合（20％）を超える部分の金額につき当期の損金の額に算入しないこととする制度。

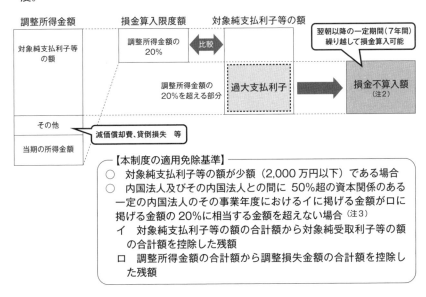

(注1) 対象支払利子等の額の合計額からこれに対応する受取利子等の額の合計額を控除した残額をいう。対象支払利子等の額とは、支払利子等の額のうち対象外支払利子等の額（その支払利子等を受ける者の課税対象所得に含まれる支払利子等の額等）以外の金額をいう。
(注2) 連結納税においては、連結グループ全体の対象純支払利子等の額と連結グループ全体の連結調整所得金額を比較して損金不算入額の計算を行う。
(注3) 連結納税においては、当該適用免除基準は設けられていない。

(財務省資料)

❸ 改正の内容

(1) 対象外支払利子等の額

対象外支払利子等の額に、次に掲げる金額を含めることとされます。

① 生命保険契約又は損害保険契約に基づいて保険料積立金に繰り入れる予定利子の額
② 損害保険契約に基づいて払戻積立金に繰り入れる予定利子の額

(2) 対象純支払利子等の額

　対象純支払利子等の額（対象支払利子等の額の合計額から控除対象受取利子等合計額を控除した残額）の計算において、法人が受ける公社債投資信託の収益の分配の額に係る受取利子等相当額（その収益の分配の額のうち公社債の利子から成る部分の金額）を受取利子等の額に加えることができることとされます。

❸　実務のポイント

　今回の改正により、保険負債利子のうち我が国で課税対象所得に含まれるか否かの判断ができないものや、課税対象所得に含まれる支払利子の額の計算が困難なものについて、取扱いが明確化されることになります。

4 ＰＥ帰属利子の損金算入制限の見直し

Question

令和３年度改正では、ＰＥ帰属利子の損金算入制限（外国法人の恒久的施設に帰せられるべき資本に対応する負債の利子の損金不算入制度）について、どのような見直しが行われるのでしょうか。

Ａ マイナス金利で資金を調達した場合における取扱いの明確化が行われます。

ここが変わる

損金不算入額の計算について、その恒久的施設を通じて行う事業に係る負債の利子の額に、自己資本不足額がその利子の支払の基因となる負債その他資金の調達に係る負債の総額に占める割合を乗じて計算することとされます。

適用時期

適用時期は税制改正大綱に明記されていないため、今後の情報を確認する必要があります。

解　　説

❶ 改正の背景

金融機関の資金調達において、マイナス金利相当額は、資金調達コストを形成する調整的な項目としての意味合いが強いものと考えられま

第5章 国際課税 **263**

す。

　しかし、ＰＥ帰属利子の損金算入制限の制度については、マイナス金利相当額の取扱いが明確ではないという問題が生じていました。

❷　ＰＥ帰属利子の損金算入制限の制度の概要

　外国法人の各事業年度の恒久的施設に係る自己資本の額が、その外国法人の資本に相当する額のうち、その恒久的施設に帰せられるべき金額として計算した金額に満たない場合には、その外国法人のその事業年度の恒久的施設を通じて行う事業に係る負債の利子の額の金額のうち、その満たない金額に対応する部分の金額は、恒久的施設帰属所得に係る所得の金額の計算上、損金の額に算入されません（法法142の４、法令188）。

❸　改正の内容

　損金不算入額について、その恒久的施設を通じて行う事業に係る負債の利子の額に、自己資本不足額がその利子の支払の基因となる負債その他資金の調達に係る負債の総額（現行：その利子の支払の基因となる負債の総額）に占める割合を乗じて計算することとされます。

　なお、内国法人の国外事業所等に帰せられるべき資本に対応する負債の利子の損金不算入制度等及び国外支配株主等に係る負債の利子等の課税の特例（過少資本税制）についても、同様の見直しが行われます。

❹　実務上のポイント

　今回の改正により課税関係が明確化され、資金調達コストの適正化が行われると考えられます。

264　第２編　令和３年度税制改正の具体的内容

5　外国子会社配当に係る外国源泉税の損金算入及び外国税額控除の見直し

> **Question**
>
> 令和３年度改正では、外国子会社配当に係る外国源泉税の損金算入及び外国税額控除について、どのような見直しが行われるのでしょうか。

A　外国子会社合算税制との二重課税調整に係る措置が行われます。

ここが変わる

① 　外国子会社（持株割合25％以上かつ６月以上保有）から受ける配当に係る外国源泉税の損金算入について、外国子会社合算税制等との二重課税調整の対象とされる配当の額に対応する部分に限定されます。

② 　上記①以外の外国子会社から受ける配当に係る外国源泉税の外国税額控除について、外国子会社合算税制等との二重課税調整の対象外とされる配当の額に対応する部分につき、その適用が認められます。

適用時期

適用時期は税制改正大綱に明記されていないため、今後の情報を確認する必要があります。

第５章　国際課税　**265**

解　説

❶　改正の背景

　外国子会社から受ける配当に係る外国源泉税の損金算入については、外国子会社合算税制等との二重課税調整により益金不算入とされた配当以外の部分も対象とされています。

　一方、外国税額控除においては、二重課税調整より益金不算入とされた部分も適用の対象外とされています。

❷　改正の内容

⑴　外国子会社から受ける配当等の額に係る外国源泉税等の額の損金算入

　外国子会社から受ける配当等の額（外国子会社配当益金不算入制度の適用を受ける部分の金額に限る）に係る外国源泉税等の額の損金算入について、その配当等の額のうち内国法人の外国関係会社に係る所得の課税の特例（外国子会社合算税制）との二重課税調整の対象とされる金額に対応する部分に限られます（現行：全額損金算入）。

⑵　外国子会社から受ける配当等の額に係る外国源泉税等の額の外国税額控除

　外国子会社から受ける配当等の額（外国子会社配当益金不算入制度の適用を受けない部分の金額に限る）に係る外国源泉税等の額の外国税額控除について、その配当等の額のうち外国子会社合算税制との二重課税調整の対象とされない金額に対応する部分につき、その適用が認められます（現行：全額不適用）。

　なお、この外国税額控除の適用を受ける場合には、その対象とされる外国源泉税等の額は損金不算入となります。

❸　実務上のポイント

　今回の改正により、外国子会社合算税制等との二重課税調整により益金不算入とされた配当に係る外国源泉税について、損金算入及び外国税

266　第2編　令和3年度税制改正の具体的内容

額控除の制度の整合性が図られることになります。

[外国会社配当に係る外国源泉税の損金算入及び外国税額控除の見直し]

> 内国法人が外国子会社から受ける配当に係る外国源泉税の取扱いについて、次のとおり見直しを行う。
> ① 外国子会社（持株割合 25%以上かつ 6 月以上保有）から受ける配当に係る外国源泉税の損金算入について、外国子会社合算税制等との二重課税調整の対象とされる配当の額に対応する部分に限定することとする（現行：全額損金算入）。
> ② 上記以外の外国子会社から受ける配当に係る外国源泉税の外国税額控除について、外国子会社合算税制等との二重課税調整の対象外とされる配当の額に対応する部分につきその適用を認めることとする（現行：全額不適用）。
> (注) 上記の見直しは、令和 3 年 4 月 1 日以後に開始する事業年度において受ける配当の額について適用する。

① 外国子会社（持株割合 25%以上かつ 6 月以上保有）から受ける配当の例

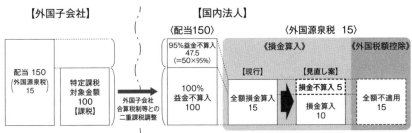

② 上記以外の外国子会社から受ける配当の例

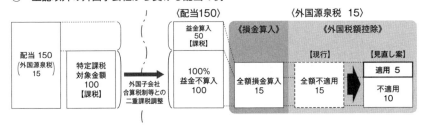

（自由民主党税制調査会資料）

納税環境整備

1 税務関係書類における押印義務の見直し

Question
税務関係書類の押印義務について見直しがあると聞きましたが、その内容を教えてください。

A 税務署長等へ提出する国税関係書類のうち、納税者等の押印を求められているものについて、原則、押印義務が廃止されます。

ここが変わる

税務署長等へ提出する国税関係書類のうち、納税者等の押印を求められているものについて、現行では担保提供関係書類など、実印による押印及び印鑑証明書の添付を求められているものを除き、原則、押印義務が廃止されます。

適用時期

上記の改正は、令和3年4月1日以後に提出する税務関係書類について適用されます。

解　説

❶　改正の背景

新型コロナウイルス感染症を契機に、書面・押印・対面を前提とした我が国の制度・慣行を見直し、すべての行政手続を対象に見直しを行う必要があるとされていました。

テレワークを含む民間の経済活動等のデジタル化の推進のため、原則として、書面・押印・対面が求められているすべての行政手続等について、2020 年中に必要な見直しを行うこととなりました。

❷　改正前の制度

国税に関する法律に基づき税務署長その他の行政機関の長又はその職員に税務書類^(注)を提出する者は、その税務書類に氏名又は名称・住所又は居所を記載する必要があります（通則法 124 ①）。

（注）　税務書類とは、申告書・申請書・届出書・調書その他の書類をいいます。

この場合、下表の区分に応じて、それぞれに掲げる者がその者の氏名又は名称及び住所又は居所を記載して、押印する必要があります（通則法 124 ②）。

	税務書類を提出する者	押印する者
1	個人	その税務書類を提出する者
2	法人	その法人の代表者
3	納税管理人・代理人	その納税管理人又は代理人
4	不服申立人の総代	その総代

一方、国税の税務関係書類の提出を電子にて行う場合には、書類の提出はないため押印は不要となり、代わりに電子証明書が必要となります。

第6章　納税環境整備　**269**

❸ 改正の内容

⑴ 国税に関する見直し

　提出者等の押印をしなければならないこととされている税務関係書類について、次の①、②に掲げる税務関係書類を除き、押印を要しないこととされるほか、今般廃止される押印と同様の意味合いしかないと考えられる署名（認印を許容しているもの）についても、同様の見直しが行われます。

① 担保提供関係書類及び物納手続関係書類のうち、実印の押印及び印鑑証明書の添付を求めている書類

② 相続税及び贈与税の特例における添付書類のうち財産の分割の協議に関する書類

　（注） 国税犯則調査手続における質問調書等への押印については、刑事訴訟手続に準じた取扱いとされます。

［見直し後のイメージ］

	国税関係書類の分類	押印の要否
原則	⑴ 全般 具体例：確定申告書、給与所得者の扶養控除等申告書	不要
例外	⑵ 担保提供関係書類 具体例：不動産抵当権設定登記承諾書、第三者による納税保証書	要
	⑶ 遺産分割協議書 具体例：相続税・贈与税の特例における添付書類	

（自由民主党税制調査会資料）

⑵ 地方税に関する見直し

　国税と同様、提出者等の押印をしなければならないこととされている地方税関係書類（個人住民税申告書・法人住民税申告書等）について、押印を要しないこととするほか、今般廃止される押印と同様の意味合いしかないと考えられる署名（認印を許容しているもの）についても、同様の見直しが行われます。

（注）地方税犯則調査手続における質問調書等への押印については、刑事訴訟手続に準じた取扱いとなります。

❹ 実務のポイント

本改正は、令和3年4月1日以後に提出する税務関係書類について適用されますが、改正の趣旨を踏まえ、押印を要しないこととする税務関係書類については、施行日前においても、運用上、押印がなくとも改めて求められないこととなります。

2 電子帳簿等保存制度の見直し

Question

電子帳簿等保存制度について見直しされると聞きましたが、その内容を教えてください。

A 電子帳簿等保存制度について、手続・電子帳簿の要件が緩和されます。また、スキャナ保存について要件が緩和される一方で、データ改ざんなどの場合には重加算税が課されることとなりました。

ここが変わる

電子帳簿等保存制度の事前承認制度が廃止され、電子帳簿についてその要件が見直されます。

① 「優良な電子帳簿」……改正前の厳格な要件を充足する事後検証可能性の高い電子帳簿については、その普及を促進するため所得税青色申告特別控除を65万円とする措置が継続されます。

② 「その他の電子帳簿」……正規の簿記の原則に従うなど一定の要件を満たす場合には電子帳簿として電子データのまま保存することが可能となる一方、青色申告特別控除額は55万円へ引き下げられます。

また、領収書等のスキャナ保存制度について、ペーパーレス化をいっそう促進する観点から、手続・要件が大幅に緩和され、電子データの改ざん等の不正行為を抑止するための担保措置がとられます。

適用時期

上記の改正は、原則として令和4年1月1日から施行されます。

272 第2編 令和3年度税制改正の具体的内容

解　説

❶　改正の背景

　経済社会のデジタル化を踏まえ、電子帳簿についてインセンティブを設けることで記帳水準の向上を図るとともに、クラウド会計など低コストのソフトの利便性を図り、正規の簿記の普及とペーパーレス化に資するため、電子帳簿等保存制度の見直しが行われることとなりました。

　また、スキャナ保存制度について、いっそうのペーパーレス化を促進するため、要件を大幅に緩和するとともに、データの改ざん等不正行為を抑止するため、そのような行為には、重加算税が課されることとなります。

❷　改正の内容

(1)　電子帳簿等保存制度に係る手続の簡素化

①　税務署長による承認制度の廃止

　承認制度を廃止し、電子帳簿保存の準備が整ったときから利用開始できることとなりました。

②　電子帳簿の保存に関する要件の緩和

　国税関係帳簿書類(注)について、自己が一貫して電子計算機を使用して作成する場合には、次に掲げる要件に従って、その国税関係帳簿書類に係る電磁的記録の保存を行うことができることとなります。

　　(注)　国税関係帳簿については、正規の簿記の原則に従って記録されるものに限ります（以下同様）。

　(イ)　電子計算機処理システムの概要書その他一定の書類の備付けを行うこと。

　(ロ)　電子計算機・プログラム・ディスプレイ及びプリンタ並びにこれらの操作説明書等を備え付け、ディスプレイの画面等に、整然とした形式及び明瞭な状態で、速やかに出力することができること。

　(ハ)　国税庁等の職員が質問検査権に基づく帳簿書類の電磁的記録のダ

第6章　納税環境整備　**273**

ウンロードの求めがある場合には、これに応じること。

③　過少申告加算税の軽減

「優良な電子帳簿」により「一定の国税関係帳簿」の電子保存等を行う者の電磁的記録に記録された事項に関し、所得税・法人税又は消費税に係る修正申告又は更正があった場合には、その記録された事項に関し生じた申告漏れに課される過少申告加算税は、通常課される過少申告加算税の額からその申告漏れに係る税額の５％相当額が控除されます。

ただし、その申告漏れについて、隠蔽又は仮装した事実がある場合を除きます。

対象となる者は、あらかじめ優良な電子帳簿により電子帳簿保存を行う旨の届出書を提出して、電子帳簿保存を行う者に限られます。

　㈦　優良な電子帳簿

　　　以下の要件のすべてを満たすものをいいます。

　　ⓐ　電子計算機処理システムの概要書その他一定の書類の備付けを行うこと

　　ⓑ　電子計算機・プログラム・ディスプレイ及びプリンタ並びにこれらの操作説明書等を備え付け、ディスプレイの画面等に、整然とした形式及び明瞭な状態で、速やかに出力することができること

　　ⓒ　現行の訂正等履歴要件及び相互関連性要件

　　ⓓ　下記⑵④の改正後と同様の検索要件

　㈠　一定の国税関係帳簿

　　　所得税若しくは法人税の青色申告者が保存しなければならないこととされる仕訳帳、総勘定元帳その他必要な帳簿又は消費税の事業者が保存しなければならないこととされる帳簿をいいます。

④　青色申告特別控除額の見直し

上記の改正に伴い、所得税の青色申告特別控除の控除額65万円の適用要件について、以下のように見直されるほか、所要の措置が講じられます。

控除額	改正前	改正後
55万円	・正規の簿記の原則により記帳 ・貸借対照表及び損益計算書を添付 ・期限内申告	同左
65万円	上記に加え以下のいずれかを行うこと ・電子帳簿保存 ・e-Tax による申告を行うこと	左記の電子帳簿保存について、仕訳帳及び総勘定元帳につき上記③㈦の「優良な電子帳簿」によっていることと見直す。

⑵ 国税関係書類に係るスキャナ保存制度の見直し

　　見直し後のスキャナ保存制度は、次のようになります。

		改正前	改正後
①	事前承認	税務署長の承認が必要	承認制度を廃止
②	タイムスタンプ・自署	㈦　営業担当者は概ね３日以内に付与 ㈭　経理担当者は最長２か月以内に付与 ㈧　領収書等へ受領者が自署	・㈦及び㈭について、最長約２か月以内に統一・訂正 ・削除履歴の残るシステム(注)に２か月以内に格納する場合はタイムスタンプ不要
③	相互牽制・定期検査等	原本とスキャナの同一性を社内又は税理士等が確認	廃止
④	検索要件	㈦　取引年月日その他の日付・取引金額他の主要項目の検索を可能とする ㈭　日付・金額は範囲指定検索を可能とする ㈧　２以上の任意の記録項目の組合せ条件を可能とする	・㈦について年月日・取引金額及び取引先に限定 ・㈭及び㈧について、国税庁等職員の質問検査権に基づくダウンロードの求めに応じる場合には不要

（注）訂正・削除のできないシステムを含みます。

[業務フローのイメージ（一般的な流れ）]

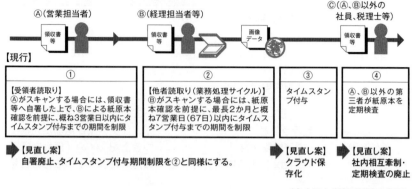

（自由民主党税制調査会資料）

(3) 電子取引の取引情報に係る電磁的記録の保存制度の見直し

電子取引とは、取引情報の授受を電磁的方式により行う取引をいいますが、その電子保存制度について、次のとおり見直すこととなりました。

	改正前	改正後
① タイムスタンプ	遅滞なく付与する	上記(2)②と同様の期間とする
② 検索要件	(イ) 取引年月日その他の日付・取引金額他の主要項目を検索可能とする (ロ) 日付・金額は範囲指定検索を可能とする (ハ) ２以上の任意の記録項目の組み合わせ条件を可能とする	・(イ)について年月日・取引金額及び取引先に限定 ・(ロ)及び(ハ)について、国税庁等職員の質問検査権に基づくダウンロードの求めに応じる場合には不要 ・判定期間（注）の売上高が1,000万円以下で、上記ダウンロードに応ずる場合には検索機能はすべて不要

（注）「判定期間」

・個人事業者は、電子取引が行われた日の属する年の前々年の１月１日から12月31日までの期間

・法人は、電子取引が行われた日の属する事業年度の前々事業年度をいう。

(4) 電子データの保存方法の適正化

　国税関係書類に係るスキャナ保存制度並びに申告所得税、法人税及び消費税における電子取引の取引情報に係る電磁的記録の保存制度について、次のとおり電磁的記録の適正な保存を担保するための措置が講じられます。

① 重加算税の加重

　スキャナ保存が行われた国税関係書類の保存義務者又は申告所得税・法人税及び消費税における電子取引の取引情報に係る電磁的記録の保存義務者のその電磁的記録に記録された事項に関し、隠蔽し、又は仮装された事実に基づき期限後申告もしくは修正申告又は更正もしくは決定等があった場合には、その記録された事項に関し生じた申告漏れ等に課される重加算税の額については、通常課される重加算税の額にその申告漏れ等に係る本税の10%に相当する金額を加算した金額とされます。

② データの保存義務

　スキャナ保存が行われた国税関係書類の電磁的記録並びに申告所得税及び法人税における電子取引の取引情報に係る電磁的記録について、次のとおりとされます。

　㈠　スキャナ保存が行われた国税関係書類

　　　その保存義務者は、上記(2)スキャナ保存制度に係る②から④までの改正後の要件を含めた保存要件を満たさない電磁的記録についても、保存しなければならないこととされます。

　㈡　出力書面による代用措置の廃止

　　　電磁的記録の保存義務者について、電磁的記録の出力書面等の保存をもって電磁的記録に代えることができる措置は廃止されます。

　㈢　災害その他やむを得ない事情がある場合の保存

　以下の電磁的記録については、国税関係書類等と扱わないこととし、災害その他やむを得ない事情により、その保存要件に従って保存することができなかったことを証明した場合には、その事情が生じた日以後について、保存要件は不要となります。

　　㈠　上記(2)スキャナ保存制度に係る②から④までの改正後の要件を含

第6章　納税環境整備　**277**

めた保存要件を満たさない電磁的記録

㈹　上記(3)電子取引の取引情報に係る①及び②の改正後の要件を含めた保存要件を満たさない電磁的記録

❸　実務のポイント

本改正は、令和4年1月1日から施行されます。

上記❷(1)②、(2)②から④まで及び(4)②(イ)の改正は同日以後に備付けを開始する国税関係帳簿又は保存を行う国税関係書類について、上記❷(1)③及び(4)①の改正は同日以後に法定申告期限等が到来する国税について、上記❷(3)及び(4)②(ロ)の改正は同日以後に行う電子取引の取引情報について、それぞれ適用されます。

また、改正法施行の際、既に国税関係帳簿書類の電磁的記録等による保存制度又は国税関係書類に係るスキャナ保存制度の承認を受けている国税関係帳簿書類等については、従前どおりとされます。

278　第2編　令和3年度税制改正の具体的内容

3 納税管理人制度の拡充

Question

納税管理人制度が拡充されると聞きましたが、どのように変わるのでしょうか。

A 国外に居住等する納税者に対して税務調査を行う必要が生じた場合には、課税当局から納税者に対して、納税管理人の選定・届出を要請できることとなります。

ここが変わる

自発的に納税管理人を指定していない非居住者・外国法人等について、課税当局が納税管理人の選定・届出することを要請できるようになります。また、納税者がこの要請に応じないときは、国内に所在する関連者を納税管理人に指定することができるようになります。

適用時期

上記の改正は、令和4年1月1日以後に行う上記の求めについて適用されます。

解　説

❶ 改正の背景

国外に転出する納税者等が、税務調査や照会文書の発送など、課税当局から接触の必要があるにもかかわらず納税管理人を定めない場合、当局側に取り得る措置がないため、このような非協力的な納税者に対する

第6章　納税環境整備　**279**

税務調査が困難な場合があり、問題となっていました。

❷ 改正前の制度

(1) 納税者による納税管理人の指定

国外に転出する納税者等は、納税申告書の提出その他の国税に関する事項を処理する必要があるときは、その事項を処理させるため、国内に納税管理人を定め、その納税者の所轄税務署長へその旨を届け出なければならないと定められています（通則法117）。

納税管理人は、できるだけ納税地を所轄する税務署の管轄区域内に住所等を有する者のうちから選任させるとともに、その委任事務の処理について便宜を有する者から選定することとされています。

(2) 納税管理人の事務範囲

「納税申告書の提出その他国税に関する事項」とは、次に掲げる事項をいい、不服申立てに関する事項は含まれません。

また、次に掲げる事項の一部だけの管理は認められません。

① 国税に関する法令に基づく申告・申請・請求・届出その他書類の作成ならびに提出

② 税務署長等（その所属の職員を含む）が発する書類の受領

③ 国税の納付及び還付金等の受領

❸ 改正の内容

納税管理人制度について、以下のとおり見直しが行われます。

(1) 納税管理人の届出をすべきことの求め

納税管理人を定めるべき納税者が納税管理人の届出をしなかったときは、所轄税務署長等（注1）は、その納税者に対し、特定事項（注2）を明示して、指定日（注3）までに、納税管理人の届出をすべきことを求めることができることとなります。

（注1）「所轄税務署長等」とは、その納税者に係る国税の納税地を所轄する税務署長又は国税局長をいいます。

（注2）「特定事項」とは、納税管理人に処理させる必要があると認められる事項をいいます。

（注3）「指定日」とは、60日を超えない範囲内においてその準備に通常

要する日数を勘案して定める日をいいます。

(2) 国内便宜者に対する納税者の納税管理人となることの求め

納税管理人を定めるべき納税者が納税管理人の届出をしなかったときは、所轄税務署長等は、特定事項の処理につき国内便宜者^(注)に対し、その納税者の納税管理人となることを求めることができることになります。

（注）「国内便宜者」とは、特定事項の処理につき便宜を有する者をいい、国内に住所又は居所を有する者に限ります。

(3) 税務当局による特定納税管理人の指定

所轄税務署長等は、特定納税者^(注)が指定日までに納税管理人の届出をしなかったときは、上記(2)により納税管理人となることを求めた国内便宜者のうち一定の国内関連者を、特定事項を処理させる納税管理人（以下「特定納税管理人」という）として指定することができることになります。

（注）「特定納税者」とは、上記(1)の求めを受けた納税者をいいます。

なお、この場合の「一定の国内関連者」とは、次に掲げる場合の区分に応じ、それぞれ次に定める者をいいます。

① 特定納税者が個人である場合

　(イ) その特定納税者と生計を一にする配偶者その他の親族で成年に達した者

　(ロ) その特定納税者の国税の課税標準等又は税額等の計算の基礎となるべき事実についてその特定納税者との間の契約により密接な関係を有する者

　(ハ) 電子情報処理組織を使用して行われる取引その他の取引をその特定納税者が継続的に行う場を提供する事業者

② 特定納税者が法人である場合

　(イ) その特定納税者との間にいずれか一方の法人が他方の法人の発行済株式等の50％以上を保有する関係その他の特殊の関係のある法人

　(ロ) その特定納税者の役員又はその役員と生計を一にする配偶者その他の親族で成年に達した者

　(ハ) 上記①(ロ)又は(ハ)に掲げる者

第6章　納税環境整備　**281**

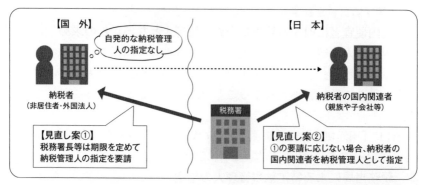

（自由民主党税制調査会資料）

❹ 実務のポイント

　本改正による納税管理人の指定については、納税者及び納税管理人として指定される国内関連者の手続保証の観点から、両者に対して指定の通知を行った上で、両者による不服申立て又は訴訟が可能とされます。

4 無償譲渡等の譲受人等の第二次納税義務の整備

> **Question**
>
> 滞納国税について、無償譲渡等の譲受人等に対する第二次納税義務の整備がされるようですが、どのように整備されるのでしょうか。

A 国外財産に係る無償譲渡の譲受人等に対しても、共助要請後に第二次納税義務が賦課されることになります。

ここが変わる

改正前は滞納国税について、無償譲渡等した財産が国外財産の場合には、譲受人等に対して第二次納税義務を賦課することができませんが、改正後は、徴収共助を要請した滞納国税につき、滞納処分や徴収共助をしてもなお徴収不足となる場合には、その不足が国外財産の無償譲渡等（法定納期限の1年前の日以後に行われたものに限る）に基因するときは、その譲受人等に対し第二次納税義務が賦課されることになります。

適用時期

令和4年1月1日以後に滞納となった国税（同日前に行われた無償譲渡等に係るものを除く）について適用されます。

解　説

❶ 改正の背景

平成25年の税務行政執行共助条約の発効以降、我が国においても、租税条約に基づき各国税務当局間で互いに相手国の租税債権を徴収して

第6章　納税環境整備　**283**

いこうとする、いわゆる徴収共助の枠組みが構築され、そのネットワークは着実に拡大しています。

この枠組みは引き続き活用しながら、その一方で、徴収共助の要請が可能な国に財産を所有する滞納者が行う徴収回避行為にも適切に対応し、適正かつ公平な課税・徴収を実現する観点から見直しが模索されていました。

❷ 改正前の制度

滞納国税について滞納処分を執行してもなお徴収不足となる場合に、その不足が、無償譲渡等（法定納期限の1年前の日以後に行われたものに限る）に基因するときは、その譲受人等に対し、第二次納税義務を賦課することができることとなっています。

しかし、滞納処分は執行管轄権のない国外財産に執行できないため、第三者に無償譲渡等した財産が国外財産である場合には、その無償譲渡等は徴収不足の基因になり得ず（徴収不足額に影響しない）、第二次納税義務の適用要件を満たさないため、その第三者に第二次納税義務を賦課することができません（徴収法39）。

❸ 改正の内容

徴収共助の要請をした場合に徴収してもなお徴収不足であると認められる場合において、その徴収不足が国税の法定納期限の1年前の日以後に滞納者が行った国外財産の無償譲渡等に基因するときは、その無償譲渡等の譲受人等は、第二次納税義務を負うこととなります。

❹ 実務のポイント

税務行政執行共助条約は、本条約の締約国間で、租税に関する以下の行政支援を相互に行うための多数国間条約であり、本条約を締結することにより、国際的な脱税及び租税回避行為に適切に対処していくことが可能になります。

① 情報交換：締約国間において、租税に関する情報を相互に交換することができます。

② 徴収共助：租税の滞納者の資産が他の締約国にある場合、他の締約

284 第2編 令和3年度税制改正の具体的内容

[無償譲渡の譲受人等の第二次納税義務の整備]

現行

○滞納国税につき滞納処分を執行してもなお徴収不足となる場合に、その不足が、無償譲渡等（法定納期限の1年前の日以後に行われたものに限る。）に基因するときは、その譲受人等に対し、第二次納税義務を賦課できる。
○しかし、第三者に無償譲渡等した財産が国外財産である場合、その第三者に第二次納税義務を賦課できない※。
　※　滞納処分は執行管轄権のない国外財産に執行できないため、その無償譲渡等は徴収不足の基因となり得ず（徴収不足額に影響しない）、第二次納税義務の適用要件を満たさない。

見直し案

○徴収共助を要請した滞納国税につき、滞納処分や徴収共助をしてもなお徴収不足となる場合に、その不足が、国外財産の無償譲渡等（法定納期限の1年前の日以後に行われたものに限る。）に基因するときは、その譲受人等に対し、第二次納税義務を賦課できることとする。

（例）徴収共助の要請が可能な国に所在する国外財産を、配偶者に無償譲渡したケース

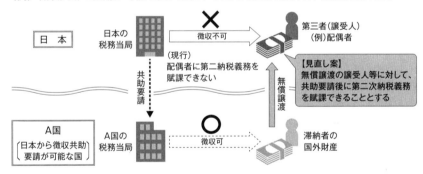

（自由民主党税制調査会資料）

国にその租税の徴収を依頼することができます。
③　送達共助：租税に関する文書の名宛人が他の締約国にいる場合、他の締約国にその文書の送達を依頼することができます。

5 滞納処分免脱罪の適用対象の整備

> **Question**
>
> 　滞納処分免脱罪の適用対象が整備されると聞きましたが、どのように整備されるのでしょうか。

　A 滞納処分免脱罪の対象に、徴収共助の要請による徴収を免れる目的で国外財産の隠ぺい等をした者が加えられます。

ここが変わる

　改正前は、国外財産を徴収共助不可能国に移転するなど徴収回避を図った場合には、滞納処分免脱罪を適用することができませんでしたが、改正後は、滞納処分免脱罪の対象に徴収共助による徴収を免れる目的で国外財産の隠ぺいなどをした者が加えられます。

適用時期

　令和4年1月1日以後にした違反行為について適用されます。

解　　説

❶　改正の背景

　徴収共助の要請が可能な国に財産を所有する国税滞納者が行う徴収回避行為にも適切に対応し、適正かつ公平な課税・徴収を実現する観点から見直しが行われます。

286 第2編　令和3年度税制改正の具体的内容

❷ 改正前の制度

　滞納処分の執行を免れる目的で財産の隠ぺい等をした者には、滞納処分免脱罪の適用がされますが、滞納処分は執行管轄権のある国内財産にのみ可能であるため、国外財産の隠ぺい等については、徴収共助を免れる目的で行われたとしても、滞納処分免脱罪の適用がされませんでした（徴収法187）。

❸ 改正の内容

　滞納処分免脱罪の適用対象に、納税者等が徴収共助の要請による徴収を免れる目的で国外財産の隠ぺい等の行為をした場合が加えられます。

❹ 実務のポイント

　滞納処分の執行を免れる目的で財産の隠ぺい等をした者には、3年以下の懲役もしくは250万円以下の罰金等が科されます。

[滞納処分免脱罪の適用対象の整備]

現行

○滞納処分の執行を免れる目的で財産の隠ぺい等をした者には、滞納処分免脱罪の適用がある。
　（参考）　3年以下の懲役もしくは250万円以下の罰金、あるいはこれの併科
○しかし、滞納処分は執行管轄権のある国内財産にのみ可能であるため、国外財産の隠ぺい等については、徴収共助※を免れる目的で行われたとしても、滞納処分免脱罪の適用がない。
　※　租税条約に基づき、日本の税務当局からの要請を受けて外国税務当局が行う徴収

見直し案

○滞納処分免脱罪の対象に、徴収共助の要請による徴収を免れる目的で国外財産の隠ぺい等をした者を加える。

（例）徴収共助の要請が可能な国に所在する財産を要請不可能な国に移転し、徴収共助逃れを図ったケース

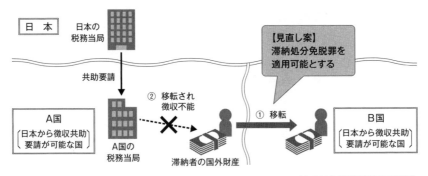

（自由民主党税制調査会資料）

6 スマートフォンを使用した決済サービスによる納付手続の創設

Question

自宅等においてスマートフォンのアプリ決済サービスを使用して納付を行うことができるようになるそうですが、どのような制度でしょうか。

> **A** 電子情報処理組織による通知に基づき行う国税の納付について、自宅等においてスマートフォンのアプリ決済サービス（○○pay 等）を使用する方法により行うことが可能となります。

ここが変わる

スマートフォン・PC・書面いずれの申告方法であっても、スマートフォンのアプリ決済サービスを使用する方法により納付ができるようになり、キャッシュレス（非対面）化がいっそう進みます。

適用時期

令和4年1月4日以後に納付する国税について適用されます。

解 説

❶ 改正の背景

国税納付のさらなるキャッシュレス（非対面）化を推進する観点から創設されます。

第6章 納税環境整備 **289**

❷ 改正の内容

　国税の納付手続について、国税を納付しようとする者がスマートフォンを使用した決済サービスに係る事項につきインターネットを利用して行う入力により納付しようとする場合には、国税庁長官が指定する納付受託者に納付を委託することができることになります。

　この場合において、納付受託者が国税を納付しようとする者の委託を受けた日に国税の納付があったものとみなして、延滞税・利子税等に関する規定を適用するほか、納付受託者の納付義務・帳簿保存義務・納付受託者の指定の取消し等について所要の措置が講じられます。

❸ 実務のポイント

　地方税の納付手続についても、納税者がスマートフォンを使用した決済サービスによる納付をしようとする場合には、地方団体の長が指定する事業者に納付を委託することができることが法令上明確化され、令和4年1月4日以後に地方税の納付を委託する場合について適用されます。

［スマホアプリによる納付手段の創設］

【見直し案】
　国税納付の更なるキャッシュレス（非対面）化を推進する観点から、電子情報処理組織による通知に基づき行う国税の納付について、自宅等においてスマートフォンのアプリ決済サービス（○○pay 等）を使用する方法により行うことを可能とする。

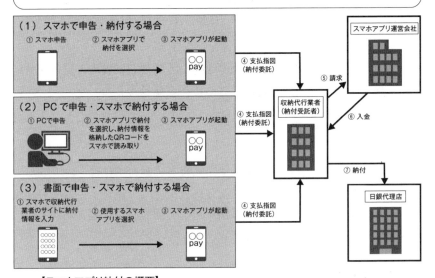

┈┈【スマホアプリ納付の概要】┈┈┈┈┈┈┈┈┈┈┈┈┈┈┈┈┈┈┈┈┈┈┈┈┈┈┈┈┈┈
- ○ 納付書で納付できる国税を対象とし、税目については基本的に制限なし。税額は、スマホアプリ業者の取扱いを踏まえ、30万円以下に限定。
- ○ 手数料は国が負担。利用者（納税者）負担とはしない。
- ○ 納税者が上図の④支払指図をした日（納付委託日）に国税の納付があったものとみなして、利子税・延滞税等を適用。
- ○ 適正なスマホアプリ納付を実現するための所要の措置を講ずる（納付受託者の指定・取消し、納付受託者の納付義務・帳簿保存義務・報告義務　等）。

（自由民主党税制調査会資料）

7 国外からの納付方法の拡充

Question

令和3年度改正では、国外からの国税の納付方法が拡充されるようですが、その内容について教えてください。

A 納付方法に国外の金融機関を通じて国税収納管理の国内預金口座に送金する方法が追加されることとなりました。

ここが変わる

改正前の制度では、国外に所在する納税者の納付方法は、①クレジットカード納付、②電子納付、③納税管理人を通じた納付とされていますが、改正により、④国外の金融機関を通じて国税収納管理の国内預金口座に送金する方法が追加されます。

適用時期

令和4年1月4日以後に納付する国税について適用されます。

解　説

❶ 改正の背景

国外に所在する納税者の納付方法は、国内に所在する納税者に比べて限られていたため拡充されることになりました。

❷ 改正前の制度

改正前の制度では、国外に所在する納税者の納付方法は、①クレジッ

トカード納付、②電子納付、③納税管理人を通じた納付とされていました。

❸ 改正の内容

　国外に住所又は居所を有する納税者が行う国税の納付について、国外の金融機関を通じて国税収納管理の国内預金口座に送金する方法により行うことができることとなります。

　この場合において、その国外の金融機関を通じて送金した日に国税の納付があったものとみなして、延滞税・利子税等に関する規定を適用するほか、納付に必要な情報の提供手続等について所要の措置が講じられることとなります。

［国外からの納付手段の拡充（送金納付）］

【現行】
○　国外に所在する納税者の納付手段は、①クレジットカード納付、②電子納付、③納税管理人を通じた納付とされている。

【見直し案】
○　国外に所在する納税者の納付手段の拡充の観点から、国外に住所又は居所を有する納税者が行う国税の納付について、国税収納管理の国内銀行口座に送金する方法により行うことを可能とする。

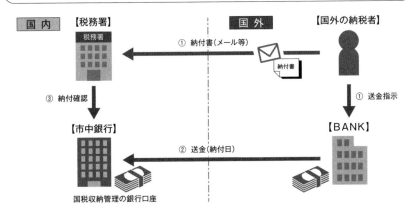

（自由民主党税制調査会資料）

❹　実務のポイント

　国外に所在する納税者は国税を納付するに当たり、あらかじめ税務署に納付書をメール等で送信の上、国外の金融機関を通じて国税収納管理の国内預金口座に送金することになります。

8　e-Tax による申請等の方法の拡充

> **Question**
>
> 　令和３年度改正では、e-Tax による申請等の方法が拡充されると聞きましたが、その内容について教えてください。

　Ａ　e-Tax による申請等ができないものについては、スキャナによる読取り等により作成したイメージデータを送信する方式により申請等を行うことができることになります。

ここが変わる

　改正前の制度では、e-Tax による申請等について入力方式対応未済の場合、e-Tax による申請等ができないため、書面による提出をする必要がありましたが、改正によりイメージデータを送信する方式が追加されることから、入力方式対応未済の申請等についても e-Tax による申請等ができることになります。

適用時期

　令和３年４月１日以後に行う申請等について適用されます。なお、施行日前においても、運用上、イメージデータを送信する方式により申請等を行うことができることとなります。

解　説

❶　改正の背景

　申請等の手続ごとにシステムを作り込む必要があることから、件数僅

少又は緊急の手続は、費用対効果及び開発期間を理由に e-Tax の対応が困難となっていました。

❷ 改正前の制度

改正前の制度では、e-Tax による申請等について入力方式対応未済の場合には、e-Tax による申請等ができないため、書面による提出をする必要がありました。

❸ 改正の内容

税務署長等に対する申請等で電子情報処理組織を使用する方法（e-Tax）によりその申請等に係る書面に記載すべき事項を入力して送信することができないものについて、書面による提出に代えて、スキャナによる読取り等により作成した電磁的記録（いわゆる「イメージデータ」）を送信することにより行うことができることになります。

また、政府全体として行政手続のデジタル化の推進を図る観点から、上記の改正と併せて、e-Tax とマイナポータル等のシステム連携による申告利便等をさらに向上させる取組みが行われることになります。

❹ 実務のポイント

イメージデータを送信する方式が認められているのは、入力方式対応未済の申請等に限られます。

[e-Taxによる申請等の方法の拡充]

現状、電子情報処理組織（e-Tax）を使用する方法により行うことができない申請等について、スキャナによる読み取り等により作成した電磁的記録（いわゆる「イメージデータ」）の送信により行うことを可能とする。

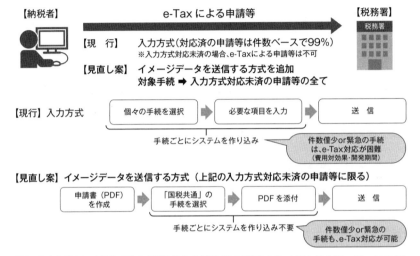

（注）政府全体として行政手続のデジタル化の推進を図る観点から、上記と併せて、e-Taxとマイナポータル等のシステム連携による申告利便等の更なる向上に取り組む。

（自由民主党税制調査会資料）

9 処分通知等の電子交付の拡充

Question

　令和３年度改正では、処分通知等の電子交付が拡充されるようですが、その内容について教えてください。

A 　電子交付による処分通知等の範囲を拡充し、①加算税の賦課決定通知書の送付、②所得税の予定納税額等の通知、③国税還付金振込通知書の送付が加えられます。

ここが変わる

　改正前の制度では、税務当局から納税者に対して電子交付できる処分通知等は５種類とされていますが、改正後は上記の３種類が加えられることになります。

適用時期

　上記①の改正は令和４年１月１日以後に行う送付について、上記②の改正は令和５年１月１日以後に行う通知について、上記③の改正は同年６月１日以後に行う送付について、それぞれ適用されます。

解　　説

❶ 改正の背景

　行政手続のデジタル化の推進を図る観点により、税務当局から納税者に対して電子交付できる処分通知等の範囲が拡充されることが期待されていました。

298 第２編　令和３年度税制改正の具体的内容

❷ 改正前の制度

改正前の制度では、税務当局から納税者に対して電子交付できる処分通知等は、①消費税の適格請求書発行事業者の登録に係る通知、②更正の請求に係る減額更正等の通知、③納税証明書の交付、④住宅ローン控除証明書の交付、⑤電子申請等証明書の交付の5種類とされていました。

❸ 改正の内容

電子情報処理組織を使用する方法により行うことができる処分通知等について、その範囲に次の処分通知等が加えられることになりました。
① 加算税の賦課決定通知書の送付
② 所得税の予定納税額等の通知（予定納税額の減額承認申請に対する処分に係る通知を含む）
③ 国税還付金振込通知書の送付

❹ 実務のポイント

納税者が一定期間処分通知等の内容を確認していない場合には、税務当局から納税者に対して内容を確認するよう電話により連絡があるなど運用上の対応が行われることになります。

第6章 納税環境整備 **299**

【処分通知等の電子交付の拡充】

現行

○ 税務当局から納税者に対して電子交付できる処分通知等は、①消費税の適格請求書発行事業者の登録に係る通知、②更正の請求に係る減額更正等の通知、③納税証明書の交付、④住宅ローン控除証明書の交付及び⑤電子申請等証明書の交付の5種類とされている。

見直し案

○ 電子交付による処分通知等の範囲を拡充し、①所得税の予定納税額通知書（予定納税額の減額承認申請に係る承認通知書及び却下通知書を含む。）、②加算税の賦課決定通知書及び③国税還付金振込通知書を加えることとする。

【処分通知等の電子交付（イメージ）】

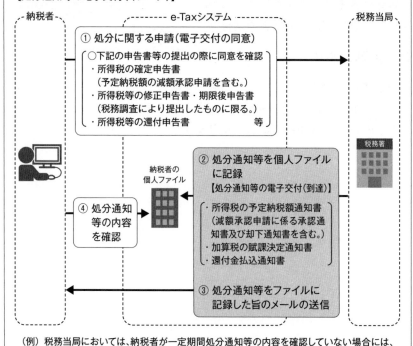

（例）税務当局においては、納税者が一定期間処分通知等の内容を確認していない場合には、内容を確認するよう電話により連絡するなど運用上の対応を行う

（自由民主党税制調査会資料）

10 クラウド等を利用した支払調書等の
提出方法の整備

Question

事業者が提出する支払調書・法定調書（以下「支払調書等」という）について、新しい提出の方法が整備されるそうですが、どのような内容でしょうか。

A クラウド等を利用して支払調書等を提出することができるようになります。

ここが変わる

支払調書等の提出をする者は、あらかじめ税務署長に届け出た場合には、国税庁長官が定める基準に適合することについて認定を受けたクラウド等に備え付けられたファイルにその支払調書等のデータを記録し、かつ、税務署長に対して支払調書等のデータを閲覧する等の権限を付与する方法により、支払調書等の提出を行うことができるようになります。

適用時期

令和4年1月1日以後に提出する支払調書等について適用されます。

解　　説

❶　創設の背景

令和元年12月に政府が発表した「デジタル・ガバメント実行計画」に基づいて、事業者の負担軽減や生産性向上の観点から、事業者が行う従業員の社会保険・税手続のワンストップ化及び事業者と行政機関との

第6章　納税環境整備　**301**

間でのデータ連携を通じたワンスオンリー化の推進が求められていました。

　その推進の一環として、新たに、一定の要件を満たしたクラウドサービス等を活用した方法により、事業者が支払調書等の提出を行うことができるようになります。

［クラウドサービス等を活用した法定調書の新しい提出方法の創設に関する政府決定］

○　デジタル・ガバメント実行計画（令和元年 12 月 20 日閣議決定）
　　6　ワンストップサービスの推進
　　6.5　企業が行う従業員の社会保険・税手続ワンストップ化・ワンスオンリー化の推進
　　　加えて、社会保険・税手続の新たな方法として、<u>金融機関に係る法定調書の提出（事業者提出の全ての法定調書について検討）</u>に関して、<u>クラウドサービス等を活用した企業保有情報の新しい提出方法に係る情報システムの利用を 2021 年度（令和 3 年度）以降開始し</u>、事業者の事務作業の負担を軽減する。
　　　また、国民・事業者の負担軽減が見込まれるその他の手続についても、2022 年度（令和 4 年度）以降の対象拡大に向けて検討し、2020 年度（令和 2 年度）中に結論を得る。さらに、年金関係をはじめ、行政機関等から事業者への処分通知等について、<u>デジタル化の課題や方策等を検討し、2021 年度（令和 3 年度）以降の順次対応を目指す</u>とともに、活用拡大を検討する。

（自由民主党税制調査会資料）

❷　創設された制度の内容

　支払調書等の提出をする者は、あらかじめ税務署長に届け出た場合[注1]には、クラウド等[注2]に備えられたファイルにその支払調書等に記載すべき事項（以下「記載情報」という）を記録し、かつ、税務署長に対してそのファイルに記録されたその記載情報を閲覧し、及び記録する権限（以下「アクセス権」という）を付与することにより、支払調書等の提出をすることができることとされるほか、所要の措置が講じられます。

　なお、支払調書等の記載情報が記録されたファイルへのアクセス権の

302　第2編　令和3年度税制改正の具体的内容

付与を税務署長に対して行うため、そのファイルに係る支払調書等の提出をする者の電子署名及び電子証明書の付与は不要になります。

　また、上記の改正と併せて、クラウド等に記録された支払調書等の記載情報を納税者が活用するための対応が運用上行われます。

（注1） 上記の届出及び国税庁長官の認定に関する手続については、電子情報処理組織を使用する方法（電子申請等）により行うことができることとされます。

（注2） クラウド等は、国税庁長官の定める基準に適合するものであることについて、そのクラウド等を管理する者が国税庁長官の認定を受けたものに限られます。

　なお、国税庁長官から認定を受けた認定事業者・クラウドは国税庁のホームページで公表され、具体的には、国税庁長官が告示する情報セキュリティ要件として次の基準を満たすものになります。

① クラウドに記録したデータの変更の管理を行うこと

② クラウドへのアクセス制御を行うこと

③ 国税庁が求める期間データの保存を行うこと　等

❸　実務のポイント

　クラウド等を利用して支払調書等を提出する場合は、①あらかじめ税務署長に対して、国税庁のホームページに公表される国税庁長官の認定を受けたクラウド等を利用して支払調書等の提出を行う旨の届出を行うこと、②上記認定を受けたクラウド等に備えられたファイルに支払調書等を記録し、かつ、税務署長に対してそのファイルへのアクセス権を付与する必要があります。

[クラウドサービス等を活用した法定調書の新しい提出方法の創設]

○ 法定調書の提出義務者は、あらかじめ税務署長に届け出た場合には、①国税庁長官が定める基準に適合することについて認定を受けたクラウド等に備え付けられたファイルにその法定調書のデータを記録し、かつ、②税務署長に対して法定調書のデータを閲覧する等の権限（アクセス権）を付与する方法により、法定調書の提出を可能とする（令和4年1月1日以後に行う申請等について適用）。

○ なお、法定調書の提出義務者がアクセス権の付与（下図②）を行うことから、電子署名及び電子証明書を不要とする。

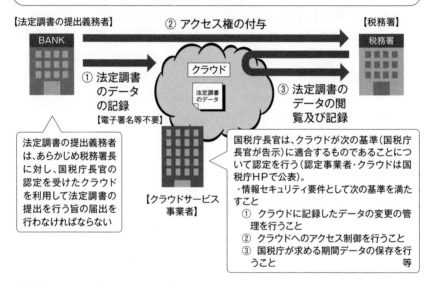

（注）上記の改正と併せて、クラウド等に記録された法定調書のデータを納税者が活用するための対応を運用上行う。

（自由民主党税制調査会資料）

11 納税地の異動があった場合における 質問検査権の管轄の整備

Question

　法人が納税地の異動をした場合の税務調査の改正が行われる ようですが、どのような改正が行われるのでしょうか。

　A 　旧納税地の国税局又は税務署の職員が、税務調査を行うことが できるようになります。

ここが変わる

　法人税等に関する調査について、調査通知後に納税地の異動があった 場合において、調査通知をした旧納税地の所轄国税局長又は所轄税務署 長が必要があると認めるときは、旧納税地の所轄国税局又は所轄税務署 の当該職員が質問検査権を行使(税務調査)することが可能となります。

適用時期

　上記の改正は、令和3年7月1日以後に新たに納税者に対して開始す る調査及び当該調査に係る反面調査について適用されます。

解　　説

❶　改正の背景

　改正前の制度では、法人税等の調査における質問検査権の行使（税務 調査）は、法人の（異動後の）納税地の所轄国税局又は所轄税務署の当 該職員に限られていましたが（通則法74の2④）、この規定を悪用し、 調査着手後に納税地の異動を繰り返すことで、法人税等の調査忌避を行

第6章　納税環境整備　**305**

う事例が見受けられていました。

❷ 改正前の制度

改正前の制度では、法人税・地方法人税又は消費税の調査における質問検査権の行使（税務調査）は、法人の納税地の所轄国税局又は所轄税務署の当該職員が行うこととされていました（通則法74の2④）。

❸ 改正の内容

法人税・地方法人税又は消費税に関する調査について、調査通知後に納税地の異動があった場合において、その異動前の納税地の所轄国税局長又は所轄税務署長が必要があると認めるときは、その異動前の納税地の所轄国税局又は所轄税務署の当該職員が質問検査権を行使（税務調査）することができることとなります。

❹ 実務のポイント

改正後は、法人が納税地の異動を繰り返すことで意図的に税務調査を回避するということができなくなります。税務調査に関する上記の改正内容については、顧問先に周知する必要があるでしょう。

306　第2編　令和3年度税制改正の具体的内容

[納税地の異動があった場合における質問検査権の管轄の整備]

【現　行】
○法人税、地方法人税又は消費税の調査における質問検査権の行使は、法人の納税地の所轄国税局又は所轄税務署の当該職員に限られている。
○この取扱いを悪用し、調査着手後に納税地の異動を繰り返すことで、法人税等の調査忌避を行う事例が散見される。

【見直し案】
○法人税等に関する調査について、調査通知後に納税地の異動があった場合において、旧納税地の所轄国税局長又は所轄税務署長が必要があると認めるときは、旧納税地の所轄国税局又は所轄税務署の当該職員が質問検査権を行使することを可能とする（令和3年7月1日以後に新たに開始する調査について適用）。

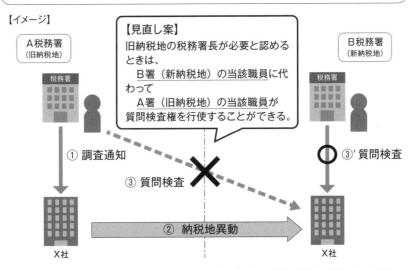

（注）上記の「調査通知」とは、調査の事前に行う納税義務者に対する調査の対象となる税目、期間等の通知をいう。

（自由民主党税制調査会資料）

12 地方税共通納税システムの対象税目の拡大

> **Question**
>
> 　地方税共通納税システムの対象税目の改正が行われるようですが、どのような改正が行われるのでしょうか。

　Ａ　**地方税共通納税システムの対象税目が、下記のように拡大されます。**

ここが変わる

　地方税共通納税システムの対象税目に、固定資産税・都市計画税・自動車税種別割及び軽自動車税種別割が加えられます。

適用時期

　上記の改正は、令和5年度以降の課税分から適用されます。

解　　説

❶　改正の背景

　複数団体にわたって経済活動を行う法人は、複数に申告・納税を行う必要から全国共通の電子インフラである eLTAX 等を活用し、全国統一的な対応・取扱いを充実させていくことがいっそう求められています。

　eLTAX による電子申告は平成16年度の運用開始後、平成25年にはすべての地方公共団体で利用が可能となりました。eLTAX を安定かつ安全に運営するための措置（地方税共同機構の設立等）を講じつつ、令和元年10月からは統一的なシステムとして、「地方税共通納税システ

308　第2編　令和3年度税制改正の具体的内容

ム」が導入されました。

「地方税共通納税システム」によって電子納税を可能とし、申告・納税の事務を一括してオンライン化することで、法人（納税義務者・特別徴収義務者）の税務事務負担を大幅に軽減・効率化することを目指し、利用可能税目の拡大が順次実施されています。

❷ 改正前の制度

⑴ 地方税共通納税

地方税共通納税とは、マルチペイメントネットワークの仕組みを利用して、自宅やオフィスから、地方税の納税手続を電子的に行うことです。共通納税は、すべての地方公共団体へ一括して電子納税^(注)することができます。

> **(注)** 電子納税とは、納税者がインターネット等を利用して国や地方公共団体へ税金を電子的に納税する仕組みです。共通納税では、領収書が発行されず、画面上で納税済みの確認を行います。領収書が必要な場合は、従来どおり、窓口に納付書を持参して納税を行うことになります。

⑵ 地方税共通納税の手数料

利用者がeLTAXからダイレクト納付やインターネットバンキングやATM等から納税を行うと、金融機関が利用者の預貯金を地方税に振り替えることになりますが、振替のための手数料は不要です。

ただし、インターネットバンキングやATM等の利用に当たり、手数料が必要となる場合もあるため、あらかじめ利用する金融機関に確認が必要です。ダイレクト納付の利用においては、これらの手数料も不要です。

⑶ 納税の手続

① 電子データ・特別徴収税額通知と連動し納付する方法

地方税共通納税は、電子申告した申告データをもとに、納税手続を行う方法です。提出済みの申告データを選択することで、その申告内容に応じた税金を納税することができます。

必要に応じて延滞金・加算金等を納付することもでき、電子申告データと連動し納税できる税目（延滞税等も含む）は、次のとおりです。

・法人都道府県民税

・法人事業税

・特別法人事業税（地方法人特別税）

・法人市町村民税

・事業所税

・個人住民税（退職所得に係る納入申告・給与特別徴収で税額通知が電子的に送付されている場合）

② 納付金額等を入力し納付する方法

地方税共通納税は、納税先団体・税目・納税額等の情報を新規入力して納税手続を行う方法であり、対象税目は次のとおりです。

・個人住民税（給与特別徴収で税額通知が電子的に送付されていない場合）(注)

（注）延滞金等を含みます。

・法人都道府県民税の見込納付及びみなし納付

・法人事業税の見込納付及びみなし納付

・特別法人事業税（地方法人特別税）の見込納付及びみなし納付

・法人市民税の見込納付及びみなし納付

・更正・決定に関する納付

［地方税務手続のデジタル化の推進］

○ eLTAXは、インターネットを利用して地方税に係る手続を電子的に行うシステム。
○ 令和元年10月から「地方税共通納税システム」が導入され、従来可能であった電子申告に加え、電子納税が可能。
○ 複数団体に対する電子申告・電子納税を一括で行うことができるほか、地方団体と国税当局間の情報連携に活用。

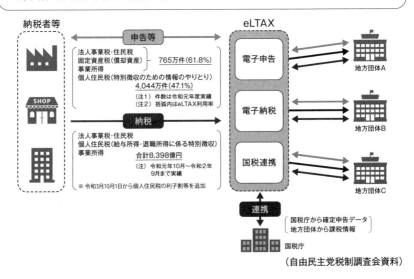

（自由民主党税制調査会資料）

❸ 改正の内容

　新型コロナウイルス感染症の拡大を踏まえ、従来に増して迅速に地方税務手続のデジタル化を進めていく必要があることから、地方公共団体の収納事務を行う地方税共同機構が電子的に処理する特定徴収金の対象税目に賦課税目である固定資産税・都市計画税・自動車税種別割及び軽自動車税種別割を追加し、eLTAX（地方税のオンライン手続のためのシステム）を通じて電子的に納付を行うことができるよう、所要の措置が講じられます。

[地方税共通納税システムの対象税目の拡大]

○ 現在、地方税共通納税システムにおいては、申告等を eLTAX により対応している法人事業税等について電子納税が可能となっている。
○ 対象税目について、賦課税目である固定資産税、都市計画税、自動車税（種別割）及び軽自動車税（種別割）を追加するための所要の措置を講ずる。

〈対象税目を賦課税目に拡大した場合のイメージ〉

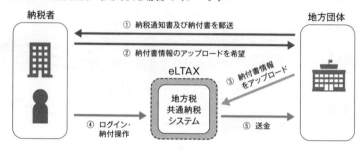

（自由民主党税制調査会資料）

❹ 実務のポイント

　地方税共通納税システムの対象税目を拡大することにより、納税者においては複数団体に対する電子申告・電子納税のさらなる一括化ができるようになり、一方、課税者である地方公共団体においては国税当局との情報連携に活用することができるようになります。
　以上のような地方税務手続のデジタル化を推進することにより、納税者側・課税者側双方の業務のいっそうの効率化・省略化が図られることになります。

13 個人住民税の特別徴収税額通知の電子化

> **Question**
>
> 個人住民税の特別徴収税額通知の見直しは、どのような内容でしょうか。

A 個人住民税の特別徴収税額通知（特別徴収義務者用・納税義務者用）について、電子化が行われます。

ここが変わる

個人住民税の特別徴収税額通知について、次の見直しが行われます。
① 給与支払報告書を電子的に提出したときには、特別徴収義務者用・納税義務者用のそれぞれにつき、電子的送付の希望の有無を報告します。
② 特別徴収税額通知（特別徴収義務者用・納税義務者用）について、個々の納税義務者に電子的に送付できる体制を有する特別徴収義務者が求めた場合、市町村は特別徴収税額通知を eLTAX を経由して、特別徴収義務者に電子的に送付するものとします。
③ 特別徴収義務者は、納税義務者に特別徴収税額通知を原則として電子的に送付するものとします。

適用時期

令和6年度分以後の個人住民税について適用されます。

第6章 納税環境整備　**313**

解　説

❶　改正の背景

　新型コロナウイルス感染症の拡大を踏まえ、従来に増して迅速に地方税務手続のデジタル化を進めていく必要があることから、給与所得に係る特別徴収税額通知（納税義務者用）について、特別徴収義務者に対して電子的に送付する仕組みが導入されます。

❷　改正の内容

⑴　給与所得に係る特別徴収税額通知（特別徴収義務者用）

　給与所得に係る特別徴収税額通知（特別徴収義務者用）について、eLTAX を経由して給与支払報告書を提出する特別徴収義務者が申出をしたときは、市町村は当該通知の内容を eLTAX を経由し、当該特別徴収義務者に提供しなければなりません。

　　（注）現在、選択的サービスとして行われている、書面による特別徴収税額通知（特別徴収義務者用）の送付の際の電子データの副本送付は、終了することになります。

⑵　給与所得に係る特別徴収税額通知（納税義務者用）

　給与所得に係る特別徴収税額通知（納税義務者用）について、eLTAX を経由して給与支払報告書を提出する特別徴収義務者であって、個々の納税義務者に当該通知の内容を電磁的方法により提供することができる体制を有する者が申出をしたときは、市町村は当該通知の内容を eLTAX を経由して当該特別徴収義務者に提供し、当該特別徴収義務者を経由して納税義務者に提供しなければなりません。

　この場合において、当該特別徴収義務者は、当該通知の内容を電磁的方法により納税義務者に提供します。

⑶　その他

　所要の措置が講じられます。

[個人住民税の特別徴収税額通知の電子化]

○ 特別徴収税額通知（納税義務者用）について、個々の納税義務者に電子的に送付できる体制を有する特別徴収義務者が求めた場合、市町村は、当該通知を eLTAX を経由して、当該特別徴収義務者に電子的に送付するものとする。この場合において、当該特別徴収義務者は、納税義務者に、当該通知を原則として電子的に送付するものとする。
○ 特別徴収税額通知（特別徴収義務者用）についても、特別徴収義務者が求めた場合、市町村は、当該通知を eLTAX を経由して、当該特別徴収義務者に電子的に送付するものとする。
※現在、選択的サービスとして行われている「電子データの副本送付」（電子署名のないデータの送付）については、終了することとする。

〈電子化のイメージ〉

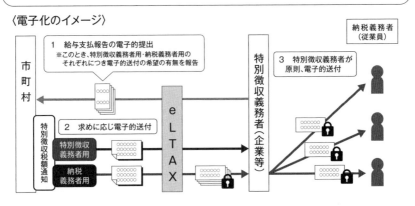

（自由民主党税制調査会資料）

❸ 実務のポイント

　特別徴収税額通知を市区町村から電子的に送付を受けるためには、特別徴収税額通知を個々の納税義務者に電子的に送付できる体制が整った特別徴収義務者に限られるため、体制の整備が必要となります。
　また、体制が整っていない特別徴収義務者は、従来どおり紙での通知を受け取ることになります。

14　軽自動車税関係手続のオンライン化

Question

　軽自動車税関係手続のオンライン化は、どのような内容でしょうか。

　A　軽自動車に係る各種行政手続（保管場所証明、検査登録、自動車税環境性能割等の納付等）について、オンライン化を実現するため、所要の措置が講じられます。

ここが変わる

① 　継続検査に係る手続について、軽自動車税の納税確認のオンライン化が行われます。
② 　新車新規検査等に係る手続について、次のオンライン化が行われます。
　・軽自動車検査協会に申請する検査申請・自動車税環境性能割等の納付のオンライン化
　・市区町村に申請する軽自動車税関係手続のオンライン化
　・警察署に申請する保管場所届出のオンライン化

適用時期

　適用時期は税制改正大綱に明記されていないため、今後の情報を確認する必要があります。

解　説

❶　改正の背景

　登録車については、各種行政手続（保管場所証明、検査登録、自動車税環境性能割等の納付等）について、登録車OSS（ワンストップサービス）によりオンラインで行うことが可能となっているため、軽自動車に係る各種行政手続についても同様の措置を講じることが期待されていました。

❷　改正の内容

　軽自動車税環境性能割及び種別割の申告又は報告並びに継続検査時における種別割の納付の有無の事実の確認について、国の関連システムの更改時期（令和5年1月予定）に合わせて、オンライン手続により行うことが可能になります。

　自動車登録検査業務電子情報処理システム（MOTAS）とは、運輸支局等に設置した業務処理端末機器と国土交通省の稼働センタをネットワークで結び、オンライン・リアルタイム方式により、自動車登録検査業務を支援し、その情報を一元的に管理するシステムです。

❸　実務のポイント

　継続検査に係る手続については、令和元年5月より軽自動車OSS（ワンストップサービス）により電子申請・納付を行うことが可能となっており、申請者の事務手続が容易になっています。

　今後、軽自動車税関係手続のオンライン化が可能となれば、ワンストップで電子申請・納付ができるため、申請者の事務手続が簡便になることが期待されます。

第6章　納税環境整備　**317**

[軽自動車税関係手続のオンライン化]

○ 登録車については、各種行政手続（保管場所証明、検査登録、自動車税環境性能割等の納付など）について、登録車OSS（ワンストップサービス）によりオンラインで行うことが可能。
○ 軽自動車税関係手続についても、国の関連システムの更改時期等を踏まえ、オンライン化を実現できるよう、所要の措置を講ずる。

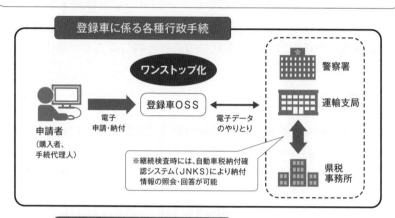

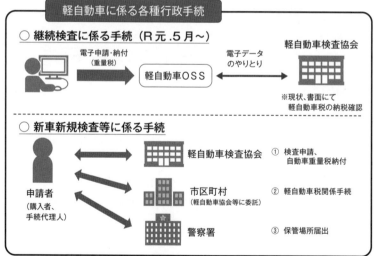

（自由民主党税制調査会資料）

第3編

検討事項

検討事項

　令和３年度税制改正大綱において、下記の検討事項が挙げられています。

❶　年金課税

> 　年金課税については、少子高齢化が進展し、年金受給者が増大する中で、世代間及び世代内の公平性の確保や、老後を保障する公的年金、公的年金を補完する企業年金を始めとした各種年金制度間のバランス、貯蓄・投資商品に対する課税との関連、給与課税等とのバランス等に留意するとともに、平成30年度税制改正の公的年金等控除の見直しの考え方や年金制度改革の方向性、諸外国の例も踏まえつつ、拠出・運用・給付を通じて課税のあり方を総合的に検討する。

　年金課税については、拠出・運用・給付の各段階を通じた適正かつ公平な税負担を確保することが求められており、諸外国においては、我が国のような年金収入に対する大幅な控除はなく、基本的には拠出段階、給付段階のいずれかで課税される仕組みとなっている例もあることから、これらを参考に、世代内・世代間の公平性を確保しつつ、人生100年時代といわれる現代社会において、働き方やライフコースが多様化する中、働き方の違いによって有利・不利が生じない公平な税制の構築という観点から、年金課税のあり方を総合的に検討することとなります。

　なお、令和２年５月29日に、「年金制度の機能強化のための国民年金

法等の一部を改正する法律」が成立し、6月5日に公布されました。今後の年金制度改革においても、より多くの人がこれまでよりも長い期間にわたり多様な形で働くようになることが見込まれる中で、今後の社会・経済の変化を年金制度に反映し、長期化する高齢期の経済基盤の充実を図ることが期待されます。

❷ 金融商品課税の一体化（金融商品間の損益通算範囲の拡大等）

> デリバティブを含む金融所得課税の更なる一体化については、総合取引所における個人投資家の取引状況等も踏まえつつ、投資家が多様な金融商品に投資しやすい環境を整備する観点から、時価評価課税の有効性や課題を始めとして多様なスキームによる意図的な租税回避行為を防止するための実効性ある具体的方策を含め、関係者の理解を得つつ、早期に検討する。

　我が国の個人金融資産は1,900兆円を超える規模ともいわれていますが、その半分は現預金で保有・運用されており、株式や投信、債券などの金融商品への資産運用比率は諸外国に比べて極めて低い水準となっています。そこで、個人の金融商品に対する投資環境を整備し、家計の資産運用行動を後押しする形で成長分野への資金供給の流れを形成できれば、金融商品を介した家計から市場及び企業への資金の好循環をもたらすことが可能となることから、引き続き、投資家が多様な金融商品に投資しやすい環境を整備することにより、個人投資家の市場参加を促すことを通じ、国民の長期的な資産形成を図るべく検討が行われます。

　なお、金融所得課税の一体化については、平成16年に金融商品に対する課税方式の均衡化と損益通算範囲の拡大を進める方針が打ち出され、この流れに沿って、平成20年度税制改正において、上場株式等の譲渡損失と配当等との損益通算が可能（平成21年分より実施）となり、また、平成25年度税制改正において、上場株式等に加え、特定公社債等にまで損益通算範囲が拡大（平成28年1月より実施）されたところ、デリバティブ取引・預貯金等については、未だ損益通算が認められていません。

第3編　検討事項　**321**

今後は、時価評価課税の有効性等の検証、意図的な租税回避行為の防止を図りつつ、多様な金融商品の一元化による課税方式の均衡化、金融商品間の損益通算範囲の拡大、上場株式等の損失繰越控除期間の拡大など、金融商品課税について、簡素で中立的な投資環境の整備が期待されます。

❸ 小規模企業等に係る税制

　小規模企業等に係る税制のあり方については、働き方の多様化を踏まえ、個人事業主、同族会社、給与所得者の課税のバランスや勤労性所得に対する課税のあり方等にも配慮しつつ、個人と法人成り企業に対する課税のバランスを図るための外国の制度も参考に、正規の簿記による青色申告の普及を含め、記帳水準の向上を図りながら、引き続き、給与所得控除などの「所得の種類に応じた控除」と「人的控除」のあり方を全体として見直すことを含め、所得税・法人税を通じて総合的に検討する。

　小規模企業等に係る税制のあり方については、例えば、個人事業主と実質的1人会社の課税上の不公平が長らく問題視されています。実質的1人会社において、事業主報酬の損金算入が認められ、かつ、一定の給与所得控除が受けられるという制度と、個人事業主課税とのバランスを図るため、外国の制度も参考に、今後の個人所得課税改革において給与所得控除等の「所得の種類に応じた控除」と「人的控除」のあり方を全体として見直すことを含め、所得税・法人税を通じた幅広い観点から総合的な検討が行われます。

❹ 相続等に係る不動産登記の登録免許税のあり方

　相続等に係る不動産登記の登録免許税のあり方については、所有者不明土地等問題の解決に向けて、相続発生時における登記申請の義務化、新たな職権的登記の創設等を含めた不動産登記法等の見直しについて次期通常国会に関連法案を提出する方向で検討が進めら

> れていることから、その成案を踏まえ、令和4年度税制改正におい
> て必要な措置を検討する。

　所有者が死亡した後も相続登記がされないこと等を原因として、不動産登記により所有者が直ちに判明せず、もしくは、判明しても連絡がつかない「所有者不明土地」が生じ、民間における土地取引や公共事業の用地取得、農地の集約等を阻害するなど、さまざまな場面において問題が顕在化しています。

　所有者不明土地問題の解消については、これまでも政府の重要施策として政府方針に明記されてきたところ、令和2年7月17日に閣議決定された「経済財政運営と改革の基本方針2020」においても、「所有者不明土地等対策の推進に関する基本方針」に基づき対策を推進することとされており、現在、法制審議会民法・不動産登記法部会においては、相続登記等を促進すべく、その申請の義務化等を含めた不動産登記法等の見直しについて検討が進められており、できるだけ速やかに国会に法案を提出することとされています。

　このような背景の下、積極的に大胆な税制上の措置を講ずることで、国民の自発的かつ積極的な登記申請を促し、不動産登記の公示機能の正常化を税制面からも後押しするべく、相続等に係る不動産登記の登録免許税のあり方については、令和4年度税制改正において必要な措置を検討することとなります。

検討事項

第3編　検討事項　323

[法務省の取組について]

1 民法・不動産登記法改正に向けた現在の検討状況

○ 法制審議会民法・不動産登記法部会において調査審議中
→ 令和元年12月に中間試案を取りまとめ、これについてのパブリック・コメントを実施（令和2年1月10日から同年3月10日までの2か月間）
※意見数：合計249件（個人：143件，団体：106件）
○令和2年6月以降、法制化に向けた最終的な調査審議を行い、令和2年度中できるだけ速やかに法案提出

2 検討スケジュール

平成31年3月以降	令和元年12月	令和2年1月10日～3月10日	令和2年6月以降	
民法・不動産登記法部会における調査審議開始	中間試案取りまとめ	パブリック・コメント	法制化に向けた最終的な調査審議	令和2年度中できるだけ速やかに法案提出

3 主な検討課題

所有者不明土地の発生を予防するための仕組み

不動産登記情報の更新を図る方策

▶相続登記の申請の義務化等

● 相続が発生しても、相続登記の申請は義務ではない
● 土地の価値が低ければ、相続登記をしようと思わない
⇒相続登記等がされず、所有者不明土地が発生

✓ 不動産を取得した相続人に、相続登記・住所変更登記の申請を義務付ける方向で検討
✓ 相続人からの簡易な申出による氏名・住所のみの報告的な相続人申告登記の新設などを検討
✓ 登記漏れ防止のため、登記官が被相続人名義の不動産の目録を証明する制度の新設について検討
✓ 登記所が他の公的機関から死亡情報等を取得して不動産登記情報の更新を図る方策を検討

▶その他の見直し事項

● 外国に居住する所有者の連絡先の把握が困難

● 外国に居住する所有者に関して、国内の連絡先の登記制度の新設や、外国住所の確認書類の見直しについて検討

（法務省資料「第6回所有者不明土地等対策の推進のための関係閣僚会議」）

324　第3編　検討事項

［平成28年度地籍調査における土地所有者等※1に関する調査］

（平成28年度に一筆地調査を実施した地区を対象に調査）

	地帯別※2の調査結果 【()内の数字は調査対象筆数に対する割合、〔〕内の数字は登記簿のみで所在不明に対する割合】				
	全体	都市部 (DID)	宅地	農地	林地
調査対象筆数	622,608	79,783	98,775	200,617	243,433
① 登記簿上で所在確認	497,549 (79.9%)	68,203 (85.5%)	81,610 (82.6%)	166,648 (83.1%)	181,088 (74.4%)
② 登記簿のみでは所在不明	125,059 (20.1%)	11,580 (14.5%)	17,165 (17.4%)	33,969 (16.9%)	62,345 (25.6%)
要因 ②-1 所有権移転の未登記 （相続）	83,371 〔66.7%〕	5,152 〔44.5%〕	10,399 〔60.6%〕	24,375 〔71.8%〕	43,445 〔69.7%〕
②-2 所有権移転の未登記 （売買・交換等）	1,192 〔1.0%〕	30 〔0.3%〕	198 〔1.2%〕	786 〔2.3%〕	178 〔0.3%〕
②-3 住所変更の未登記	40,496 〔32.4%〕	6,398 〔55.3%〕	6,568 〔38.3%〕	8,808 〔25.9%〕	18,722 〔30.0%〕
③ 最終的に所在不明	2,526 (0.41%)	304 (0.38%)	134 (0.14%)	689 (0.34%)	1,399 (0.57%)
参考：筆界未定	10,140 (1.6%)	2,014 (2.5%)	1,438 (1.5%)	2,264 (1.1%)	4,424 (1.8%)

※1 土地の所有者その他の利害関係人又はこれらの者の代理人

※2 1調査地区には、様々な地帯（DID、宅地、農地、林地）が含まれるため、地区内で最も割合の多い地帯で区分

（国土交通省資料「第6回所有者不明土地等対策の推進のための関係閣僚会議」）

❺ 自動車関係諸税のあり方

　　自動車関係諸税については、「2050年カーボンニュートラル」目標の実現に積極的に貢献するものとするとともに、自動運転をはじめとする技術革新の必要性や保有から利用への変化、モビリティー

第3編　検討事項　**325**

の多様化を受けた利用者の広がり等の自動車を取り巻く環境変化の動向、地域公共交通へのニーズの高まりや上記の環境変化にも対応するためのインフラの維持管理や機能強化の必要性等を踏まえつつ、国・地方を通じた財源を安定的に確保していくことを前提に、受益と負担の関係も含め、その課税のあり方について、中長期的な視点に立って検討を行う。

自動車産業は日本経済や雇用創出に大きく貢献する基幹産業ですが、熾烈なグローバル競争下にあるとともに、電動化・IOT化、自動車運転等の技術革新、ライドシェア等の使用形態の変化等、100年に一度の大きな変革期を迎えています。

税制面においても、自動車を取り巻く環境変化の動向、環境負荷の低減に対する要請の高まり等を踏まえつつ、国・地方を通じた財源を安定的に確保していくことを前提に、その課税のあり方について、中長期的な視点から検討を行うこととされます。

❻ 原料用石油製品等に係る免税・還付措置の本則化

原料用石油製品等に係る免税・還付措置の本則化については、引き続き検討する。

我が国の現行制度においては、揮発油税、地方揮発油税及び石油石炭税について、課税対象物が石油化学製品等の製造プロセスに不可欠な原料用途等として使用される場合に、租税特別措置として、これを免税又は還付とする措置が講じられています。

他方、諸外国においては、原料用の揮発油、石油、石炭については、特別措置による免税・還付ではなく、非課税措置が講じられていることから、課税環境の国際的なイコールフッティングを確保することで、産業の空洞化の回避及び国際競争力の維持を図る必要があり、これらの免税・還付措置については、非課税化を含めた本則化への検討が行われます。

❼ 帳簿等の税務関係書類の電子化

　帳簿等の税務関係書類の電子化を推進しつつ、納税者自らによる記帳が適切に行われる環境を整備することが、申告納税制度の下における適正・公平な課税の実現のみならず、経営状態の可視化による経営力の強化、バックオフィスの生産性の向上のためにも重要であることに鑑み、正規の簿記の原則に従った帳簿の普及、トレーサビリティの確保を含む帳簿の事後検証可能性の確立の観点から、納税者の事務負担やコストにも配慮しつつ、記帳水準の向上、電子帳簿の信頼性の確保に向け優良な電子帳簿の普及を促進するための更なる措置、記帳義務の適正な履行を担保するためのデジタル社会にふさわしい諸制度のあり方やその工程等について早期に検討を行い、結論を得る。

　今般の税制改正大綱においては、経済社会のデジタル化を踏まえ、経理の電子化による生産性の向上、テレワークの推進、ペーパレス化等の観点から、バックオフィスの電子化を推進すべく、電子帳簿保存制度の見直しが行われることになります。具体的には、電子帳簿保存制度の導入に当たって税務署による事前承認の廃止、また、スキャナ保存に係るタイムスタンプ付与期限の緩和等が掲げられています。

　一方で、電子帳簿保存制度については、敷居を下げてその導入を推進していくことを前提にしつつも、記帳水準の向上や、記帳義務の適正な履行を図ることで、申告納税制度の下における適正・公平な課税の実現を担保することが求められており、引き続き、関係諸制度のあり方やその工程等について早期に検討を行い、結論を得ることとされます。

❽ 税理士制度の見直し

　税理士制度については、ウィズコロナ・ポストコロナの新しい社会を見据え、税理士の業務環境や納税環境の電子化といった、税理士を取り巻く状況の変化に的確に対応するとともに、多様な人材の

第3編　検討事項　**327**

> 確保や、国民・納税者の税理士に対する信頼の向上を図る観点も踏まえつつ、税理士法の改正を視野に入れて、その見直しに向けて検討を進める。

急速に発展し続ける税理士の業務環境や納税環境のデジタル化への対応、顧客情報等のセキュリティ対策等の向上へ向け、税理士法の改正を視野に入れつつ、その見直しに向けて検討が進められます。

❾　事業税における社会保険診療報酬に係る実質的非課税措置等

> 事業税における社会保険診療報酬に係る実質的非課税措置及び医療法人に対する軽減税率については、税負担の公平性を図る観点や、地域医療の確保を図る観点から、そのあり方について検討する。

「社会保険診療報酬に係る事業税の非課税措置」については、我が国の国民皆保険制度の下において、社会保険診療は国民に必要な医療を提供するという極めて高い公共性を有するものであることを前提に措置されており、また、「医療法人の自由診療に係る事業税の軽減措置」については、地域における医療提供体制の中核を担う医療法人について、経営基盤の強化に資することで、医療事業の安定性・継続性を高め、良質かつ適切な医療を提供する体制を確保すべく措置されたところ、医療事業を取り巻く環境の変化等を踏まえつつ、そのあり方について引き続き検討が行われます。

❿　ガス供給業に係る法人事業税の課税方式の変更

> ガス供給業に係る収入金額による外形標準課税については、小売全面自由化され2022年に導管部門が法的分離するガス供給業における他のエネルギーとの競合や新規参入の状況とその見通し、行政

328　第3編　検討事項

> サービスの受益に応じた負担の観点、地方財政や個々の地方公共団体の税収に与える影響等を考慮しつつ、これらの法人に対する課税の枠組みに、付加価値額及び資本金等の額による外形標準課税を組み入れていくことについて、引き続き検討する。

　ガス供給業に係る法人事業税の課税方式については、平成30年度改正において、一般ガス導管事業、特定ガス導管事業以外のもののうち、ガス製造事業者及び経過措置料金規制対象事業者以外の者が行うガス供給業の課税方式について、付加価値割額、資本割額及び所得割額によって事業税を課す方式へ変更されていますが、未だ収入金課税の対象となっているガス供給業の法人事業税について、ガスシステム改革による事業環境や競争状況の変化を踏まえ、一般の競争下にある事業と同様の課税方式に変更することで、課税の公平性を図るべく検討が行われます。

◆著者略歴

編著者

成田　一正（なりた　かずまさ）

　東京都生まれ。明治大学経営学部卒業。東京税理士会理事、東京税理士会日本橋支部研修部長などを歴任。現在、日本税務会計学会相談役。税理士法人おおたか特別顧問として、企業や個人に対するタックス・プランニングの指導などコンサルティング業務に従事。

　著書等：『事業承継・自社株対策の実践と手法』（日本法令・共著）、『企業組織再編税制の解説』（日本法令・共著）、『認定医療法人制度と医業承継対策』（法令出版・共著）、『危ない民事信託の見分け方』（日本法令・共著）、『民事信託ワークブック』（法令出版・共著）、『民事信託を活用するための基本と応用』（大蔵財務協会・共著）、『賃貸アパートマンションの民事信託実務』（日本法令・共著）ほか

■事務所：税理士法人おおたか

　　〒103-0002　東京都中央区日本橋馬喰町1丁目1番地2号　ゼニットビル

　ホームページ　http://www.ootaka.or.jp/

執筆者

中島　孝一（なかじま　こういち）

　東京都生まれ。現在、中島税理士事務所・所長、日本税務会計学会・相談役、東京税理士会・会員相談室運営委員、ミロク情報サービス税経システム研究所・客員研究員。

　著書等：『新型コロナ・災害対応の税務申告マニュアル』（ぎょうせい）、『相続税実務の"鉄則"に従ってはいけないケースと留意点』（清文社・共著）、『「事業承継税制の特例」完全ガイド』（税務研究会・共著）、『改訂版資産をめぐる複数税目の実務』（新日本法規・共著）、『租税基本判例80』（日本税務研究センター・共著）ほか

■事務所：中島税理士事務所

　　〒120-0034　東京都足立区千住1丁目30番3　カノン千住503

飯塚　美幸（いいづか　みゆき）

　静岡県生まれ。静岡大学人文学部卒業。平成7年エクスプレス・タックス㈱代表取締役・飯塚美幸税理士事務所設立、平成22年松木飯塚税理士事務所設立。平成25年松木飯塚税理士法人設立、代表社員就任。資産税関係のコンサルティングを中心業務とする。税理士・中小企業診断士。事業承継協議会会員、不動産コンサルティング登録技能士試験委員。（公社）日本証券アナリスト協会PB教育委員会委員。

　著書等：主著：『平成30年度税制改正対応版　目的別生前贈与のポイントと活用事例』（新日本法規）、『新版　小規模宅地特例─実務で迷いがちな複雑・難解事例の適用判断』（清文社）、『相続実務Q＆A─贈与税の特例』（中

央経済社）、『財産を殖やす相続対策プログラム』（日本法令）、共著：『税制改正と資産税の実務Q＆A』（清文社）、『最新相続税の物納実務取扱い事例Q＆A』（日本法令）、『新版「資本の部」の実務』（新日本法規出版）、監修『不動産税制の手引き』、『宅地建物取引士法定研修テキスト』各年度版（公財）不動産流通推進センター）ほか

■事務所：松木飯塚税理士法人
　　　〒107－0051　東京都港区元赤坂1丁目3番10－1910号
　ホームページ　http：//mi-cpta.com/
　ブログ　資産税の税理士ノート　http：//expresstax.exblog.jp

市川　康明（いちかわ　やすあき）

東京都生まれ。東海大学工学部卒業。税理士法人おおたか副代表・社員税理士。
著書等：『事業承継税制ハンドブック』（東京商工会議所・共著）、『土地建物の譲渡所得Q＆A』（税務経理協会・共著）、『贈与税の基本と特例Q&A』（税務経理協会・共著）、『事業承継を成功させる自社株承継の実務』（税務経理協会・共著）

■事務所：税理士法人おおたか

西野　道之助（にしの　みちのすけ）

　東京都生まれ。中央大学経済学部卒業。日本税務会計学会常任委員、東京税理士会・会員相談室電話相談委員。
　著書等：『相続税実務の"鉄則"に従ってはいけないケースと留意点』（清文社・共著）、『「事業承継税制の特例」完全ガイド』（税務研究会・共著）、『改訂版資産をめぐる複数税目の実務』（新日本法規・共著）ほか

■事務所：税理士　西野会計事務所
　　　〒110－0016　東京都台東区台東1－12－10　小守ビル3F

松木　愼一郎（まつき　しんいちろう）

　兵庫県生まれ。中央大学卒業。松木飯塚税理士法人代表社員。
　税理士・宅地建物取引士。

■事務所：松木飯塚税理士法人

岡本　博美（おかもと　ひろみ）

東京都生まれ。税理士法人平川会計パートナーズ・社員税理士。
著書等：『家事関連費を中心とした必要経費の実務』（税務研究会・共著）、『業種別税務・会計実務処理マニュアル』（新日本法規・共著）ほか

■事務所：税理士法人　平川会計パートナーズ
　　　〒101－0021　東京都千代田区外神田6丁目9番6号
　ホームページ　http：//www.hirakawa-tax.co.jp/

佐々木　京子（ささき　きょうこ）

東京都生まれ。学習院大学経済学部卒業。税理士法人平川会計パートナーズ・税理士。

著書等：『消費税　複数税率の申告実務－区分経理からインボイスまで－』（ぎょうせい）、『法人税　税務証拠フォーム作成マニュアル』（日本法令・共著）、『改訂版　資産をめぐる複数税目の実務』（新日本法規・共著）、『税務疎明事典＜資産税編＞＜クロスセクション編＞』（ぎょうせい・共著）、『業種別税務・会計実務処理マニュアル』（新日本法規・共著）、『中小企業会計指針の入門Ｐ＆Ａ』（税務経理協会・共著）

■事務所：税理士法人平川会計パートナーズ

天野　智充（あまの　ともみつ）

東京都生まれ。明治大学商学部卒業。税理士法人平川会計パートナーズ退職後、平成28年10月に天野智充税理士事務所を開設。東京税理士会会員相談室電話相談員、日本税務会計学会・会計部門委員

著書等：『相続税実務の"鉄則"に従ってはいけないケースと留意点』清文社・共著）、『法人税　税務証拠フォーム作成マニュアル』（日本法令・共著）、『株式会社の減資の税務と登記手続』（日本法令・共著）、『資産をめぐる複数税目の実務』（新日本法規出版・共著）ほか

■事務所：天野智充税理士事務所
　　　〒171－0022　東京都豊島区南池袋2丁目18番9号
　　　　　　　マシャンブル南池袋302号

若山　寿裕（わかやま　としひろ）

東京都生まれ。明治大学商学部卒業。税理士法人TOC英知・社員税理士。

著書等：『相続税実務の"鉄則"に従ってはいけないケースと留意点』（清文社・共著）、『民事信託実務ハンドブック』（日本法令・共著）、『「事業承継税制の特例」完全ガイド』（税務研究会・共著）、『取引相場のない株式の評価　完全入門（改訂版）』（税務経理協会・共著）、『よくわかる民事信託―基礎知識と実務のポイント』（ビジネス教育出版社・共著）ほか

■事務所：税理士法人TOC英知
　　　〒320－0847　栃木県宇都宮市滝谷町10番1号

佐久間　美亜（さくま　みあ）

東京都生まれ。大妻女子大学社会情報学部卒業。現在、ゆずりは税理士事務所・所長。

著書等：『目的別　相続対策選択ガイドブック』（新日本法規・共著）、『相続税の"鉄則"に従ってはいけないケースと留意点』（清文社・共著）、『事業承継税制ナビ』（税務経理協会・共著）、『法人税　税務証拠フォーム作成マニュアル』（日本法令・共著）

■事務所：ゆずりは税理士事務所
　　　〒101－0052　東京都千代田区神田小川町3丁目6番10号　M.Oビル3階
　　　ホームページ　https://office-yuzuriha.com/

篠原　寛顕（しのはら　ともあき）

神奈川県生まれ。関東学院大学卒業。現在、篠原寛顕税理士事務所・所長。
著書等：『目的別 相続対策選択ガイドブック』（新日本法規・共著）ほか
■事務所：篠原寛顕税理士事務所
　　　　〒231-0007　神奈川県横浜市中区弁天通6丁目74番地
　　　　　　　　東急ドエル・アルス桜木町博物館通り205

深津　栄一（ふかつ　えいいち）

東京都生まれ。東洋大学経営学部卒業。税理士法人おおたか・代表社員。
著書等：『事業承継を成功させる自社株承継の実務』（税務経理協会・共著）
■事務所：税理士法人おおたか

望月　麻衣子（もちづき　まいこ）

神奈川県生まれ。税理士法人おおたか・社員税理士。
著書等：『土地建物の譲渡所得Q＆A』（税務経理協会・共著）、『贈与税の基本
　　　　と特例Q＆A』（税務経理協会・共著）.『事業承継を成功させる自社株
　　　　承継の実務』（税務経理協会・共著）
■事務所：税理士法人おおたか

阿部　雅樹（あべ　まさき）

北海道生まれ。税理士法人おおたか・社員税理士。日本税務会計学会常任委員
（会計部門）。
著書等：『事業承継を成功させる自社株承継の実務』（税務経理協会・共著）
■事務所：税理士法人おおたか

高津　理英子（たかつ　りえこ）

神奈川県生まれ。早稲田大学政治経済学部卒業。税理士法人おおたか・税理士。
著書等：『土地建物の譲渡所得Q＆A』（税務経理協会・共著）、『贈与税の基本
　　　　と特例Q＆A』（税務経理協会・共著）
■事務所：税理士法人おおたか

荒川　大輔（あらかわ　だいすけ）

栃木県生まれ。駒澤大学経済学部卒業。税理士法人おおたか・税理士。
著書等：『事業承継を成功させる自社株承継の実務』（税務経理協会・共著）
■事務所：税理士法人おおたか

谷中　淳（やなか　あつし）

茨城県生まれ。学習院大学経済学部卒業。税理士法人おおたか・税理士。
著書等：『事業承継を成功させる自社株承継の実務』（税務経理協会・共著）
■事務所：税理士法人おおたか

横山　直人（よこやま　なおと）
福島県生まれ。帝京大学大学院博士前期課程修了。税理士法人おおたか・税理士。
著書等：『事業承継を成功させる自社株承継の実務』（税務経理協会・共著）
■事務所：税理士法人おおたか

櫻井　佳子（さくらい　よしこ）
埼玉県生まれ。文京学院大学大学院経営学研究科修了。税理士法人おおたか・税理士。
■事務所：税理士法人おおたか

執筆協力

鈴木　俊介（すずき　しゅんすけ）
埼玉県生まれ。西野会計事務所所属。

髙田　京輔（たかた　きょうすけ）
埼玉県生まれ。西野会計事務所所属。

令和3年度　よくわかる 税制改正と実務の徹底対策	1998年2月10日　初版発行 2021年2月22日　3年版発行

〒101-0032
東京都千代田区岩本町1丁目2番19号
https://www.horei.co.jp/

検印省略

編著者　成田　正光次
著者　　中島　一幸助
　　　　飯塚　孝美明
　　　　市川　康道之
　　　　西野　健春

発行者　青木倉谷
編集者　岩神国宝
印刷所
製本所

（営　業）　TEL　03-6858-6967　　Eメール　syuppan@horei.co.jp
（通　販）　TEL　03-6858-6966　　Eメール　book.order@horei.co.jp
（編　集）　FAX　03-6858-6957　　Eメール　tankoubon@horei.co.jp

（バーチャルショップ）　https://www.horei.co.jp/iec/
（お詫びと訂正）　　　　https://www.horei.co.jp/book/owabi.shtml
（書籍の追加情報）　　　https://www.horei.co.jp/book/osirasebook.shtml

※万一、本書の内容に誤記等が判明した場合には、上記「お詫びと訂正」に最新情報を掲載しております。ホームページに掲載されていない内容につきましては、FAXまたはEメールで編集までお問合せください。

・乱丁、落丁本は直接弊社出版部へお送りくださればお取替えいたします。
・|JCOPY|〈出版者著作権管理機構　委託出版物〉
　本書の無断複製は著作権法上での例外を除き禁じられています。複製される場合は、そのつど事前に、出版者著作権管理機構（電話 03-5244-5088、FAX 03-5244-5089、e-mail: info@jcopy.or.jp）の許諾を得てください。また、本書を代行業者等の第三者に依頼してスキャンやデジタル化することは、たとえ個人や家庭内での利用であっても一切認められておりません。

© K. Narita, K. Nakajima, M. Iizuka, Y. Ichikawa, M. Nishino
2021. Printed in JAPAN
ISBN 978-4-539-74665-3

税界の情報をいちはやく、漏れなくお届け！

日本法令® 税理士情報サイト
（www.horei.co.jp/zjs）

世に溢れる多くの情報の中から、税理士及び業界人が知っておきたい情報のみ、厳選して毎日お届けします！

- ●官庁情報──国税庁をはじめとした官庁から公表される通達、Q＆A、パンフレット等の情報
- ●官報情報──官報に掲載される法律、施行令、施行規則、告示等
- ●注目判決・裁決例──最新の税務関係判決・裁決事例
- ●税の事件簿──脱税・申告漏れ事案をはじめとした税界関連ニュース
- ●税務関連商品──弊社発刊の税務関連書籍のほか、関連商品の紹介

税理士情報サイト 検索

メールマガジン「税界ダイジェスト」もご利用ください。

配信をご希望の方は
sjs-z@horei.co.jp
までご連絡下さい

■税理士情報サイトに関するお問い合せは，日本法令 会員係
電話：03-6858-6965
E-mail sjs-z@horei.co.jp
まで